防风险
守底线

统筹发展和安全的苏州实践

杨 军 ◎ 编著

中共中央党校出版社

图书在版编目（CIP）数据

防风险　守底线：统筹发展和安全的苏州实践/杨军编著．--北京：中共中央党校出版社，2023.12
ISBN 978-7-5035-7629-4

Ⅰ.①防… Ⅱ.①杨… Ⅲ.①城市发展战略-研究-苏州 Ⅳ.①F299.275.33

中国国家版本馆 CIP 数据核字（2023）第 202880 号

防风险　守底线——统筹发展和安全的苏州实践

责任编辑	席　鑫　曾忆梦
责任印制	陈梦楠
责任校对	王　微
出版发行	中共中央党校出版社
地　　址	北京市海淀区长春桥路 6 号
电　　话	（010）68922815（总编室）　（010）68922233（发行部）
传　　真	（010）68922814
经　　销	全国新华书店
印　　刷	中煤（北京）印务有限公司
开　　本	710 毫米×1000 毫米　1/16
字　　数	266 千字
印　　张	18.25
版　　次	2023 年 12 月第 1 版　2023 年 12 月第 1 次印刷
定　　价	68.00 元

微信 ID：中共中央党校出版社　　邮　箱：zydxcbs2018@163.com

版权所有·侵权必究
如有印装质量问题，请与本社发行部联系调换

《防风险　守底线
——统筹发展和安全的苏州实践》
编辑委员会

主　编：杨　军

副主编：方　伟　　周国平

主　任：杨　军

副主任：方　伟　　周国平　　刘小红

成　员：周国平　　张丽霞　　王永灿　　全洛平
　　　　李静会　　朱　琳　　田　坤　　刘　铭
　　　　徐成华　　季　丽　　雷　莹　　陈云水
　　　　印春平　　徐佐君　　张宇红　　盛国健
　　　　苏长荣　　王沁诚　　赵玉艳　　魏　欣

编写说明

党的十八大以来,以习近平同志为核心的党中央顺应时代发展大势,从新时代坚持和发展中国特色社会主义的战略高度,把马克思主义国家安全理论和当代中国安全实践、中华优秀传统战略文化结合起来,创造性提出总体国家安全观。2017年10月18日,习近平总书记在中国共产党第十九次全国代表大会上的报告中强调,"统筹发展和安全,增强忧患意识,做到居安思危,是我们党治国理政的一个重大原则"。2018年1月,在学习贯彻党的十九大精神研讨班上,习近平总书记从8个方面列举了16个重大风险,强调"增强忧患意识、防范风险挑战要一以贯之"。2022年10月16日,习近平总书记在中国共产党第二十次全国代表大会上的报告中再次强调:"我们必须增强忧患意识,坚持底线思维,做到居安思危、未雨绸缪,准备经受风高浪急甚至惊涛骇浪的重大考验。"新时代新征程,面对"两个大局"相互作用带来的风险挑战,如何主动识变应变求变,全面打好新时代国家安全工作战略主动战,办好发展和安全两件大事?为帮助党员干部坚定不移地以习近平新时代中国特色社会主义思想为指引,牢固树立和践行总体国家安全观,坚定"防风险、守底线"的思想自觉、政治自觉、行动自觉,不断在统筹发展和安全两件大事的苏州实践中深化认识、增长才干,切实提高专业能力和统筹水平，打造中国式现代化国家安全建设的城市样本，积极展现"以新安全格局保障新发展格局"的苏州新作为，我们专门组织人员编写《防风险 守底线——统筹发展和安全的苏州实践》一书，供广大党员干部学习参考和使用。

本书编写组

2023 年 1 月

目　录

第一章　统筹发展和安全，打好苏州总体安全主动战 ……（3）
　一、总体国家安全观战略视野中的重大命题………………（3）
　二、党治国理政的一个重大原则……………………………（7）
　三、新发展阶段防范化解风险挑战的重大方针……………（11）
　四、统筹发展和安全的苏州实践……………………………（15）

**第二章　打好政治安全主动战，确保各项工作始终沿着
　　　　正确的方向前进**……………………………………（27）
　一、坚持党的全面领导不动摇，忠诚担当新时代苏州历史
　　　使命……………………………………………………（28）
　二、加快展现"强富美高"新苏州美好图景………………（29）
　三、坚决贯彻落实国家战略，探索具有苏州特色和内涵的
　　　现代化形态……………………………………………（30）
　四、坚定不移推进全面从严治党，为走在前列提供坚强
　　　政治保证………………………………………………（32）
　典型案例　打造社会主义现代化建设县域示范/建设长三角生态绿
　　　　　　色一体化发展示范区/"为太湖增添更多美丽色彩"/
　　　　　　深入践行"两山"理念，走绿色高质量发展之路 …（35）

**第三章　打好意识形态安全主动战，推动"两个巩固"
　　　　战略目标落地生根**…………………………………（55）
　一、多措并举，牢牢把握意识形态工作领导权、管理权和

1

话语权 …………………………………………………………（55）
二、牢牢把握"两个巩固"，扎实做好宣传思想工作 …………（57）
三、坚持人民至上，营造天朗气清、生态良好的网络空间……（58）
四、讲好苏州故事，传承苏州文化精神 …………………………（60）
  典型案例 坚持把立德树人根本任务落到实处／改革创新推动理
      论舆论融合发展 ……………………………………（63）

第四章　打好经济金融安全主动战，牢牢把握经济工作主动权 …………………………………………………………（73）

一、强化工业信息安全保障，助推数字经济健康发展…………（74）
二、深入实施制造业强链补链行动，着力保障产业链供应链
  安全稳定 ……………………………………………………（75）
三、深入推进供给侧结构性改革，增强经济发展韧性…………（77）
四、精准施策稳市场主体，构筑经济长期向好的基石…………（78）
五、打好金融安全主动战，守住不发生区域性、系统性风险
  底线 …………………………………………………………（79）
  典型案例 "数字产业化"与"产业数字化"／苏州如何打好金融
      风险防范和化解主动战／以存量更新改造推动高质量
      发展／筑牢能源基础，加快构建现代能源体系／牢牢稳
      住粮食安全这块"压舱石" ………………………（81）

第五章　打好科技安全主动战，全面提升自主创新、技术供给、成果转化能力 ………………………………（103）

一、坚定实施创新驱动发展战略，提高创新体系整体效能……（104）
二、强化科技创新，努力实现高水平科技自立自强……………（105）
三、高水平推进创新平台建设，打造"产学研用"新高地………（107）
四、打造国家级人才平台，建设中国人才发展现代化强市……（109）
  典型案例 加快形成活力迸发的创新生态系统／打造国家级人才

平台/着力集聚高端创新资源/借力"环太湖科创圈"和"吴淞江科创带"建设……………………………………(111)

第六章 打好开放和数据安全主动战，持续推进"开放大市"向"开放强市"转型提升……………………………(127)

一、促进外贸外资稳中提质，持续扩大高水平对外开放………(127)

二、构筑更高能级开放平台，打造高水平开放示范区…………(129)

三、对标高标准经贸规则，构建更高水平开放型经济新体制…(131)

四、打造数字安全体系，营造开放、健康、安全的数字生态…(133)

典型案例 以高水平对外开放打造国际合作和竞争新优势/"加""减""乘""除"/大胆试、大胆闯、自主改/新形势下国际合作园区的一个缩影/持续擦亮"德企之乡"亮丽名片……………………………………………………(136)

第七章 打好文化安全主动战，大力推进社会主义文化强市建设……………………………………………………(159)

一、掌握文化交流交融交锋主动权，营造维护文化安全的总体环境……………………………………………………(160)

二、活化地域特色优秀文化生命力，增强传统文化创造创新转化能力……………………………………………………(162)

三、培育弘扬社会主义核心价值观，提升"强富美高"城市文明程度……………………………………………………(163)

四、大力推进文化高质量繁荣发展，推动社会主义文化强市建设………………………………………………………(165)

典型案例 倾力打造大运河文化带"精彩苏州段"/以"江南文化"品牌建设促进城市品质提升/让文明成为最亮丽的风景/坚持融古铸今、守正创新……………………(168)

第八章 打好社会安全主动战，不断增强人民群众获得感幸福感安全感·············(185)

  一、把握平安态势，注重源头防范，努力实现社会持续长期全面稳定·············(186)

  二、紧盯治安关键要素，科技赋能，创新构筑"防护网"······(187)

  三、创新安全监管，推进依法治理，铸造全方位公共安全坚盾·············(189)

  四、坚持问题导向，强化重点攻坚，扎实开展"专项行动"···(190)

  五、坚持人民至上、生命至上，科学精准高效抓好疫情防控，多维度全方位保障民生·············(191)

  典型案例 从被动应对向主动预防转变/以良法促进市域善治/打造"两网一线"社会治理新模式/践行安全发展理念 守护人民群众安全·············(194)

第九章 打好安全生产主动战，切实维护人民群众生命财产安全·············(213)

  一、构建全方位安全生产责任体系，树牢安全底线红线········(213)

  二、强化风险隐患防治，提升安全防控能力·············(215)

  三、创新安全监管模式，提升安监执法效能·············(216)

  四、推进安全科技创新，提高安全生产本质化水平·············(218)

  五、完善应急救援体系，提升应急救援能力·············(220)

  典型案例 以标准化体系建设促进企业安全发展/推动全面落实安全生产责任制/"促一方发展、保一方平安"/"确保人民生产财产安全"/高强度 高标准 高质量·············(222)

第十章 打好生态安全主动战，努力建设人与自然和谐共生的现代化·············(243)

  一、坚定绿色理念，严守生态安全底线·············(244)

二、高标准打赢污染防治攻坚战，筑牢生态安全屏障……………（245）
三、立足绿色转型，厚植生态安全根基………………………………（246）
四、完善生态制度，构建生态安全防线………………………………（247）
五、聚焦共享共治，擦亮生态安全底色………………………………（249）

典型案例　争创全国首个国家生态园林城市群／"张家港湾：来自中国的生态修复实践"／全域推进海绵城市建设／为推进生态治理区域一体化提供先行示范／共筑生物安全，守护人民健康……………………………………（251）

第十一章　增强统筹发展和安全本领，推进安全发展体系和能力现代化……………………………………（271）

一、坚持党的领导，坚决贯彻落实国家安全责任制……………………（271）
二、提升党员干部能力水平，增强维护国家安全的自觉自省 ………（273）
三、增强全民意识，切实巩固维护国家安全民心基础…………………（275）

后　记 …………………………………………………………………（277）

我们要坚持以人民安全为宗旨、以政治安全为根本、以经济安全为基础、以军事科技文化社会安全为保障、以促进国际安全为依托，统筹外部安全和内部安全、国土安全和国民安全、传统安全和非传统安全、自身安全和共同安全，统筹维护和塑造国家安全，夯实国家安全和社会稳定基层基础，完善参与全球安全治理机制，建设更高水平的平安中国，以新安全格局保障新发展格局。

　　　　——2022年10月16日，习近平在中国共产党第二十次全国代表大会上的报告

　　新的征程上，我们必须增强忧患意识、始终居安思危，贯彻总体国家安全观，统筹发展和安全，统筹中华民族伟大复兴战略全局和世界百年未有之大变局，深刻认识我国社会主要矛盾变化带来的新特征新要求，深刻认识错综复杂的国际环境带来的新矛盾新挑战，敢于斗争，善于斗争，逢山开道、遇水架桥，勇于战胜一切风险挑战！

　　　　——2021年7月1日，习近平在庆祝中国共产党成立100周年大会上的讲话

第一章　统筹发展和安全，打好苏州总体安全主动战

国家安全是民族复兴的根基，社会稳定是国家强盛的前提。党的十八大以来，习近平总书记以超凡的政治智慧、卓越的领袖风范、独特的理论创造，以"我将无我，不负人民"的使命情怀和历史担当，创造性地提出总体国家安全观，深刻揭示了统筹发展和安全的理论框架、实践价值和目标要求，推动马克思主义国家安全理论和我国国家安全实际相结合、与中华优秀传统文化相结合，把我们党对国家安全的认识提高到了新的科学水平，推动马克思主义国家安全理论的中国化时代化，实现了新的飞跃。

统筹发展和安全，是总体国家安全观战略视野中的重大命题，是党治国理政的一个重大原则，是新发展阶段防范化解风险挑战的重大方针，是苏州谱写社会主义现代化强市建设新篇章的重要遵循。

一、总体国家安全观战略视野中的重大命题

在我们党的历史上，总体国家安全观是第一个被确立为国家安全工作指导思想的重大战略思想。党的十九大将坚持总体国家安全观纳入新时代坚持和发展中国特色社会主义的基本方略，并写入党章，反映了全党全国人民的共同意志，具有重大而深远的意义。总体国家安全观是习近平新时代中国特色社会主义思想的重要组成部分，是新时代国家安全工作的根本遵循和行动指南。统筹发展和安全，首先要坚持以习近平新时代中国特色社会主义思想为指导，坚持以总体国家安全观为思想统领。

（一）总体国家安全观的提出和形成

总体国家安全观的提出和形成最早要追溯到 2014 年 4 月 15 日，在中央国家安全委员会第一次全体会议上，习近平总书记首次明确提出总体国家安全观，明确坚持以人民安全为宗旨，以政治安全为根本，以经济安全为基础，以军事、文化、社会安全为保障，以促进国际安全为依托，维护各领域国家安全，构建国家安全体系，走中国特色国家安全道路。

2014 年 11 月 28 日，在中央外事工作会议上，习近平总书记首次就贯彻总体国家安全观提出"统筹国内国际两个大局，统筹发展安全两件大事"[①]，强调为和平发展营造更加有利的国际环境，维护和延长我国发展的重要战略机遇期，为实现"两个一百年"奋斗目标、实现中华民族伟大复兴的中国梦提供有力保障，这是统筹发展和安全提法的首次出现。

2017 年 2 月 17 日，在国家安全工作座谈会上，习近平总书记进一步强调："不论国际形势如何变幻，我们要保持战略定力、战略自信、战略耐心，坚持以全球思维谋篇布局，坚持统筹发展和安全，坚持底线思维，坚持原则性和策略性相统一，把维护国家安全的战略主动权牢牢掌握在自己手中。"[②]

2017 年 10 月 18 日，习近平总书记在党的十九大报告中第一次集中阐述了"坚持总体国家安全观"基本方略，开篇就强调"统筹发展和安全"，指出："坚持总体国家安全观。统筹发展和安全，增强忧患意识，做到居安思危，是我们党治国理政的一个重大原则。必须坚持国家利益至上，以人民安全为宗旨，以政治安全为根本，统筹外部安全和内部安全、国土安全和国民安全、传统安全和非传统安全、自身安全和共同安全，完善国家安全制度体系，加强国家安全能力建设，坚决维护国

---

① 《中央外事工作会议在京举行 习近平发表重要讲话》，《人民日报》2014 年 11 月 30 日。
② 《习近平在国家安全工作座谈会上强调了什么？》，《人民日报》2017 年 2 月 18 日。

家主权、安全、发展利益。"① 这是统筹发展和安全首次作为基本方略纳入党的指导思想并写入十九大党章。

此后，2020年10月召开的党的十九届五中全会按照十九大的战略部署，首次把统筹发展和安全纳入"十四五"时期我国经济社会发展的指导思想，并列专章作出部署，进一步突出了国家安全在党和国家工作大局中的重要地位。2020年12月11日，习近平总书记在主持十九届中央政治局第二十六次集体学习时发表重要讲话，就贯彻总体国家安全观首次系统提出"十个坚持"的要求，从而使总体国家安全观的核心要义更加全面，逻辑体系更加严密。2021年11月，党的十九届六中全会通过的《中共中央关于党的百年奋斗重大成就和历史经验的决议》（以下简称《决议》），全面总结中国特色社会主义进入新时代以来的伟大成就和经验，在统筹发展和安全方面，《决议》指出：必须坚持底线思维、居安思危、未雨绸缪，坚持国家利益至上，以人民安全为宗旨，以政治安全为根本，以经济安全为基础，以军事、科技、文化、社会安全为保障，以促进国际安全为依托，统筹发展和安全，统筹开放和安全，统筹传统安全和非传统安全，统筹自身安全和共同安全，统筹维护国家安全和塑造国家安全。这一重要论述，进一步从党的百年奋斗历程把握总体国家安全观、统筹发展和安全，凝结着我们党探索国家安全工作规律的实践经验，为在新征程上坚持总体国家安全观，更好统筹发展和安全指明了方向。

（二）以总体国家安全观为思想统领

总体国家安全观，直面风险挑战，强调立足最困难最复杂的情况，做最坏的打算，力争最好的结果，关键时刻要有亮剑和出手的战略勇气。

总体国家安全观的关键是"总体"，统筹发展和安全要以"总体"

---

① 习近平：《决胜全面建成小康社会 夺取新时代中国特色社会主义伟大胜利——在中国共产党第十九次全国代表大会上的报告》（单行本），人民出版社2017年版，第24页。

思想为统领。总体是一种理念,强调的是大安全理念,涵盖政治、军事、国土、经济、金融、文化、社会、科技、网络、粮食、生态、资源、核、海外利益、太空、深海、极地、生物、人工智能、数据等诸多领域,而且将随着社会发展不断动态调整。总体是一种方法,强调的是做好国家安全工作的系统思维和方法,强调的是对国家安全的科学统筹。统筹发展和安全、统筹开放和安全、统筹传统安全和非传统安全、统筹自身安全和共同安全、统筹维护国家安全和塑造国家安全,着力解决国家安全工作不平衡不充分的问题。总体是一种状态,强调国家安全要贯穿到党和国家工作全局各方面、各环节,绝非某一领域、单一部门的职责,必须把安全和发展置于同等重要地位,同步决策部署,同样积极落实。强调打总体战,形成汇聚党政军民学各战线各方面各层级的强大合力,全社会全政府全体系全手段应对重大国家安全风险挑战。

总体国家安全观的核心要义集中体现为"十个坚持",统筹发展和安全要以"十个坚持"核心思想为统领。"十个坚持",即坚持党对国家安全工作的绝对领导,坚持中国特色国家安全道路,坚持以人民安全为宗旨,坚持统筹发展和安全,坚持把政治安全放在首要位置,坚持统筹推进各领域安全,坚持把防范化解国家安全风险摆在突出位置,坚持推进国际共同安全,坚持推进国家安全体系和能力现代化,坚持加强国家安全干部队伍建设。

"一个总体""十个坚持"有机融合、有机统一,它们理论相关、实践互动,坚持统筹发展和安全,要突出"总体"思想,放到"十个坚持"的总体布局中考量谋划,在一体推进中把统筹发展和安全的要求落到实处。

(三)统筹发展和安全的基本要求

2020年12月11日,习近平总书记在主持中央政治局第二十六次集体学习时发表的重要讲话中提出:"坚持发展和安全并重,实现高质量发展和高水平安全的良性互动,既通过发展提升国家安全实力,又深入推进国家安全思路、体制、手段创新,营造有利于经济社会发展的安全环境，在发展中更多考虑安全因素，努力实现发展和安全的动态平衡，全面提高国家安全工作能力和水平。"① 这既是对统筹发展和安全核心要义的精辟概括，也是对统筹发展和安全提出的基本要求。第一，"坚持发展和安全并重"是总要求，居于首要位置，其内涵是把发展和安全放到同等重要的位置一起谋划一起部署。第二，发展必须是高质量发展，安全必须是高水平安全，所以"坚持发展和安全并重"的目标是："实现高质量发展和高水平安全的良性互动"。第三，如何实现"良性互动"，途径是"既通过发展提升国家安全实力，又深入推进国家安全思路、体制、手段创新，营造有利于经济社会发展的安全环境"。第四，无论是发展、安全还是发展和安全的互动，都不是绝对的和静止的，矛盾的展开具有阶段性和过程性，所以，实现高质量发展和高水平安全的"良性互动"的过程是"在发展中更多考虑安全因素，努力实现发展和安全的动态平衡"。第五，"全面提高国家安全工作能力和水平"是能力要求，关键在于增强统筹发展和安全本领、推进安全发展体系和能力现代化。

二、党治国理政的一个重大原则

我们党生于忧患、成长于忧患、壮大于忧患，对常怀远虑、居安思危的重要性有着刻骨铭心的认识。2014年4月15日，习近平总书记在中央国家安全委员会第一次会议上，总结党成立以来特别是党在新中国成立以来执政的全部历史经验，作出了"增强忧患意识，做到居安思危，是我们治党治国必须始终坚持的一个重大原则"②的重大论断。2017年10月党的十九大召开，习近平总书记在报告中根据新的形势、任务和要求，将统筹发展和安全纳入其中，指出："统筹发展和安全，增强忧患意

---

① 《习近平在十九届中央政治局第二十六次集体学习时的讲话》，新华网，2020年12月12日。
② 《中央国家安全委员会第一次会议召开 习近平发表重要讲话》，中央人民政府门户网站，2014年4月15日。

识，做到居安思危，是我们党治国理政的一个重大原则"①，进一步拓展了党治国理政的时代内涵，开辟了党治国理政的新境界。2022年10月召开的党的二十大，进一步提出要"以新安全格局保障新发展格局"。

（一）增强忧患意识，做到居安思危，是一种责任，更是一种能力和担当

忧患意识是基于客观现实的准确把握，对未来发展的科学预见。我们共产党人的忧患意识，就是忧党、忧国、忧民意识，这是一种责任，更是一种能力和担当。毛泽东在1945年5月党的七大会议上作大会结论报告时，提出抗日战争即将胜利后可能出现的"十七条困难"，指出：许多事情是意料不到的，但是一定要想到，尤其是我们的高级负责干部要有这种精神准备，准备对付非常的困难，对付非常的不利情况，强调"要在最坏的可能性上建立我们的政策"，以赢得"我们一定要胜利"的八个方面的"光明面"②，牢牢掌握住了抗日战争胜利后中国革命的主动权。

邓小平在改革开放之初就警示全党："改革没有万无一失的方案，问题是要搞得比较稳妥一些，选择的方式和时机要恰当……我们要把工作的基点放在出现较大的风险上，准备好对策。这样，即使出现了大的风险，天也不会塌下来。"③

党的十八大以来，习近平总书记在2012年12月4日中央政治局审议关于改进工作作风、密切联系群众的八项规定时就指出，"全党全国要切实增强忧患意识和紧迫感，充分估计困难和挑战，扎实做好各方面工作"④。2012年12月31日，中央政治局研究部署党风廉政建设和反腐败工作时指出，全党必须增强忧患意识、风险意识、责任意识。2013

---

① 习近平：《决胜全面建成小康社会 夺取新时代中国特色社会主义伟大胜利——在中国共产党第十九次全国代表大会上的报告》（单行本），人民出版社2017年版，第24页。
② 《毛泽东在中共七大上列举的"十七条困难"》，《学习时报》1997年10月14日。
③ 《邓小平文选》第3卷，人民出版社1993年版，第267页。
④ 《中共中央政治局召开会议 习近平主持》，新华网，2012年12月4日。

年 1 月 5 日，习近平总书记在新进中央委员会的委员、候补委员学习贯彻党的十八大精神研讨班讲话中指出，我们的事业越前进、越发展，新情况新问题就会越多，面临的风险和挑战就会越多，面对的不可预料的事情就会越多。我们必须增强忧患意识，做到居安思危。至 2017 年 10 月，党的十九大明确提出："统筹发展和安全，增强忧患意识，做到居安思危，是我们党治国理政的一个重大原则。"[①] 2018 年 1 月 5 日，习近平总书记在新进中央委员会的委员、候补委员和省部级主要领导干部研讨班开班式上提出"三个一以贯之"，其中包括"增强忧患意识、防范风险挑战要一以贯之"。2019 年 1 月 21 日，习近平总书记在省部级主要领导干部研讨班上的讲话，主题就是"坚持底线思维着力防范化解重大风险"。2021 年 7 月 1 日，习近平总书记在庆祝中国共产党成立 100 周年大会上的讲话，强调在新的征程上，我们必须增强忧患意识、始终居安思危。

在习近平总书记的坚强领导下，党中央加强对国家安全工作的集中统一领导，把坚持总体国家安全观纳入坚持和发展中国特色社会主义基本方略，从全局和战略高度对国家安全作出一系列重大决策部署，强化国家安全工作顶层设计，完善各重要领域国家安全政策，健全国家安全法律法规，有效应对了一系列重大风险挑战，保持了我国国家安全大局稳定，为党和国家事业不断取得历史性成就、实现历史性变革提供了全方位、强有力的安全保证。

（二）推进发展和安全深度融合，努力形成在发展中保安全、在安全中促发展的安全发展格局

安全是发展的前提，没有经济社会的不断发展，就不可能实现国家的长治久安、社会的安定有序、人民的安居乐业，没有发展的安全是短暂的、不可持续的，不发展是最大的不安全。发展是安全的保障，没有

---

① 习近平：《决胜全面建成小康社会 夺取新时代中国特色社会主义伟大胜利——在中国共产党第十九次全国代表大会上的报告》（单行本），人民出版社 2017 年版，第 24 页。

国家安全，就不可能实现经济社会的可持续发展，没有安全的发展是脆弱的、不稳定的。发展和安全，犹如车之两轮、鸟之两翼，辩证统一，相辅相成，相互支持。

历史反复证明，能否统筹好发展和安全，关系国家兴衰、历史走向。纵览中国历代政治得失，封建王朝的衰亡大多与发展和安全摆布失据有关。纵览世界大国兴衰历史，大国兴起时，往往能够较好地统筹发展和安全，而衰落则与没有统筹好发展和安全密切相关。发展和安全合则兴、离则弱、悖则亡，这是历史留给我们的深刻启示。

新中国成立以来特别是改革开放以来，我们党始终高度重视正确处理改革发展稳定关系，始终把维护国家安全和社会安定作为党和国家的一项基础性工作。我们保持了政治社会大局稳定，为改革开放和社会主义现代化建设营造了良好环境。我们党领导人民创造了世所罕见的两大奇迹，一是经济快速发展奇迹，二是社会长期稳定奇迹，发展和安全共同推进、两大奇迹共同实现。

实践充分证明：发展为本，安全为要。坚持好统筹发展和安全这一治国理政重大原则，必须坚持把发展作为党执政兴国的第一要务，必须在发展中更多考虑安全因素，推进发展和安全深度融合，努力实现发展和安全的动态平衡，努力形成在发展中保安全、在安全中促发展的安全发展格局，坚定维护改革发展稳定大局。

（三）从问题导向和忧患意识把握新发展理念，构建新发展格局，牢牢守住安全发展底线

理念是行动的先导。党的十八大以来，我们党对经济社会发展提出了许多重大理论和理念，其中新发展理念是最重要、最主要的。创新、协调、绿色、开放、共享的新发展理念，是在深刻总结国内外发展经验教训的基础上形成的，也是针对我国发展中的突出矛盾和问题提出来的。创新发展注重的是解决发展动力问题，协调发展注重的是解决发展不平衡问题，绿色发展注重的是解决人与自然和谐问题，开放发展注重的是解决发展内外联动问题，共享发展注重的是解决社会公平正义问题。而推动创新发展、协调发展、绿色发展、开放发展、共享发展，前提都是国家安全、社会稳定。新发展理念是直面矛盾和问题，及时化解风险和挑战，不断提高国家安全能力，确保国家发展建立在更加安全、更为可靠基础上的思想指引。所以，党的十九届五中全会提出"把安全发展贯穿国家发展各领域和全过程，防范和化解影响我国现代化进程的各种风险，筑牢国家安全屏障"，同时也强调"把新发展理念贯穿发展全过程和各领域"①，这充分彰显出新发展理念对于统筹发展和安全、筑牢国家安全屏障的根本性指导意义。

贯彻新发展理念，必须加快构建以国内大循环为主体、国内国际双循环相互促进的新发展格局，这是一项关系我国发展全局的重大战略任务。构建新发展格局的关键在于经济循环的畅通无阻，构建新发展格局最本质的特质是实现高水平的自立自强，构建新发展格局的重要支柱也即大国经济优势所在是形成强大国内市场。构建新发展格局必须牢牢守住安全发展底线。习近平总书记指出："要牢牢守住安全发展这条底线。这是构建新发展格局的重要前提和保障，也是畅通国内大循环的题中应有之义。"② 必须看到，在当前全球市场萎缩的外部环境下，集中力量办好自己的事，加快构建新发展格局，对于在各种可以预见和难以预见的狂风暴雨、惊涛骇浪中，增强我们的生存力、竞争力、发展力、持续力，确保中华民族伟大复兴进程不被迟滞甚至中断，具有重大的现实意义和深远的历史意义。构建新发展格局不是被迫之举、权宜之举，而是把握未来发展主动权的战略性布局和先手棋，是一场需要保持顽强斗志和战略定力的攻坚战、持久战。

三、新发展阶段防范化解风险挑战的重大方针

统筹发展和安全，作为"重大命题"，是总体国家安全观的核心要

---

① 《把安全发展贯穿国家发展各领域和全过程》，《经济日报》2020 年 10 月 9 日。
② 《习近平著作选读》第 2 卷，人民出版社 2023 年版，第 374 页。

义,属于思想的范畴;作为"重大原则",是党治国理政的方向指引,属于路线的范畴;作为"重大方针",是防范化解风险挑战的战略支点,属于策略的范畴。

政策和策略是党的生命。统筹发展和安全,关乎"十四五"规划目标、2035 年远景目标直至本世纪中叶第二个百年奋斗目标能否如期实现,关乎中华民族伟大复兴的成败命运。

(一) 中华民族伟大复兴到了最关键的时期

新发展阶段是中华民族伟大复兴历史进程的大跨越,是实现中华民族伟大复兴最关键的时期。一方面,经过鸦片战争以来 180 多年的持续奋斗,中华民族伟大复兴展现出光明的前景。现在,我们比历史上任何时期都更接近中华民族伟大复兴的目标,比历史上任何时期都更有信心、有能力实现这个目标,实现中华民族伟大复兴进入了不可逆转的历史进程。另一方面,我们越发展壮大,遇到的阻力和压力就会越大,面临的外部风险就会越多。这是我国由大向强发展进程中无法回避的挑战,是实现中华民族伟大复兴绕不过的门槛。因为"各种敌对势力绝不会让我们顺顺利利实现中华民族伟大复兴"[①],他们绝不会自动退出历史舞台,一定会想尽一切办法、利用一切机会、使尽一切伎俩,竭力阻挡、疯狂打压。另外,在巨大的成功面前,我们还有可能重犯历史上胜利后就骄傲自满的错误,在一片喝彩声、赞扬声中丧失革命精神和斗志,逐渐陷入安于现状、不思进取、贪图享乐的状态,在精神懈怠中放松警惕,以至半途而废甚至前功尽弃。

历史是最好的老师,也是最好的清醒剂。一百年来,我们党之所以总是能够在重大历史关头战胜无数风险挑战、不断从胜利走向胜利,有力的保证是能够从战略上认识、分析、判断面临的重大历史课题,制定正确的政治战略策略。统筹发展安全就是新发展阶段防范化解风险挑战的正确的政治战略策略,是行稳致远社会主义现代化国家建设的战略支

---

① 《以史为鉴、开创未来、埋头苦干、勇毅前行》,《求是》2022 年第 1 期。

点，是实现中华民族伟大复兴的根本保证。

（二）发展战略机遇期和各种风险易发期并存，各种风险相互交织并形成一个风险综合体

进入新发展阶段，习近平总书记指出，形势环境变化之快、改革发展稳定任务之重、矛盾风险挑战之多、对我们党治国理政考验之大前所未有。[①] 从国际看，世界局势加速演进，国际力量对比深刻调整，有些突发因素超出预期。俄乌冲突爆发后，美国、英国、欧盟对乌克兰军事援助力度加大，俄乌冲突长期化趋势明显。美国联合西方数十个国家组成集团对俄罗斯实施历史上从未有过的金融和经济制裁，而且未来全面用于中国的意图已经十分明显。美国视中国为最大的战略竞争对手和最大的战略威胁，中美关系正在发生实质性变化。从国内看，人民日益增长的美好生活需要更加强烈，发展不平衡不充分问题仍然突出。我国人均GDP已经突破1万美元，正处在跨越中等收入阶段，迈向高收入国家行列的关键时期，改革发展稳定等各方面任务都十分艰巨繁重。

在全面审视和判断国际国内两个大局大势的基础上，习近平总书记作出了我国处在发展战略机遇期和各种风险易发期并存的战略判断。习近平总书记指出，我们今天开放发展的大环境总体上比以往任何时候都更为有利，同时面临的矛盾、风险、博弈也前所未有。在前进道路上我们面临的风险考验只会越来越复杂，甚至会遇到难以想象的惊涛骇浪。从总体上看，当前和今后一个时期，我国发展进入各种风险挑战不断积累甚至集中显露的时期。所以，当前和今后一个时期，我们在国际国内面临的矛盾风险挑战都不少，决不能掉以轻心。我们要更加自觉地防范各种风险，坚决战胜一切在政治、经济、文化、社会等领域和自然界出现的困难和挑战；时刻准备应对重大挑战、抵御重大风险、克服重大阻力、解决重大矛盾。

而且，进入新发展阶段，我国面临的重大风险在整体形态上表现出

[①] 《习近平在"不忘初心、牢记使命"主题教育总结大会上的讲话》，《求是》2020年第13期。

连锁联动的系统性特点，不同风险之间相互耦合、叠加、演化，相互交织，形成一个错综复杂的风险综合体。对此，习近平总书记指出，需要注意的是，各种风险往往不是孤立出现的，很可能是相互交织并形成一个风险综合体。"如果防范不及、应对不力，就会传导、叠加、演变、升级，使小的矛盾风险挑战发展成大的矛盾风险挑战，局部的矛盾风险挑战发展成系统的矛盾风险挑战，国际上的矛盾风险挑战演变为国内的矛盾风险挑战，经济、社会、文化、生态领域的矛盾风险挑战转化为政治矛盾风险挑战，最终危及党的执政地位、危及国家安全。"① "要高度重视并及时阻断不同领域风险的转化通道，避免各领域风险产生交叉感染，防止非公共性风险扩大为公共性风险、非政治性风险蔓延为政治风险。"②

（三）把防范化解风险挑战作为中心任务，摆在统筹发展和安全的突出位置

坚持底线思维。习近平总书记多次讲过"木桶原理"。木桶有短板就装不满水，但木桶底板有洞就装不了水。我们既要善于补齐短板，更要注重加固底板。防范和化解各种重大风险，就是要加固底板。各种风险我们都要防控，但重点要防控那些可能迟滞或中断中华民族伟大复兴进程的全局性风险，这是底线思维的根本含义。树立底线思维，必须把困难估计得更充分一些，把风险思考得更深入一些，注重堵漏洞、强弱项，提高防控能力，用大概率思维应对小概率事件，牢牢守住不发生系统性风险的底线。

下好先手棋、打好主动仗。常观大势、常思大局，科学预见形势发展走势和预判风险所在。既要有防范风险的先手，也要有应对和化解风险挑战的高招；既要打好防范和抵御风险的有准备之战，也要打好化险为夷、转危为机的战略主动战，力争不出现重大风险或在出现重大风险时扛得住、过得去。要加强对各种风险源的调查研判，提高动态监测、

---

① 《习近平关于防范风险挑战、应对突发事件论述摘编》，中央文献出版社2020年版，第8页。
② 《习近平谈治国理政》第3卷，外文出版社2020年版，第97页。

实时预警能力。要在战术上高度重视和防范各种风险，早作谋划，及时采取应对措施，尽可能减少负面影响。要聚焦重点，抓纲带目，不断提高风险化解能力，推进风险防控工作科学化、精细化。

把防范化解重大风险工作做实做细做好。坚持和完善中国特色社会主义制度、推进国家治理体系和治理能力现代化，促进制度建设和治理效能更好转化融合，运用制度威力应对风险挑战的冲击。健全风险防范化解机制，坚持从源头上防范化解重大安全风险，真正把问题解决在萌芽之时、成灾之前。防范化解重大风险，是各级党委、政府和领导干部的政治职责，要勇于担当、善于履职、全力尽职，把防范化解重大风险工作做实做细做好。领导干部要有草摇叶响知鹿过、松风一起知虎来、一叶易色而知天下秋的见微知著能力；要增强谨慎之心，对风险因素要有底线思维，对解决问题要一抓到底，一时一刻不放松，一丝一毫不马虎；要保持战略定力、坚持久久为功、坚持底线思维，充分考虑困难和问题，做好应对最坏情况的准备，发扬钉钉子精神，积小胜为大胜，一步一个脚印迈进，坚决防范各种风险特别是系统性风险。

四、统筹发展和安全的苏州实践

改革开放以来，苏州孜孜以求现代化目标，一直走在全省全国的前列。其中一个十分重要的原因，就是始终高度重视正确处理改革发展稳定关系，始终把维护国家安全和社会安定作为一项基础性工作。党的十八大以来，苏州深入贯彻习近平新时代中国特色社会主义思想，全面贯彻总体国家安全观，坚决落实习近平总书记视察江苏重要讲话和指示批示精神，胸怀"两个大局"、牢记"国之大者"，着力防范化解重大风险，着力加快构建新安全格局，着力保持平稳健康的经济环境、国泰民安的社会环境、风清气正的政治环境，为扛起"争当表率、争做示范、走在前列"的光荣使命、谱写"强富美高"新苏州现代化强市建设新篇章提供了坚强安全保障，交出了一份统筹发展和安全、打好总体安全主动战的苏州答卷。

（一）坚持政治导向，坚决守好维护政治安全生命线，确保发展和安全工作始终沿着正确的政治方向前进

习近平总书记多次强调，在国家安全体系中，政治安全是最根本、最核心的安全，守好维护政治安全生命线，是不可动摇的底线。苏州坚持一切从政治上看、从政治上办，始终坚持以习近平新时代中国特色社会主义思想为指导，把学习贯彻习近平总书记视察江苏重要讲话和指示批示精神作为头等大事，始终牢记习近平总书记对苏州发展的巨大关怀和殷切期望，坚持不懈在突出思想引领，忠诚担当新时代苏州历史使命；聚焦目标引领，加快展现"强富美高"新苏州美好图景；坚持战略引领，探索具有苏州特色和内涵的现代化形态；强化作风引领，为走在前列提供坚强政治保证等方面下功夫、作努力，统一思想、统一意志、统一行动，确保苏州发展和安全始终沿着习近平总书记指引的方向前进，确保各领域各方面工作都走在全省全国的最前列。

坚守应对战略承压前端、防范风险挑战前哨，坚定担当"争当表率、争做示范、走在前列"光荣使命，坚决防范其他领域风险向政治领域传导，巩固发展苏州政通人和的良好局面。严密防范各种渗透破坏、污名抹黑等活动，坚定维护政治安全。筑牢高校与网络两大阵地，牢牢把握意识形态工作主动权。全面贯彻党的民族政策和宗教政策，以铸牢中华民族共同体意识为主线，构筑中华民族共有思想家园，推动新时代党的民族宗教工作高质量发展。

坚持自我革命精神，以全面从严治党永远在路上的政治自觉坚持党的政治建设，始终保持党的团结统一，增强自我净化、自我完善、自我革新、自我提高能力。全面推进"美美与共·海棠花红"党建品牌建设，大力实施党建引领基层治理"根系工程"，持续深化新时代"美美乡村"新接力专项计划、"美美社区"行动计划，深入推进村书记专职化、城市社区工作者职业化和"两新"组织党务工作者专业化建设，持续深化"党建惠企"专项行动。开发运用基层廉勤监督平台、营商环境监督平台，积极构建亲清政商关系。坚持无禁区、全覆盖、零容忍，坚

持重遏制、强高压、长震慑，保持惩治腐败高压态势，标本兼治深化反腐败斗争。统筹抓好纪法教育、警示教育、政德教育，风清气正的政治生态持续巩固发展。

（二）坚持价值导向，坚定站稳以人民安全为宗旨的根本立场，保障人民发展和安全利益

习近平总书记指出，人民立场是中国共产党的根本立场，是马克思主义政党区别于其他政党的显著标志。无论是发展还是安全，一切为了人民、一切依靠人民，成果由人民共享。统筹发展和安全，就是要保障人民发展和安全利益，为群众安居乐业提供坚强保障，不断满足人民日益增长的美好生活需要。

坚持人民至上、生命至上，始终把人民群众生命安全和身体健康放在第一位，2016年9月苏州市十二次党代会以来五年间，苏州新增三甲医院7家，"健康苏州"建设入选国家典型案例，率先推进区域性养老服务中心建设，户籍人口人均期望寿命位列全国大中城市第一。以坚决措施防控新冠疫情，坚持外防输入、内防反弹，坚持动态清零，慎终如始、毫不放松，抓紧抓实各项防控举措，全力织密扎牢防控网。统筹疫情防控和经济社会发展，扎实做好"六稳"工作，全面落实"六保"任务，为全省全国发展大局作出贡献。

坚持从人民群众最关心的安全问题着眼，着力抓好食品药品安全、高标准设防抵御自然灾害等"国之大者"，特别是以对人民极端负责的精神抓好安全生产工作。深入学习贯彻习近平总书记关于安全生产重要论述，深刻理解立足新发展阶段、贯彻新发展理念、构建新发展格局对安全生产提出的新要求，持续推进"三年大灶"，按照"两个不放松"和"务必整出成效"要求，持续深化安全生产专项整治，健全完善安全生产"三个清单"工作机制，不断提升本质安全水平，深入开展既有建筑、城镇燃气等重点领域的排查整治，加强安全生产基础能力建设，压紧压实各方责任，推动苏州安全生产形势持续稳定向好。

巩固提升全面小康成果，把保障民生放在突出位置。全面落实"民生七有"要求，加快解决"一老一小"问题。2016年9月，苏州市十二次党代会以来五年间，城乡公共服务支出占比保持在75%以上。城镇新增就业89.2万人，城镇登记失业率保持在2%以下。城乡人均可支配收入年均分别增长7.1%和8%，均高于同期地区生产总值增速；2020年分别达7.1万元和3.76万元，收入比为1.889∶1。城乡低保标准由每人每月810元提高至1095元，保障水平全省最高。累计新改扩建学校528所，获评全国义务教育基本均衡城市，普高录取比例提高至65%。中国中医科学院大学、南京大学苏州校区、西北工业大学太仓校区等落户苏州。发布全国首个率先基本实现农业农村现代化评价指标体系，村均集体可支配收入达1053万元。沪苏通铁路通车，沿江三县市结束不通铁路的历史。开展城市更新行动，持续改善城乡面貌。加强基础设施建设，全面提升城市能级。高水平建设平安苏州，人民群众获得感、幸福感、安全感不断增强。

（三）坚持目标导向，推进发展和安全深度融合，实现高质量发展与高水平安全的良性互动

习近平总书记把国家安全置于中国特色社会主义事业全局中来把握，明确要求统筹发展和安全。江苏省第十四次党代会将统筹发展和安全作为总体要求、重点工作，明确了实现高质量发展和高水平安全良性互动的目标任务。苏州市十三次党代会、"十四五"规划都强调要从忧患意识把握新发展理念，要让发展和安全两个目标有机融合，一起谋划、一起部署，努力实现高质量发展与高水平安全的良性互动。

切实统筹发展和安全这两件大事，坚持把安全发展贯穿苏州"扛起新使命、谱写新篇章"各方面全过程。努力在改革创新、推动高质量发展中筑牢"社会稳定器"，在服务构建新发展格局中织密"开放安全网"，在率先实现社会主义现代化进程中保持"绿色健康码"。2016年9月，苏州市十二次党代会以来五年间，苏州地区生产总值年均增长6.1%，高于全国平均水平。一般公共预算收入年均增长8.1%，分别高于全省5.7个百分点、全国4.4个百分点，2020年总量跃居全国第四,规模以上工业总产值稳居全国前三,进出口总额、出口额分别位列全国第四和第三,社会消费品零售总额位列全国第七。拥有装备制造、电子信息两个万亿级产业,新增恒力、盛虹两家世界500强企业,高新技术企业近万家,国家超级计算昆山中心通过科技部验收,全社会研发投入占地区生产总值比重达3.78%,五年提升1.17个百分点,创新综合实力位居全国前列。成功获批国家新一代人工智能创新发展试验区、国家生物药技术创新中心、国家第三代半导体技术创新中心。境内上市公司165家、位列全国第五,其中科创板上市公司35家、位列全国第三。市属国资规模突破万亿元。吴江纳入长三角生态绿色一体化发展示范区,昆山、太仓、相城、苏州工业园区纳入虹桥国际开放枢纽北向拓展带。获批设立江苏自贸区苏州片区、中日(苏州)地方发展合作示范区,昆山深化两岸产业合作试验区范围扩大至昆山全市。下辖县级市均位列全国百强县前十,其中昆山连续十七年位列第一,苏州工业园区连续五年位列国家级经济技术开发区综合考核第一,太仓港跻身全国港口集装箱吞吐量第八。

对标对照"强富美高"总目标,苏州"经济强"的基础更加雄厚,"百姓富"的成果更加丰硕,"环境美"的底色更加鲜明,"社会文明程度高"的名片更加亮丽,全面从严治党的成效更加彰显,社会大局总体稳定,实现了高质量发展与高水平安全良性互动。

(四)坚持问题导向,统筹推进各领域安全,打好新时代安全发展的战略主动战

深入学习贯彻习近平总书记关于防范化解重大风险的重要讲话精神,践行"两个维护",牢记"国之大者",牢牢把握"又稳又快"苏州城市发展的主基调,按照总体国家安全观要求,坚持问题导向,紧扣主要矛盾和中心任务,盯牢风险隐患和困难挑战,把更多的精力放在"防风险、守底线"上,以政治安全统筹推进各领域安全,下好先手棋,打好主动战。

着眼人民群众对政治安全和社会稳定的普遍愿望,打好政治社会安全主动战。全面落实各地区、各部门维护政治安全的政治责任，防范其他领域风险向政治领域传导；全面落实意识形态工作责任制，打好政治安全主动战；扎实做好安全生产工作，着力防范管控各类社会风险，不断增强人民群众获得感、幸福感、安全感；系统研究城市安全新要求，创新推进基层治理现代化。

坚定扛起全省经济"压舱石"政治责任，打好经济金融安全主动战。更高质量发展数字经济，系统优化数字经济发展空间布局，围绕共建"数字长三角"等目标要求，高起点规划建设环太湖科创圈、吴淞江科创带，抓好太湖新城等重点地区、重点节点的数字化建设和更新；高度重视产业科技"卡脖子"问题，全力维护产业链供应链安全，促进产业链与创新链深度融合、协同升级，着力构建自主可控、安全高效的现代产业体系；高度重视金融风险、地方债务风险，加大资本创投力度，着力守好财政金融"钱袋子"。

深入实施创新驱动发展战略，打好科技安全主动战。加快布局高能级载体和功能性平台，强化关键核心技术攻关，打造一流科技创新生态；高水平建设苏南国家自主创新示范区，加快建设具有全球影响力的产业科技创新中心、具有国际竞争力的先进制造业基地；加强网络信息关键基础设施安全防护，筑牢党政机关和金融、能源等领域网络安全屏障，提升工业互联网安全水平，着力保障网络技术安全可靠。

织密扎牢开放安全和数据安全防护网，打好开放数据安全主动战。在更高水平扩大开放、更高质量发展数字经济的同时，坚持"管得住"与"放得开"相统一，把风险评估挺在前面，把依法维权贯穿始终，改进"引进来"的服务和监管，维护"走出去"的利益和形象，高质量共建"一带一路"；坚持数字经济发展与数据安全监管相协调，处理好发挥价值与保障安全的关系，加强数据资源安全保护，实现核心技术、关键设施、战略资源安全可控，推动数字经济发展水平、数据安全治理效能走在前列。

系统谋划推进文化事业和文化产业大发展大繁荣，打好文化安全主动战。坚定文化自信，掌握价值观念领域的主动权、主导权、话语权；

提升城市文明程度，提高市民文化素养和文明素质，厚植城市精神、彰显城市品格；实施文化产业倍增计划，提高文旅融合发展水平；立足深厚文化底蕴，更大力度、更大范围、更高水平谋划推进古城保护与更新，努力建设更美"姑苏繁华图"；坚持全域整体保护，守护好"一城两线三片"19.2平方千米的历史城区，呵护好"水乡基底、四角山水"的自然系统，保护好包括太湖、长江、大运河在内的全域整体江南水乡风貌；不断扩大"江南文化"品牌影响力，率先建成文化强市。

提升人民群众生活质量和健康水平，打好生态生物安全主动战。狠抓长江大保护任务落实，不折不扣落实长江"十年禁渔"等工作任务，深化"河湖长制""断面长制"，全面消除劣Ⅴ类水体，严格落实水资源管理"三条红线"，高标准建设太湖生态岛，建设生态美丽河湖群；深入打好污染防治攻坚战，推进PM2.5和臭氧"双控双减"，构建与碳达峰、碳中和相适应的政策体系，积极稳妥做好碳达峰碳中和工作；推进生物技术研究和生物产业发展，全面打造健康苏州品牌；坚持"外防输入、内防反弹"总策略和"动态清零"总方针不动摇，慎终如始抓好常态化疫情防控，夺取疫情防控和经济社会发展双胜利。

（五）坚持结果导向，健全完善组织领导和责任体系，提升新时代统筹做好发展和安全两件大事的能力水平

习近平总书记指出，要构建系统完备、科学规范、运行有效的国家安全制度体系，提高运用科学技术维护国家安全的能力，不断增强塑造国家安全态势的能力。苏州始终坚持党对国家安全工作的绝对领导这一根本原则，紧紧扭住领导班子、领导干部这个关键，坚持结果导向，强化督查落实，定目标、督过程、查实效，构建长效机制，以钉钉子精神抓好发展和安全工作落地落实。

强化国安委统筹职能。认真贯彻《中国共产党领导国家安全工作条例》，细化市委、市委国安委、市级层面协调机制，着力构建组织领导、工作推进、风险防控、宣传教育、政策法规和综合保障体系，扎实做好立柱架梁、系统集成工作。由市委常委、市委秘书长分工负责，建立健全风险隐患排查研判日报告工作制度、周研判工作制度、月评估工作制度、季度分析研判制度、专项研判工作制度、年度综合评估工作制度，按总体国家安全观12个重点领域排序建立风险研判工作责任清单。市委国安委每月召开市级层面重点风险隐患研判会，形成风险清单，及时预警交办，推动各地各部门挂图作战、对账销号。实现苏州市全域党委国家安全机构全覆盖、协调机制成员单位国家安全工作领导小组全覆盖。

压紧压实各方责任。压紧压实党委（党组）主体责任，发挥协调机制骨干作用，强化党政同责、分工负责。将落实党委（党组）国家安全责任制、防范化解重大风险纳入年度综合考核和重点督查任务，推动各级党委（党组）认真履职尽责、主动担当作为，推动各级领导带头履职担责，把责任扛在肩上、抓在手上、落实在行动上。强化部门之间、地区之间、条块之间主动配合、联合作战，确保快速反应、快速处置，风险隐患即知即改，纪律规矩严格遵守。督促企业严格执行新《安全生产法》，规范一线员工操作，切实做到安全投入到位、安全培训到位、基础管理到位、应急救援到位。

严格落实风险防控硬任务。坚持不懈紧起来、严起来、实起来，坚持思想从严从紧、工作抓早抓小、作风务实求实，严格落实风险防控硬任务，确保不出严重政治安全问题、不出系统性风险、不出重大风险事件。衡量工作业绩既看推动发展的贡献，又看防控风险的成效，树立"看不到风险就是失职，不及时有效处置就是渎职，出了重大安全事故就坚决否决"的鲜明导向。聚焦结果倒查倒逼，查问题、补短板，举一反三、标本兼治，严肃问责追责，以硬作风、硬任务、硬举措确保风险防控取得硬成效。

推进安全发展体系和能力现代化。坚持以改革创新为动力，加强法治思维，探索建立风险研判、决策风险评估、风险防控协同、风险防控责任"四项机制"，加强主动防控、源头防控、总体防控和有效防控，切实提升风险研判预警能力、防灾减灾能力、应急救援能力、安全生产监管能力和科技人才支撑能力。不断提高各级领导干部化解矛盾、破解难题、应对风险的本领，强化担当意识，增强斗争精神，扎实防范化解各类风险挑战。更加注重协同高效，更加注重法治思维，更加注重科技赋能，更加注重基层基础，加大对维护国家安全所需的物质、技术、装备、人才、法律、机制等保障方面的能力建设，更好适应新时代安全发展的需要。

希望江苏全面贯彻党的十八大和十八届三中、四中全会精神，坚持以邓小平理论、"三个代表"重要思想、科学发展观为指导，认真落实中央各项决策部署，积极适应经济发展新常态，紧紧围绕率先全面建成小康社会、率先基本实现现代化的光荣使命，协调推进全面建成小康社会、全面深化改革、全面推进依法治国、全面从严治党，努力建设经济强、百姓富、环境美、社会文明程度高的新江苏。

——2014年12月，习近平在考察江苏时的讲话

要把维护国家政治安全特别是政权安全、制度安全放在第一位。

——2017年1月，习近平就政法工作作出重要指示

着力在改革创新、推动高质量发展上争当表率，在服务全国构建新发展格局上争做示范，在率先实现社会主义现代化上走在前列。

——2020年11月，习近平在考察江苏时的讲话

第二章　打好政治安全主动战，确保各项工作始终沿着正确的方向前进

政治安全，主要是指一个国家由政权、政治制度和意识形态为要素组成的政治体系，相对处于没有危险和不受威胁的状态，以及面对风险和挑战时能够及时有效防范、应对，从而确保国家良好政治秩序的能力。其核心是政权安全和制度安全，最根本的就是维护中国共产党的领导和执政地位、维护中国特色社会主义制度。在国家安全体系中，政治安全是最根本、最核心的安全，守好维护政治安全生命线，是不可动摇的底线。习近平总书记指出："要把维护国家政治安全特别是政权安全、制度安全放在第一位。"[①] 党的十八大以来，苏州以国家政治安全为大，坚持把政治安全放在首要位置，坚决打好维护政治安全主动战，把坚决维护国家政权安全、制度安全具体体现在习近平新时代中国特色社会主义思想指引下的苏州实践中，坚持把学习贯彻习近平总书记视察江苏重要讲话和指示批示精神作为头等大事，坚持不懈在坚持党的领导不动摇，忠诚担当新时代苏州历史使命；牢记习近平总书记嘱托，加快展现"强富美高"新苏州美好图景；坚决贯彻落实国家战略，探索具有苏州特色和内涵的现代化形态；坚定不移推进全面从严治党，为走在前列提供坚强政治保证等方面下功夫、作努力，确保苏州各项工作始终沿着习近平总书记指引的方向奋勇前进。

---

① 《习近平对政法工作作出重要指示强调　全面提升防范应对各类风险挑战的水平　确保国家长治久安人民安居乐业》，《人民日报》2017 年 1 月 13 日。

一、坚持党的全面领导不动摇，忠诚担当新时代苏州历史使命

办好中国的事情，关键在党。坚持中国共产党的领导，是中国最大的国情。中国特色社会主义最本质的特征是中国共产党领导，中国特色社会主义制度的最大优势是中国共产党领导，中国共产党是最高政治领导力量，坚持党中央集中统一领导是最高政治原则。实践充分证明，党的全面领导是战胜一切艰难险阻的"定海神针"，是创造中国奇迹的核心密码。中国共产党的坚强领导，是我们奋进航程中最稳健的压舱石，是风雨来袭时中国人民最可靠的主心骨。任何人以任何借口否定中国共产党的领导和我国的社会主义制度，都是错误的、有害的，都是违反宪法的。

坚持党的领导不动摇，最根本的就是捍卫"两个确立"，做到"两个维护"。确立习近平总书记党中央的核心、全党的核心地位，确立习近平新时代中国特色社会主义思想的指导地位，这"两个确立"，确立的是全党的"顶梁柱"、人民的"主心骨"，确立的是思想的"定盘星"、行动的"指南针"，确立的是进行伟大斗争、赢得最终胜利的政治保证，对新时代党和国家事业发展、对推进中华民族伟大复兴历史进程，具有决定性意义。党中央有核心、全党有核心，党才有力量。坚持党的领导不动摇，就要深入领会"两个确立"深刻内涵，科学把握"两个确立"决定性意义，坚决维护习近平总书记党中央的核心、全党的核心地位，坚决维护党中央权威和集中统一领导；就要坚定不移忠诚核心、维护核心、紧跟核心、捍卫核心，更加坚定自觉地贯彻习近平新时代中国特色社会主义思想，确保统一思想、统一意志、统一行动，步调一致向前进。要始终坚持把"两个维护"作为最高政治原则和根本政治规矩，体现到对习近平总书记和党中央的绝对忠诚上，把核心意识转化为在党爱党、在党言党、在党忧党、在党为党的实际行动。

坚定捍卫"两个确立"，坚决做到"两个维护"，不是抽象的而是具

体的，要落实到一切工作中，体现到实际行动上。对苏州来说，全面落实维护政治安全的政治责任，首要的就是要坚持党的领导不动摇，就是要坚定"两个确立"和"两个维护"的政治站位，担负起新时代苏州的历史使命。苏州始终坚定不移做习近平新时代中国特色社会主义思想的坚定信仰者和忠实践行者，始终坚决捍卫"两个确立"，做到"两个维护"。只有始终胸怀"两个大局"、牢记"国之大者"，勇于担当、善于作为，才能坚定不移把中央和省委要求落到苏州各项工作实处。改革开放特别是党的十八大以来，苏州之所以能够取得高质量发展和高水平安全令人瞩目的成就，根本在于以习近平同志为核心的党中央坚强领导，在于习近平总书记的亲自谋划部署和亲自指导推动，在于习近平新时代中国特色社会主义思想的正确指引。

二、加快展现"强富美高"新苏州美好图景

苏州肩负"争当表率、争做示范、走在前列"光荣使命，是展示中国特色社会主义制度优越性的重要窗口。党的十八大以来，习近平总书记先后三次赴江苏考察调研，对江苏发展多次作出重要指示，为江苏擘画了"经济强、百姓富、环境美、社会文明程度高"的宏伟蓝图，赋予江苏"在改革创新、推动高质量发展上争当表率，在服务全国构建新发展格局上争做示范，在率先实现社会主义现代化上走在前列"的光荣使命。苏州始终沿着习近平总书记指引的方向，全面把握新发展阶段的新任务，以创新举措贯彻新发展理念，争做全省经济"压舱石"、改革"探路者"、开放"新窗口"、发展"新标杆"，不断砥砺初心开创社会主义现代化建设新局面。

2014年12月，习近平总书记在江苏南京、镇江考察时强调，坚定不移走生产发展、生活富裕、生态良好的文明发展道路，深刻指出，没有农业现代化，没有农村繁荣富强，没有农民安居乐业，国家现代化是不完整、不全面、不牢固的。发达地区在这方面一定要带好头、领好向。2017年12月，习近平总书记在江苏省徐州市考察时强调，要加大

投入、加强研发、加快发展，努力占领世界制高点、掌控技术话语权，着眼世界前沿，努力探索创新发展的好模式、好经验。2020年11月，习近平总书记来到江苏先后在南通、扬州等地考察调研，语重心长地说，只有把绿色发展的底色铺好，才会有今后发展的高歌猛进。考察结束后专门在南京主持召开全面推动长江经济带发展座谈会并发表重要讲话。2020年11月15日，江苏省委常委会第一时间召开扩大会议，传达学习习近平总书记视察江苏重要指示和全面推动长江经济带发展座谈会重要讲话精神，要求全省按照习近平总书记赋予江苏的新使命新任务，紧扣"强富美高"美好蓝图，牢牢把握新发展阶段的任务要求，坚定不移贯彻新发展理念、构建新发展格局，坚持稳中求进工作总基调，推动经济社会高质量发展、可持续发展。着力在改革创新、推动高质量发展上争当表率，在构建新发展格局上争做示范，在率先实现社会主义现代化上走在前列。

对苏州来说，全面落实维护政治安全的政治责任，一个重要的体现，就是要把深入学习贯彻习近平总书记视察江苏重要讲话和指示批示精神作为头等大事，始终牢记习近平总书记对苏州发展的亲切关怀和殷切期望，坚定不移用习近平总书记视察江苏重要讲话指示精神领航新发展开启新征程。凡是习近平总书记已有重要指示重要批示，党中央有决策部署的，都是苏州各项工作的重点。紧扣国家重大战略推动部署落实落地，毫不放松抓好疫情防控，严守耕地红线，确保粮食安全，坚持生态环境保护，坚决纠正自由主义、本位主义、保护主义，确保执行不偏向、不变通、不走样。

三、坚决贯彻落实国家战略，探索具有苏州特色和内涵的现代化形态

对苏州来说，全面落实维护政治安全的政治责任还体现在提高政治站位，坚决贯彻落实习近平总书记关于区域协调发展的重要论述，坚决贯彻落实国家战略。要胸怀"两个大局"、牢记"国之大者"，坚决贯彻

落实长三角一体化、长江经济带、"一带一路"倡议、长江十年禁渔、太湖治理、自贸片区建设等国家重大战略，就是要以习近平总书记系列重要论述为根本遵循，按照省委、省政府的决策部署，勇挑重担、奋勇争先，当好高质量发展"压舱石"，努力在江苏现代化建设新征程上发挥示范引领作用，为全国发展大局作出苏州贡献，更好地服务融入长三角一体化，服务构建新发展格局，探索具有苏州特色和内涵的现代化形态。

高质量统筹推进苏州市域一体化发展。苏州上下牢固树立全市"一盘棋"思想，市域内的十大板块，资源禀赋各具特点，产业基础各不相同，只有牢固树立全市"一盘棋"思想，将"市域一体化"理念贯穿规划工作始终，强化规划协同，才能引导城市、产业、社会、生态等各方面合理布局，避免重复建设、无序竞争，才能构建资源高效集约利用、空间布局整体优化的多赢局面。

高水平推动省内区域协调发展。江苏《长江三角洲区域一体化发展规划纲要》方案，提出了江苏参与并大力推进长三角区域一体化的"任务书"和"路线图"，明确要求从产业创新、基础设施、区域市场、绿色发展、公共服务、省内全域等六个方面，加强对接和融合，提升一体化水平。苏州、南通两市政府签订《关于加强苏通跨江融合发展的战略合作协议》，苏州、无锡、常州签署《苏锡常一体化发展合作备忘录》，探索省内全域一体化发展。

积极融入以上海为龙头的长三角城市群一体化发展。推动长江三角洲区域一体化发展，是习近平总书记亲自谋划、亲自部署、亲自推动的重大国家战略。苏州提高政治站位，增强行动自觉，紧扣"一体化"和"高质量"两个关键词，坚持共性与个性相得益彰、合作与竞争相互促进、集聚与辐射相辅相成，长三角一体化发展国家战略不断走深走实，一体化发展成果加快显现，在全国发展大局中发挥了经济压舱石、发展动力源、改革试验田的重要作用。

深入推进长三角生态绿色一体化发展示范区建设。长三角生态绿色一体化发展示范区建设是长三角一体化发展战略的重大举措，按照环境协同治理要有明确、统一、协同的法规政策依据，环境协同治理要加强明确、统一、协同的标准体系建设，环境协同治理要加强治理手段的协同、分工和配合，环境协同治理要注意治理的稳定性、延续性和可预期性，环境协同治理要推进数字化改革和转型、加强数字化手段的应用，环境协同治理要做好各项配套工作措施，环境协同治理不能单纯依靠政府治理，也要加强社会参与和监督，环境协同治理要对治理绩效进行评估的推进要求，充分发挥长三角生态绿色一体化发展示范区建设对推进长三角高质量一体化的重要示范效应。

四、坚定不移推进全面从严治党，为走在前列提供坚强政治保证

对苏州来说，全面落实维护政治安全的政治责任也体现在坚定不移推进全面从严治党上。党的十八大以来，习近平总书记把全面从严治党纳入"四个全面"战略布局，从八项规定开局破题，以前所未有的勇气和定力推进党风廉政建设和反腐败斗争，刹住了一些多年未刹住的歪风邪气，解决了许多长期没有解决的顽瘴痼疾，清除了党、国家、军队内部存在的严重隐患，以前所未有的勇气和定力推进党风廉政建设和反腐败斗争，管党治党宽松软状况得到根本扭转，探索出依靠党的自我革命跳出历史周期率的成功路径，党在革命性锻造中发挥出旺盛生命力。这一非凡历史充分证明，没有习近平总书记"得罪千百人、不负十四亿"的历史担当和刀刃向内、刮骨疗毒的坚定意志，就不会有这样一个高度团结、坚强有力的中国共产党，就不会有在困难面前万众一心、众志成城的党群关系，就不可能在国际风云变幻中赢得主动。

新时代新征程，苏州始终坚持以党的政治建设为统领，始终按照习近平总书记赋予江苏的新使命新任务，紧扣"强富美高"美好蓝图，认真学习贯彻习近平总书记关于全面从严治党的重要论述，特别是习近平总书记在党的十九届中央纪委历次全会上的重要讲话精神，坚持把全面从严治党纳入改革发展的全过程，从巩固拓展党史学习教育成

果、强化政治监督、保持反腐败政治定力、加固中央八项规定的堤坝、加强年轻干部教育管理监督、完善权力监督制度和执纪执法体系等方面，一体推进不敢腐、不能腐、不想腐体系建设，团结带领广大党员干部自觉对标对表、校准方向，不断固根本、去杂质、除病毒、防污染，以更严的标准、更严的要求、更严的措施，不断把全面从严治党向纵深推进，不断增强政治判断力、政治领悟力、政治执行力，为苏州在革命性锻造中扛起新使命、谱写新篇章营造风清气正的政治环境，提供坚强的政治保证。

紧扣改革发展任务强化政治监督。推进政治监督具体化、精准化、常态化，围绕中心、服务大局，聚焦长江经济带、长三角一体化、自贸片区建设等重大战略部署持续加强监督检查，深入开展粮食购销、安全生产等领域专项整治，推进国有融资平台隐性债务等专项治理，增强对"一把手"和领导班子监督实效，有力保障了党中央和省委、市委决策部署落地见效。

坚决有力推进正风肃纪。锲而不舍地落实中央八项规定及其实施细则精神，深化整治形式主义、官僚主义，时刻紧盯享乐主义、奢靡之风，聚焦关键少数、重点领域，持续加压用力，把握作风建设地区性、行业性、阶段性特点，坚决破除特权思想和特权行为，严肃查处了一批严重违纪违法案件，形成了有力震慑，推进作风建设常态化长效化。

聚焦民生服务群众。始终把群众期盼作为工作出发点着力点，持续开展疑难复杂信访举报化解行动，深化民生领域专项治理，纠治公共停车"收费乱"，推进欺诈骗取医保基金专项监督，切实维护民生权益。

坚持不懈改革探索。敢为人先、守正创新，实施廉洁文化建设三年行动计划，持续营造"不想腐"氛围；推进智慧纪委监委建设，提升主动监督能力；开发运行苏州市营商环境监督平台，服务建设营商环境高地；不断深化制度执行力评估检查，强化制度执行；与时俱进深化三资监管工作，推动全市农村村级财务记账、资产管理、资金支付和产权交易系统"四网融合"，不断体现工作的延续性、创新性、引领性。

不断彰显巡察作用。发挥政治巡视利剑作用，落实全面从严治党政治责任，用好问责利器，完成十二届市委十一轮巡察，实现一届任期内巡察全覆盖。被中央巡视办列为"市级巡察机构在上下联动中更好发挥作用"的试点城市，组织开展开发区专项巡察，配合开展涉粮专项巡察，做到巡中成案，巡察震慑作用进一步显现，市县巡察质效进一步提升。市纪委监委拍摄警示教育片《"权杖"挥舞下的不归路》，教育警示党员干部始终做到心中有信仰，锤炼对党忠诚的品格，当好政治坚定的明白人；始终做到心中有敬畏，保持清正廉洁的本色，当好遵纪守法的规矩人；始终做到心中有责任，弘扬求真务实的作风，当好干事创业的带头人。

【典型案例】

打造社会主义现代化建设县域示范

——奋力走好新时代"昆山之路"

引 言

改革开放以来,昆山按照党中央的决策部署和省委的工作要求,在苏州市委、市政府的正确领导下,走出了一条令人瞩目的"昆山之路",成为苏州"三大法宝"之一,实现了农转工、内转外、散转聚、低转高、大转强的历史性跨越,2019年被列入全省社会主义现代化建设试点地区。主要经济指标在高平台上继续保持较快增长,综合实力连续17年居全国百强县市首位,取得了高水平全面建成小康社会的重大成就,积累了推进现代化建设的发展基础和实践成果。

背 景

2009年4月,习近平同志在江苏调研时指出,像昆山这样的地方,现代化应该是一个可以去勾画的目标。2014年12月,习近平总书记视察江苏时,再次强调了对昆山的这一要求。2020年11月,习近平总书记明确要求,江苏要在改革创新、推动高质量发展上争当表率,在服务全国构建新发展格局上争做示范,在率先实现社会主义现代化上走在前列。江苏省第十四次党代会吹响了奋力谱写"强富美高"新江苏现代化建设新篇章的奋斗号角。苏州市第十三次党代会寄予昆山"让新时代'昆山之路'越走越宽广,奋力实现'新的超越'"的殷切希望。昆山牢记殷殷嘱托,坚决扛起"争当表率、争做示范、走在前列"的光荣使命,紧扣苏州市委、市政府赋予昆山"打造社会主义现代化建设县域示范"总任务,聚力建设新城市、大力发展新产业、全力布局新赛道,奋力走好新时代"昆山之路"。

主要做法

一是当好区域一体发展的县域示范。在昆山市域范围谋划"东西南北"四大功能组团，实施"东接、西融、北联、南协"区域联动发展策略，以全面融入和服务苏州市域一体化。"东接"方面，以花桥国际商务城为引领，形成国际数字商务贸易组团。"西融"方面，以阳澄湖两岸科创中心为支撑，形成两岸科技创新教育组团。"北联"方面，以昆山开发区为龙头，形成长三角先进智能制造组团。"南协"方面，以昆山旅游度假区为主体，形成江南水乡生态人文组团。加快融入长三角一体化发展，推动产业创新集群建设。同时，以花桥国际商务城、阳澄湖两岸科创中心、夏驾河科创走廊、昆山未来城等为中心节点，强化串珠成链功能，进一步更新发展空间、优化功能布局、强化资源配置，积极融入"吴淞江科创带"建设，全力打造新的战略增长极。

二是当好产业创新发展的县域示范。积极构筑现代产业发展"六个一"体系：制订一套产业规划、出台一套产业政策、建立一套招商机制、对接一批大院大所、设立一批产业基金、打造一批高端载体，高水平建设昆山特色产业创新集群，积极融入国内大循环、国内国际双循环，在用好两个市场、两种资源中增强抵御风险能力，切实将产业基础筑得更牢、创新集群建得更强、发展能级提得更高。围绕新型显示和集成电路、智能终端、先进计算，推动新一代信息技术产业集群由大体量向高质量转变。围绕汽车产业、工程机械装备、机器人和成套装备，推动高端装备制造产业主体由小而多向大而强转变。依托深时数字地球研究中心、行业龙头企业组建创新联合体和新型研发机构、把握杜克大学国际合作教育样板区建设机遇，推动产业集群建设由要素驱动向创新驱动转变。

三是当好深化改革开放的县域示范。全面总结昆山试验区发展成效，研究制订试验区未来发展行动方案，在制度创新上求突破，在产业合作上下实功，在交流交往上促提升，打造对台合作交流最佳承载地。

第二章　打好政治安全主动战，确保各项工作始终沿着正确的方向前进

注重制度创新，提升先行先试政策含金量。深入贯彻落实《昆山试验区条例》，用法治力量巩固提升试验区改革成效。深化产业合作，跑出台企转型升级加速度。在生产方式上，由传统制造向智能制造转变。在产业链打造上，由加工制造向研发、销售两端延伸。在合作领域上，由电子信息产业向生物医药、医美康养拓展。在投资主体上，由台商一代投资向台商和台青创新创业优化。扩大交流交往，增强在昆台商台胞归属感。持续完善同等待遇清单，出台增进台商台胞福祉的政策措施。加强与电电公会专案合作，提升对台服务专业化水平。放大国家级海峡两岸青创基地品牌效应。

四是当好现代化城市建设的县域示范。围绕优化功能布局、更新发展空间、强化资源配置，加快建设品质、品位、品牌相得益彰，形态、业态、生态交相辉映，动力、活力、魅力竞相迸发的现代化城市。依托青阳港高标准建设滨水城市客厅、依托"轨交＋高铁"打造城市门户、依托森林公园等资源优势打造城市庭院，聚力打造城市中心，开启城市新界面。通过点上加大攻坚、线上注重牵引、面上有效激活，聚焦存量空间释放和功能形态提升，"点线面"立体式推进，大力推进有机更新，焕发城市新活力。在轨道交通、道路网络、生态廊道、环境基础设施上持续发力，全力提升设施功能，打造城市新动脉。

五是当好社会综合治理的县域示范。围绕夯实治理根基、优化治理体系、提升治理效能，推动模式创新，让基层治理的"最后一米"更加畅通，让服务群众的"神经末梢"更加灵敏，加快推进社会治理体系和治理能力现代化。突出党建引领，提升社会治理效能优化功能设置。实施基层治理"根系工程"，全面建立"村（社区）党组织—自然村、小区党组织—村（居）民小组（楼栋）党小组—党员群众"四级组织链条。优化功能设置，理顺基层治理体系。实施街镇治理"基石工程"，推动行政区划与功能区划职能更聚焦、权责更清晰、运行更高效。合理划分单元，完善社区治理架构。大力实施社区治理"乐居工程"，深入推进社区规模优化、队伍成长、分类共建、融合治理、智慧建设"五大行动"。突出科技赋能，增强应急处置能力。实施社会治理"智慧工

程"，通过大数据赋能，推进城市运行"一网统管"、社会治理"实时在线"。

六是当好实现共同富裕的县域示范。加快推动"民生七有"向"民生七优"提升，让全体昆山市民共享改革发展成果和幸福美好生活，努力为全省乃至全国推动共同富裕提供县域样板。聚焦群众增收做"加法"，推动富裕富足更有力度。完善重点群体就业支持体系，力争到2025年居民人均可支配收入达 8.7 万元。全面落实乡村振兴战略，力争到2025年村级可支配收入超 1000 万元的村占比 70% 以上，村均集体可支配收入达 1400 万元，农村居民人均可支配收入达 5.6 万元，城乡居民收入比缩小至 1.75∶1，农村集体经济跃至苏州前列。聚焦急难愁盼做"减法"，推动公共服务更有厚度。丰富优质教育资源供给，组建医疗集团，推进紧密型医联体建设，全面完成区域性养老服务中心建设。聚焦品质生活做"乘法"，推动现代城市更有温度。加快推进博物馆等一批标志性文化设施建设。统筹布局"三级公园体系"建设，努力实现市民"推窗见绿、开门进园"目标。合理布设 24 小时图书馆等为市民提供更多公共空间和休闲体验。大力实施农房翻建等重点工程，持续改善农村人居环境。聚焦精准帮扶做"除法"，推动社会保障更有广度。织密社会救助网络，发展公益慈善事业，用好解决因病致贫返贫基金，实施因病致贫返贫保险项目，加大困难群众精准帮扶力度，做到应保尽保、应救尽救。强化基本医保等保障，完善长期护理保险制度，减轻市民重大疾病医疗费用负担。多主体多途径解决青年群体和低收入群体住房问题。

启　示

一是打造社会主义现代化建设县域示范要以习近平新时代中国特色社会主义思想为指导。在开启全面建设社会主义现代化国家新征程的重要节点、在习近平总书记寄予昆山"勾画现代化目标"的殷殷嘱托，江苏省委、省政府赋予昆山现代化建设试点的重大任务、苏州市寄予昆山"让新时代'昆山之路'越走越宽广，奋力实现'新的超越'"的背景下，昆山提出"打造社会主义现代化建设县域示范"正当其时、恰逢其势。"打造社会主义现代化建设县域示范"是中国式现代化建设的重要实践、是县域发展的创新探索，必须坚持以习近平新时代中国特色社会主义思想为指导。

二是打造社会主义现代化建设县域示范要结合世情、国情、党情、地情制定具体目标。在区域一体发展、产业创新发展、深化改革开放、现代化城市建设、社会综合治理、实现共同富裕这六个方面争做"六个示范"，是昆山通过系统谋划，开展18项重大课题调研，实事求是地提出的。"六个示范"的六个方面，是呼应了党在新时代治国理政的新方略、国家发展的方向、时代发展的主流、人民心中的期盼，又结合了地区发展的优势和特色、短板和弱项，统筹发展和安全，紧扣现代化建设的奋斗目标制定提出的。

三是打造社会主义现代化建设县域示范要传承弘扬伟大精神。改革开放以来，昆山的党员干部带领昆山人民从"小六子"逆袭，到如今连续17年位居全国百强县第一。"唯实、扬长、奋斗"，到"艰苦创业、勇于创新、争先创优"，再到"敢于争第一、勇于创唯一"的"昆山之路"精神，就是这条逆袭之路的强大支撑。今天，我们迈上全面建设社会主义现代化的新征程，中华民族伟大复兴进入不可逆转的历史进程。面对百年变局和世纪疫情相互交织、外部环境复杂严峻的新形势，打造社会主义现代化建设县域示范的路上会有荆棘坎坷、会有可以预见和不可预见的风险挑战，因此要传承弘扬"敢闯敢试、唯实唯干、奋斗奋进、创新创优"的新时代"昆山之路"精神内涵。

中共昆山市委党校（昆山市行政学校） 董姝懿

建设长三角生态绿色一体化发展示范区

——吴江努力为长三角全域乃至全国区域协调发展提供示范

引 言

建设长三角生态绿色一体化发展示范区（以下简称"示范区"），是实施长三角一体化发展国家战略的先手棋和突破口。吴江区作为示范区重要组成部分，深入贯彻习近平总书记对长三角一体化发展和对江苏"争当表率、争做示范、走在前列"重要讲话指示精神，以新发展理念为引领，牢记"国之大者"，勇担战略使命，牢牢把握长三角"一极三区一高地"和示范区"一田三新"战略定位，紧扣"一体化"和"高质量"两个关键，加快推动发展质量变革、效率变革、动力变革，以更多示范引领的一体化发展成果，努力为长三角全域乃至全国区域协调发展提供示范。

背 景

苏浙沪地域相近，人文相亲，三地经济往来密切，交流合作源远流长。作为两省一市相互毗邻的区域，青浦、吴江、嘉善三地区域一体化探索已久。改革开放以来，不少企业在三地都设有机构。进入新时代以来，从修路架桥、推动人才流动，到共建产业园区；从共同实施具体项目，到共同推进行动纲领，三地合作内容不断丰富，合作步伐不断加快，三地从协同发展加速迈向一体发展。

推动长江三角洲区域一体化发展，是习近平总书记亲自谋划、亲自部署、亲自推动的重大战略。2014年5月，习近平总书记在上海考察时，强调要努力促进长三角地区率先发展、一体化发展。2018年11月，习近平总书记在首届中国国际进口博览会开幕式上明确提出支持长江三角洲区域一体化发展并上升为国家战略。一体化示范区和先行启动区建设为吴江在新时代谋划和推动高质量发展提供了重大历史机遇。

主要做法

根据《长三角生态绿色一体化发展示范区总体方案》部署，示范区肩负着"一田三新"的战略目标。作为示范区的重要组成部分，吴江对标对表，全面发力，将党中央的部署真正落到实处。

一是一体化制度创新试验田。"不破行政隶属，打破行政边界"，进行一体化制度创新是示范区的核心使命。示范区揭牌至今，聚焦规划管理、土地管理、项目管理、体制机制创新等"8＋1＋1"重点领域，已累计形成78项制度创新成果。作为示范区的重要组成部分，吴江深度融入示范区规划体系，构建"无边界"一体化发展格局，改革案例数量在示范区居首。吴江联合周边地区在全国首创"跨界联合河长制"，解决了跨界河湖治理的系统难题，成功经验已在示范区外复制推广。在政务服务方面，吴江率先设立长三角"一网通办"专窗，后又设立示范区"跨省通办"综合受理服务窗口，三地共涉及3877个事项，多个"全国首张"在吴江诞生。此外，吴江还率先探索跨省域一区多园国家高新区创建新模式，争创国内首家跨区域绿色金融改革创新试验区，推广分享吴江"工业生态'数字管理'赋能经济高质量发展"等重大制度创新成果。

二是生态优势转化新标杆。吴江巩固国家生态文明建设示范区创建成果，深入实施太浦河"沪湖蓝带"计划，系统推进跨界河湖综合治理、岸线绿色贯通、美丽生态河湖建设。充分运用示范区生态绿色一体化发展平台，加强多污染物协同控制和区域协同防治，探索生态环保多元投入和补偿机制，推动"联合河（湖）长制"、生态环境"三统一"等联保共治举措取得扎实成效。同时积极推动社会面低碳转型。大力实施低效工业企业整优提升行动，深入推进城市和产业双优融合更新，不断提升土地集约节约高效利用水平。高水平实施国家整县（市、区）屋顶分布式光伏开发试点，率先探索新能源替代、循环经济发展经验。重点做好江南水乡"大文章"。聚焦世界级湖区建设，加快推进"三生"融合，把自然村落和湖荡资源打造成人才集聚、绿色发展的战略空间。

三是绿色创新发展新高地。创新是引领发展的第一动力，吴江深度融入上海国际科创中心建设，积极参与沿沪宁产业创新带、G60科创走廊和环太湖科创圈建设。高水平建设运营示范区知识产权保护服务中心，探索订单式研发和成果转化机制，推进产业链与创新链深度融合，勇当科技和产业创新的开路先锋，率先推动产业集群向创新集群转变。全省首个、全国第13个国家级制造业创新中心——国家先进功能纤维创新中心落子吴江。深入实施示范区数字经济创新发展战略，以"全国第一院"的标准建设中国工联院江苏分院，打造国家级长三角工业互联网创新示范基地，推动数字经济成为示范区高质量发展的关键增量。深化高新技术企业培育"小升高"行动，构建起高新技术企业、科技型中小企业和"独角兽"企业、"瞪羚"企业有机衔接的创新型企业梯队。目前吴江拥有919家高新技术企业，27家上市企业，9家国家专精特新小巨人企业，8家制造业单项冠军。

四是人与自然和谐宜居新典范。吴江践行以人民为中心的发展思想，在一体化发展中不断增进人民的幸福感和获得感。一方面，以富民增收为目标，推进"全民共富"。建立示范区高层次人才培养和协同创新机制，着力提升高层次就业占比，推动更多低收入人群迈入中等收入行列。以"江村"乡村振兴品牌为引领，大力发展农文旅融合经济、特色田园乡村经济、湖区经济，更好地吸纳居民就业。推动村集体抱团发展，用市场化思维和方式做大做强村级集体经济。另一方面，以利民惠民为落脚点，推动教育、医疗、养老、文旅、社会保障等民生领域向高水平一体迈进。如，深化集团化办学模式，推动教育资源高效流动、均衡配置；组建跨区域医联体、专科联盟，满足多层次健康需求；持续优化完善示范区一体化社会保障、社会救助体系；推动示范区文体旅活动联合举办、一体发展；健全示范区一体化应急体系，提升跨域联合应对公共卫生、自然灾害等领域风险水平。

启 示

吴江实践启示我们：建设长三角生态绿色一体化发展示范区必须坚定不移以高质量发展为主题，深入践行新发展理念。一是必须充分体现生态文明建设要求，率先探索将生态优势转化为经济社会发展优势，打造生态价值新高地；二是必须以新技术、新产业、新业态、新模式为核心，以知识、技术、数据、人才等新生产要素为支撑，发展新一代信息技术、生命健康、高端服务、文旅休闲、绿色生态农业等主导产业，打造创新经济新高地；三是必须坚持从项目协同走向区域一体化制度创新，不断推出"跨区域联合河长制""一网通办"、基础设施互通互联、公共服务共建共享、工业企业差别化配置改革等一系列原发性制度创新成果，打造制度创新新高地。

中共苏州市吴江区委党校（苏州市吴江区行政学校） 丁娟

防风险　守底线——统筹发展和安全的苏州实践

"为太湖增添更多美丽色彩"

——吴中区系统打造践行"两山"理念的先行示范

引　言

太湖三万六千顷，五分之三在吴中。苏州市吴中区是苏州市中心城区的重要组成部分，濒临太湖，陆地面积745平方千米，辖7镇、7街道，以及国家级苏州太湖旅游度假区、国家级吴中经济技术开发区、省级吴中高新区、国家级西山农业示范园区，拥有五分之四的太湖峰峦、五分之三的太湖水域、五分之二的太湖岸线，生态空间保护区域占全区国土面积的87.1%，占苏州市的60.6%、江苏省的8.1%，是江苏省生态红线区域最大的区（县、市）。

背　景

近年来，吴中区深入贯彻习近平生态文明思想，坚持生态优先、绿色发展，先后创新实施"两区一岛""治企清源""增绿护绿"三大工程，大力推进绿色发展"生态＋文旅""生态＋智造""生态＋乡愁"三大行动，率先构建差异化考核、太湖水环境"五位一体"长效管理、双向生态补偿、环太湖"加减法"四项机制，GEP（生态系统生产总值）位列全国市辖区百强区首位，金庭镇入选自然资源部第二批生态产品价值实现典型案例，在2021年中国中小城市高质量发展评价中，位列全国综合实力百强区第9位、绿色发展百强区第9位、科技创新百强区第9位。

主要做法

首先是牢记嘱托、扛起担当，筑牢"两山"生态底色。吴中区始终牢记习近平总书记"为太湖增添更多美丽色彩"的殷殷嘱托，把太湖治理作为最大的政治任务，每年将可预算财力的10%左右用于生态保护，累计投入超150亿元。一是实施"两区一岛"工程，推动生态文明实践落地生根。2019年，启动建设苏州生态涵养发展实验区。2020年，率先开展环太湖地区城乡有机废弃物处理利用示范区建设，建成投运临湖示范点。在涵养区的基础上，对标上海崇明世界级生态岛，打造太湖生态岛，探索建设可持续发展生态岛的吴中样本。二是实施"治企清源"工程，坚持最严标准强化环境治理。坚持"治企清源"，统筹工业企业、农业面源、城乡生活污染等治理。全面完成4.5万亩太湖围网拆除、太湖沿岸3千米范围内6万亩养殖池塘整治改造和禁捕退捕工作。目前，吴中太湖湖体水质基本达到Ⅲ类标准。三是实施"增绿护绿"工程，统筹城乡一体提升生态品质。牢固树立山水林田湖草生命共同体理念，持续加强环太湖湿地带建设，打造生态安全缓冲带，建成6个湿地生态恢复项目，太湖湖滨湿地公园、三山岛湿地公园获评国家级湿地公园。连续9年举办太湖放鱼节，投放花白鲢等各类鱼苗约400万千克、2亿余尾，生物多样性得到有效保护。

其次是全域多元、因地制宜，拓宽"两山"转化通道。坚定不移贯彻新发展理念，在好生态中涵养新经济、培育新动能，提升产业"含金量""含绿量"，推动"绿水青山"转化为"金山银山"。一是大力推进"生态＋文旅"提升行动，打好太湖牌，开拓全域旅游新蓝海。全力构建以国家级旅游度假区和国家5A级景区为龙头，以古镇古村和太湖山水为支撑的全域旅游发展格局，2020年获评国家全域旅游示范区。全区共有各类民宿1000余家，房间总数过万，每年直接经济产值超5亿元，间接带动本地农民就业超万人，"太湖民宿"声名鹊起、"太湖体育"厚积成势、"太湖会展"品牌彰显。二是大力推进"生态＋智造"赋能行动，打好创新牌，厚植产业发展新动能。深入推进"产业强区、创新引领"发展战略，坚持创新的核心地位，以绿色低碳技术和绿色服务理念，推动先进制造业与现代服务业融合互动发展，加快产业基础高级化、产业链现代化。抢抓长三角一体化发展等国家战略叠加机遇，全力打造"3＋3＋3"现代产业集群，实施科技企业培育"用端"计划和高企认定"倍增计划",有效高新技术企业总量突破1100家。三是大力推进"生态＋乡愁"增效行动,打好特色牌,增强都市农业新优势。深入实施乡村振兴战略,纵向拉长农业产业链,提升附加值,横向拓展产业融合,推动农业多元价值实现,2020年创建苏南地区唯一的国家农村产业融合发展示范园。加快发展乡村旅游、创意农业、农耕体验等新兴业态,打造洞庭山碧螺春茶文化节、枇杷旅游节等一批特色农业节庆载体,推进农业与二三产业深度融合。

最后是守正创新、协同发力,健全"两山"保障机制。坚持把创新机制作为践行"两山"理念、建设生态文明的重要内容,充分发挥制度的引导、规范、激励作用,巩固拓展"两山"转化成效。一是率先构建"差异化考核"机制,筑牢绿色发展政绩观。率先在省内改革考核"唯GDP一刀切"传统做法,探索推进板块发展差异化考核,对环太湖地区板块减少经济发展指标考核权重,增加生态保护、绿色发展核指标权重。二是率先构建"五位一体"管理机制,提升太湖水环境。设立太湖水环境综合管理协调领导小组办公室,率先对太湖湿地保护、芦苇收割管理、水草蓝藻打捞、沿岸水体保洁和饮用水源地实施"五位一体"综合长效管理。三是率先构建"双向生态补偿"机制,调动保护积极性。2010年,率先在省内实施生态补偿机制,分类实行纵向生态补偿,每3年进行一次提标扩面,目前已实施到第四轮。2019年、2020年启动实施水环境、大气环境横向生态补偿。四是率先构建环太湖"加减法"机制,优化发展新空间。充分利用增减挂钩、占补平衡、"三优三保"等政策,鼓励环太湖地区对不再具备建设条件或难以发挥更大效益的存量建设用地,通过土地复垦、生态修复、高标准农田建设等方式,腾出指标,有偿调剂给区内重点开发地区高效利用,以建设的"减法"换取生态"加法"和效益"乘法"。

启 示

吴中区系统打造践行"两山"理念先行示范的生动实践启示我们:生态保护是生态文明建设的第一责任,必须坚持"一张蓝图绘到底"的战略定力,实现天更蓝、山更绿、水更清;绿色发展是生态文明建设的第一要务,必须坚持"绿水青山就是金山银山"的发展理念,促进生态经济化、经济生态化;改革创新是生态文明建设的第一引擎,必须坚持"治理体系和治理能力现代化"的制度自觉,增强系统性、综合性、协调性;人民共享是生态文明建设的第一追求,必须坚持"以人民为中心"的价值导向,推动生态惠民、生态利民、生态为民;党的建设是生态文明建设的第一引领,必须坚持"干事创业敢担当"的工作作风,提升号召力、推进力、执行力。

中共苏州市吴中区委党校(苏州市吴中区行政学校) 吴照冀

深入践行"两山"理念，走绿色高质量发展之路
——长江大保护的苏州答卷

引 言

长江是中华民族的母亲河，也是中华民族发展的重要支撑。习近平总书记强调，推动长江经济带发展必须从中华民族长远利益考虑，把修复长江生态环境摆在压倒性位置，共抓大保护、不搞大开发。我们深刻认识到，扎实做好长江苏州段保护工作，对维护长江流域整体生态安全具有重要意义，必须以更高的政治站位，深刻领会和贯彻落实习近平总书记的重要指示精神，以强烈的政治责任和使命意识，争当长江大保护的排头兵和先行军。

背 景

作为长江流域的重要节点城市，苏州拥有157.96千米长江岸线，享长江滋养，因长江而兴。保护长江就是保护苏州城市根基，守住长江中下游的生态环境底线就是守住苏州高质量发展的"命脉"。近年来，苏州认真落实"共抓大保护、不搞大开发"方针，把长江大保护作为一项极其重要的工作抓在手上，坚定不移走生态优先、绿色发展之路，以"壮士断腕"的决心和"抓铁有痕"的劲头全力攻坚长江环境整治，扛起"共抓大保护"的历史责任，走出了一条"绿色颜值"与"经济产值"共生共赢的发展之路，交出了一份推动长江经济带高质量发展的"苏州答卷"。

主要做法

从全市域、全岸线、全方位、全领域推动长江大保护工作，污染排放做减法、绿色生态做加法，紧盯突出环境问题，抓好整改销号，为高

质量发展提供更多绿色动能。

一是主抓"治污"，刮骨疗伤下猛药，确保一江清水向东流。治污是从根本上保护长江的治本之策。做好"水安全、水生态、水资源、水文化"四篇文章，坚决打好水污染防治攻坚战，坚持不让一滴污水进入长江，推进国、省考断面水质全面达标；以最严标准做好饮用水水源地保护，确保供水安全；不断加大监督执法检查力度，推进水上运输污染防治。截至目前，苏州城市黑臭水体治理率达100%，全面完成4.5万亩太湖网围清拆、太湖沿岸3千米范围内7.78万亩养殖池塘整治。全市规模养殖场治理率、规模养殖场粪污处理设施装备配套率均达100%。苏州长江干流水质稳定达到Ⅱ类，42条主要入江支流水质优Ⅲ比例达100%。

二是凸显"修复"，修复长江岸线生态带，打造沿江最美风景线。岸线修复是长江大保护的重点任务。苏州有个明确的目标，构建全市沿江地区"山水林田湖草"完整生态系统，打造独具苏州江南水乡文化和地域特色的沿江示范段。张家港市依江而建，因江而兴，共有80.4千米长江岸线，占江苏全省长江岸线总长的18.6%，张家港湾作为长江入海前的最后一道湾，被誉为"江海交汇第一湾"。2019年9月，张家港市启动张家港湾建设，围绕打造"四个最美"，通过实施"五大提升工程"，一道绿色生态、滨江亲水、优美宜居的最美江湾呈现在眼前，绵延12千米岸线的张家港湾现已成为休闲旅游的"网红打卡地"。铁黄沙是长江常熟段一片随潮汐时隐时现的沙洲，2019年5月以来，常熟市投入4.7亿元用于铁黄沙的建设与生态修复，如今修复成效已逐步显现，江堤沿线已经形成3000多亩的林带，岛上已经出现了160多种鸟类、100多种湿地植物，成为长江沿岸一道亮丽风景线。太仓市地处长江口，拥有38.8千米长江岸线。随着长江太仓段近万亩沿江绿廊、1500亩的七丫口郊野湿地公园和近11万平方米人工湿地等生态修复工程的完成，沿江"绿廊""绿肺"连点成线、连线成片的生态体系逐渐成形。

三是紧扣"转型"，产业升级高端化，转出产业发展含绿量。产业转型是保护长江的重要一环。党的十八大以来，苏州将长江岸线保护纳入法治化轨道，通过拆除码头、企业、棚户等方式清退生产岸线。破解化工围江、砂石围江、码头围江的乱象，下决心关停部分低端低效化工企业，引进优质化工。大力推动化工产业向绿色化、精细化、循环化、高端化方向加快转型。先后否决或劝退各类工业污染项目，"腾笼换鸟"土地面积3万多亩。曾经著名的张家港东沙化工园，在全省率先整建制关停后更名为东南工业区，主导产业为高端装备制造业和新材料产业，这是生态修复倒逼产业转型升级的缩影。传统制造业也在积极进行"低端退、高端进"的蝶变式转型升级，沙钢集团引进亚洲首条超薄带铸轧生产线后，工序能耗减少85%、二氧化碳排放量减少75%。

启　示

一是把长江大保护作为一项系统工程，全市域一体化推进。长江大保护是一个复杂的系统工程，需要以咬定青山不放松的韧劲，层层压紧压实责任，久久为功地加以推进。苏州从全市域、全岸线、全方位、全领域推动长江大保护工作，统筹协调、综合施策，持续推动绿色发展，总体规划生产、生活、生态岸线，管理和使用好每一米沿江岸线，围绕防洪、生态、景观等功能，科学有序推进江心洲等开发利用；充分利用苏州丰富的深水航道资源和临沪近海的航运优势，推动全市港口一体化管理，切实将长江苏州段打造成"黄金水道"。

二是将产业调整与长江生态修复紧密结合，推动绿色产业增量发展。坚定不移以新发展理念引领长江经济带高质量发展，打造绿色产业发展平台，提升绿色产业创新能力，把生态优势转化为经济发展优势，把苏州全域打造成绿色发展高地。扎扎实实推进岸线生态修复，贯彻落实好长江禁渔这个为全局计、为子孙谋的重要决策，加快沿江产业结构调整和发展方式转变，让苏州长江经济带发展的"含金量"更足、"含绿量"更多，更高质量、更可持续、更加安全。

三是以做好中央环保督察"回头看"为抓手，紧盯问题，持续发力。沿长江三地和市有关部门全力推进"百日攻坚"行动各项工作，确保任务清单销号清零。不断反馈环境问题整改，不断进行环境整治、环保提升重点任务，形成责任清单，专业化、项目化、责任化落实各项目标任务，并通过督查、考核、问责等提高制度执行力，确保取得扎扎实实的成效。常态化开展长江环境大整治环保大提升行动，推进沿岸低端低效项目整治，严格落实项目审批管理。保护一江清水、两岸葱绿，不断提高人民群众获得感幸福感安全感。

中共苏州市委党校（苏州市行政学院） 李静会

我们必须把意识形态工作的领导权、管理权、话语权牢牢掌握在手中,任何时候都不能旁落,否则就要犯无法挽回的历史性错误。

——2013年11月9日,习近平在十八届三中全会第一次全体会议上的讲话

建设具有强大凝聚力和引领力的社会主义意识形态。意识形态工作是为国家立心、为民族立魂的工作。牢牢掌握党对意识形态工作领导权,全面落实意识形态工作责任制,巩固壮大奋进新时代的主流思想舆论。健全用党的创新理论武装全党、教育人民、指导实践工作体系。

——2022年10月16日,习近平在中国共产党第二十次全国代表大会上的报告

第三章　打好意识形态安全主动战，推动"两个巩固"战略目标落地生根

意识形态安全是国家安全的重要组成部分，关涉国家的核心利益。做好意识形态工作，守好意识形态安全阵地，对于统筹做好发展和安全两件大事，至关重要。党的十八大以来，习近平总书记作出了"意识形态工作是党的一项极端重要的工作"[1]的重要论断，作出了一系列关于意识形态建设的重要论述，为做好新时代意识形态工作指明了方向。

在习近平总书记意识形态工作重要论述的指引下，苏州市委、市政府坚持把学习贯彻习近平新时代中国特色社会主义思想作为首要政治任务，严格落实意识形态工作责任制，加强意识形态工作巡视巡察，加强网络建设与网络管理，讲好苏州红色故事、苏州历史文化故事，不断促进社会公平正义，在推动"两个巩固"战略目标落地生根的实践进程中，为苏州经济社会发展构筑起了坚固的意识形态安全屏障。

一、多措并举，牢牢把握意识形态工作领导权、管理权和话语权

习近平总书记用三个"事关"深刻阐释了意识形态工作的极端重要性："能否做好意识形态工作，事关党的前途命运，事关国家长治久安，事关民族凝聚力和向心力。"[2] 意识形态作为思想的上层建筑，对于它所依存的经济基础和上层建筑都起到广泛作用。意识形态工作弱化、边缘化和虚无化的后果则是丧失对政权的认同感、丧失意识形态对社会的

---

[1] 习近平：《论党的宣传思想工作》，人民出版社2020年版，第21页。
[2] 《习近平关于社会主义精神文明建设论述摘编》，中央文献出版社2022年版，第17页。

引领力和凝聚力，最后导致政权的丧失。苏联解体、东欧剧变的一个重要原因就是苏共弱化意识形态对意识形态领域的领导权和管理权，导致意识形态领域斗争十分激烈，历史虚无主义愈演愈烈，否定斯大林、列宁，否定苏共历史，思想搞乱了，党组织也不起作用了，最终酿成了一个执政74年的苏联共产党一夜之间垮台的历史悲剧。习近平总书记提醒我们："中国是一个大国，决不能在根本性问题上出现颠覆性错误，一旦出现就无法挽回、无法弥补。"[1] 做好意识形态工作，任何时候都必须把意识形态工作领导权、管理权和话语权牢牢掌握在手中。

牢牢把握意识形态工作领导权、管理权和话语权，就要按照习近平总书记在全国宣传思想工作会议上强调的，努力"建设具有强大凝聚力和引领力的社会主义意识形态"，把这一"全党特别是宣传思想战线必须担负起的一个战略任务"[2] 落到实处。苏州是一个有着将近1300万常住人口的特大城市，人口结构、思想层次的多样性给苏州意识形态工作带来许多风险和挑战。因此，苏州历届市委、市政府一贯高度重视意识形态工作，一届接一届坚定扛起意识形态工作和维护意识形态安全使命职责。一是注重意识形态任务落实。市委理论学习中心组把意识形态工作纳入年度学习任务，把学习习近平总书记关于意识形态工作的重要论述作为专题学习的重要内容，结合苏州意识形态领域存在的问题，全面落实意识形态工作责任制。市委常委会明确市委领导班子落实意识形态工作责任制主要职责任务、市委领导班子成员意识形态工作责任清单、全市意识形态工作重点任务清单，将意识形态工作纳入常委会年度工作要点、党建工作要点，推动意识形态工作与中心工作同部署同落实同检查同考核。常委会成员带头将意识形态工作作为年度民主生活会对照检查材料和述职报告的重要内容。二是健全意识形态工作机制。在市委巡察工作中常态化、制度化开展意识形态工作责任制落实情况的专项检查。制定函询约谈实施规程，进一步推动落实意识形态工作责任。三

---

[1] 《习近平谈治国理政》，外文出版社2014年版，第348页。
[2] 习近平：《论党的宣传思想工作》，人民出版社2020年版，第340页。

是加强意识形态领域的分析研判。落实市委意识形态领域情况分析研判联席会议制度，突出问题导向，加强社会舆情动态的跟踪分析，及时研判处置新情况新问题。四是坚持党管媒体不动摇。加强对苏州日报报业集团、广电总台等新闻单位及所属子报子刊、频道节目和新媒体管理。强化市属媒体党委意识形态阵地管控责任。按照"主管主办和属地管理原则"，加强对市直机关部门门户网站、政务新媒体日常管理督导，常态化开展网站平台网上巡查。

二、牢牢把握"两个巩固"，扎实做好宣传思想工作

马克思主义是我们党必须长期坚持的指导思想。一部百年党史，就是中国共产党带领中国人民在马克思主义思想的指导下，与中国实际相结合，与中华优秀传统文化相结合的基础上，不断解决中国具体问题，推动社会发展的过程。党的百年奋斗取得的举世瞩目的伟大成就充分说明了"中国共产党为什么能，中国特色社会主义为什么好，归根到底是马克思主义行，是中国化时代化的马克思主义行"[1]。同时，中国共产党的性质宗旨和指导思想决定了党的利益和人民的利益始终是一致的、统一的，决定了"党性和人民性从来都是一致的统一的"[2]。所以，宣传思想工作的根本任务，就是要巩固马克思主义在意识形态领域的指导地位，巩固全党全国人民团结奋斗共同的思想基础。

苏州市委、市政府坚持以习近平新时代中国特色社会主义思想为指导，坚持人民利益至上，不断增强人民群众对党和社会主义的情感认同和理性认同，以实际行动维护"两个巩固"。一是在带头学习、主动学习习近平新时代中国特色社会主义思想上走在前列。党的十八大以来，苏州市委理论学习中心组深入学习《习近平谈治国理政》、习近平新时代中国特色社会主义思想、习近平总书记系列重要讲话精神及指示批示

---

[1] 习近平：《高举中国特色社会主义伟大旗帜　为全面建设社会主义现代化国家而团结奋斗——在中国共产党第二十次全国代表大会上的报告》，人民出版社2022年版，第16页。
[2] 习近平：《论党的宣传思想工作》，人民出版社2020年版，第15页。

等，把习近平新时代中国特色社会主义思想与苏州实际相结合，指导解决苏州高质量发展、共同富裕、乡村振兴等一系列重大问题。二是推进习近平新时代中国特色社会主义思想走深走实。市委统一部署学习任务，强化监督管理，把新思想的学习纳入各级党委党组学习计划，纳入党校培训计划，利用各级党组织组织专题党日活动，利用每年基层党员冬训组织专题学习，开展形式多样的学习活动，推动新思想学习全覆盖。三是利用网络媒体强化理论宣传。苏州新闻网、名城苏州网等网站开设理论频道，内容包括"高层声音""热点解析""学习路上""理论前沿"等，《苏州日报》开设"苏州智库"专栏，坚持理论联系实际，以新思想指导苏州发展实际，苏州电视台录制"苏州圆桌思享汇""学而时习之"等理论栏目，形成理论学习平台全覆盖。四是聚焦人民群众对美好生活的向往，切实实现好、维护好和发展好人民群众的利益。落实以人民为中心的发展思想，注重统筹经济发展与改善民生的协调性，着力解决人民群众最关心、最直接和最现实问题，坚持普惠共享，全力办好每年民生实事工程，涉及教育问题、医疗养老、就业社保、生态环境、公共交通、便民服务等项目。2020年民生实事项目总投资超360亿元，2022年有33个民生实事项目有序推进，包括新建、改扩建学校、青少年暑托班、公共体育馆免费、低收费开放、建设全民健身数字平台、公益急救培训、孤独症儿童康复服务全覆盖等。通过众多民生项目，切实提高苏州百姓的获得感和幸福感，进一步增强苏州百姓对党和政府的情感认同、价值认同和理性认同，进一步巩固党和人民团结奋斗的思想基础。

三、坚持人民至上，营造天朗气清、生态良好的网络空间

据中国互联网络信息中心发布的第49次《中国互联网络发展状况统计报告》显示，截至2021年12月，我国网民规模达10.32亿人，较2020年12月增长4296万人，互联网普及率达73.0%。随着网络的普及和广泛应用，人们对网络的依赖度越来越高，网络对人的影响也越来

第三章　打好意识形态安全主动战，推动"两个巩固"战略目标落地生根

越大，成为我们生活中不可或缺的一部分。伴随着网络事业的发展，对网络的利用和治理也越来越完善，但是由于网络无边界性、平等性、开放性、多元性和去中心化等特征，导致互联网行业鱼龙混杂，从经济行为到社交行为、从信息获取到消费娱乐、从热点新闻到社会舆论等，都会出现各种意识形态安全问题。因此，习近平总书记要求："我们要本着对社会负责、对人民负责的态度，依法加强网络空间治理，加强网络内容建设，做强网上正面宣传，培育积极健康、向上向善的网络文化，用社会主义核心价值观和人类优秀文明成果滋养人心、滋养社会，做到正能量充沛、主旋律高昂，为广大网民特别是青少年营造一个风清气正的网络空间。"①

苏州市委高度重视网络意识形态安全，坚持以发展促安全的方式开展网络意识形态建设。一是完善组织机构。2013年成立互联网信息工作领导小组，市委副书记任组长，相关市级领导和单位负责人任副组长和成员，统筹协调和指导全市互联网管理工作。2014年成立网络安全和信息化领导小组，主要负责苏州市网络安全和信息化工作。2018年4月，为贯彻落实中央和省委关于网信工作的一系列决策部署，同步推进市、县（市、区）两级网信工作机构建设，经市委常委会研究并报省编委批准同意，正式设立了市委网信办，挂市互联网信息办公室牌子。二是推动网络阵地建设。从政府官网、综合类门户网站、网站论坛到政务微博，形成了系统性、专业性和群众性的网络阵地，实现了从宏观到微观的全覆盖。比如，《寒山闻钟》论坛在2012年3月27日试运行，运行三个月点击量就突破180万人次，访问量在半年后突破960万人次，为群众解决了28000多个问题，电视评论《"寒山闻钟"新"官"念自揽监督"网"民意》获得当年第23届中国新闻奖一等奖。历经十年，访问量已经突破2.1亿，注册会员数达71.8万，处理反映事项112万项。比如，2012年上线的政务微博"苏州发布"，2013年就荣获了全国党政机构微博影响力飞跃奖，在全国地级市微博实力榜中曾多次蝉联第

---

① 《习近平谈治国理政》第2卷，外文出版社2017年版，第337页。

防风险　守底线——统筹发展和安全的苏州实践

一名,在全国舆情处置能力排行榜中三次获得冠军。三是注重资源整合,既包括媒体融合,也包括内容融合。在媒体融合上,随着互联网的发展,新闻信息传播逐渐由传统媒体转向新媒体。苏州适应这种发展趋势整合媒体资源,苏州日报集团倾力打造"引力播"客户端。"引力播"囊括了苏报集团旗下《苏州日报》《姑苏晚报》《城市商报》等三张报纸和大苏州新闻。在内容融合上,把理论舆论、学习平台、辟谣平台,以及苏州市政府重点关注的苏州制造、江南文化、图片、文字、视听等融为一体。名城苏州网官方抖音号"小鱼视频"自2019年4月上线以来,以新闻、新知、新视界为口号,努力传播正能量。小鱼视频粉丝量1266万,总点赞8亿,总播放约350亿。单条视频最高播放2.8亿,播放量过亿的有50条,最高点赞1188万,清博指数长期位居全国月度总榜前10。

四、讲好苏州故事,传承苏州文化精神

习近平总书记指出:要"讲好中国故事、传播好中国声音,展现可信、可爱、可敬的中国形象"[1]。"我们要主动发声,让人家了解我们希望人家了解的东西,让正确的声音先入为主。"[2] 通过讲好历史文化故事、红色故事和发展故事,增强理论宣传的吸引力和感染力,不断增强社会主义意识形态凝聚力和引领力。

苏州有着深厚的历史资源、丰富的红色资源以及现代化发展资源,充分使用好这些资源,集中力量讲好这些故事,不断增强意识形态工作的针对性和有效性,为中国故事增彩,也为苏州发展聚力。一是讲好苏州文化故事。全力打响"江南文化"品牌,构建具有苏州文化特点和核心竞争力的现代文化产业体系,发布《"江南文化"品牌塑造三年行动计划》;从以"姑苏八点半"为代表的夜经济,到"君到苏州"等数字

---

[1] 习近平:《高举中国特色社会主义伟大旗帜　为全面建设社会主义现代化国家而团结奋斗——在中国共产党第二十次全国代表大会上的报告》,人民出版社2022年版,第46页。
[2] 《习近平关于社会主义文化建设论述摘编》,中央文献出版社2017年版,第209页。

平台构建的智慧文旅,走出一条年轻化、时尚化、生态化的文旅消费路径,2020年成功创建为全国首批"国家文化和旅游消费示范城市",成为国内文旅城市标杆和全球首个"世界遗产典范城市";让博物馆里的文物活起来,讲好文物背后的故事,利用央视《国家宝藏》栏目充分展现苏州文化的深厚底蕴;讲好苏州现有苏州古典园林、中国大运河江苏苏州段两大项世界文化遗产和昆曲、古琴、宋锦、缂丝、苏州香山帮等6项世界非物质文化遗产的前世今生和温情故事。二是讲好苏州红色故事。苏州有着众多的红色文化,从早期的独立支部、获溪星火到抗日战争中的太湖烽火、沙家浜等,承载着苏州革命历史记忆。中共苏州市委网信办和中共苏州市委党校联合出品的短视频节目《阿甘正传播》,党校老师化身"红色传播员",将党史学习教育借助新媒体搬到屏幕上,为守好苏州"红色根脉",讲好"红色故事"注入了新活力;苏报融媒联合苏州团市委推出系列短视频《穿越百年遇见你》,用镜头再现一个个热血不灭的青春模样,追忆那段不懈奋斗的峥嵘岁月;苏州芭蕾舞团原创芭蕾舞剧《我的名字叫丁香》作为"相约北京遇见江南"苏州文化艺术展示周开幕演出在北京天桥艺术中心上演。该剧通过烈士丁香、部队宣传员时钟曼、现代青年乐丁香三位人物革命信仰传承的故事,重塑了"丁香"这一历史人物,给予她更加丰满的、有厚度的"人生"。三是讲好苏州发展故事。苏州是邓小平同志小康梦想起航的地方,也是习近平总书记在江苏调研时指出的,是一个可以去勾画现代化目标的地方。苏州经过40多年的改革开放,以0.09%的国土面积,创造了2.1%的经济总量,形成了引领苏州发展的"昆山之路""张家港精神"和"园区经验"的"三大法宝"。苏州市委组织编写《再燃激情——苏州"三大法宝"读本》,该书以苏州发展为主线,以总结和提炼经验为主要内容,以案例为补充,用"三大法宝"讲好苏州发展故事。苏州改革发展的经验做法,多次在中央主流媒体报道,如《人民日报》报道《二十四年引进五百多家研发机构,苏州工业园区——引智做加法创新做乘法》,聚焦改革开放以来,苏州工业园区形成协同创新机制、新兴产业蓬勃发展取得的出色成果;《江苏苏州翻糖蛋糕师韩磊以美食为媒介——技艺精湛巧妙融合》,通过蛋糕师韩磊的"翻糖蛋糕之路",点赞苏州技能人才,把中国文化带到世界。讲好苏州发展故事,让中国和世界了解苏州发展之路,了解中国特色社会主义发展之路,了解中国改革开放之路。

【典型案例】

坚持把立德树人根本任务落到实处

——苏州实施《新时代在苏高校思想政治工作助推提升计划》

引 言

思想政治工作是党的工作的重要组成部分，是我们党一贯的政治优势。早在建党之初，毛泽东同志就突出强调了思想政治工作对党的建设、军队建设的重要意义。在1927年，毛泽东针对当时士兵的思想政治状况，进行了著名的"三湾改编"，把思想政治工作做到了士兵一线，保证了党对军队的政治领导，为新型人民军队的建立奠定了坚实的思想政治基础。在中国共产党成立100周年之际，中共中央、国务院印发了《关于新时代加强和改进思想政治工作的意见》，从新时代思想政治工作的总体要求、把思想政治工作作为治党治国的重要方式、深入开展思想政治教育、提升基层思想政治工作质量和水平、推动新时代思想政治工作守正创新发展、构建共同推进思想政治工作等六个方面，为加强和改进新时代思想政治工作指明了方向。

背 景

青年兴则国家兴，青年强则国家强。高校是思想政治工作的重要阵地，承担着立德树人，培养德智体美全面发展的社会主义事业建设者和接班人的重大任务。目前苏州高校有26所，在校生近30万，是一个规模较大的青年群体。做好在苏高校思想政治工作，是落实好习近平总书记关于高校思想政治工作重要论述和中央《关于新时代加强和改进思想政治工作的意见》的重要任务。

苏州市委高度重视在苏高校思想政治工作，坚持把高校思想政治工作摆在重要位置，紧紧围绕"培养什么样的人""怎样培养人"这一关键主题，加强领导和指导，努力推动形成党委统一领导、各部门各方面齐抓共管的工作格局，保证高校正确办学方向，掌握高校思想政治工作主导权，保证高校始终成为培养社会主义事业建设者和接班人的坚强阵地。

主要做法

一是坚持不懈用习近平新时代中国特色社会主义思想铸魂育人。苏州市委、市政府主要领导分赴各高校，亲自上党课、形势政策和国情省情市情报告课、理论宣讲课，参加主题教育相关活动，宣传党的教育方针，讲授思政知识，帮助学生树立正确的世界观、人生观、价值观，坚定马克思主义信仰，坚定社会主义和共产主义信念。走进学生中间，召开座谈会，了解思政课程学习情况，研究高校思想政治工作的新变化，指导完善下一步工作计划安排，进一步贯彻落实中央、省委有关意识形态和高校思想政治工作的决策部署，不断巩固马克思主义在高校意识形态领域的指导地位，努力培养德智体美劳全面发展的社会主义建设者和接班人。

二是高度重视思政课程建设的制度创新。在2018年率先建立市领导联系在苏高校思想政治工作制度基础上，2019年苏州高校思政工作又推新举措，从2019年至2021年，分年度实施《新时代在苏高校思想政治工作助推提升计划》，通过开展思政课名师工作室建设，培育一批在全市乃至全省全国具有一定影响力的思政课名教师；开展"思政课程"和"课程思政"示范课建设，遴选一批"思政课程"和"课程思政"示范课；开展"新时代·实践行"主题实践活动，建设一批新时代思政理论实践教育示范基地，切实提升高校思想政治工作的针对性和实效性，不断增强师生对思想政治工作的获得感。2019年以来，开展了部校共建马克思主义学院、新时代文明实践探索研究、"青年说"、思想政治理论课教师竞赛和培训等系列活动，为高校思想政治工作注入新的活力和动力，成为地方支持高校、高校反哺地方的重要范例，取得良好的示范和带动效应。

三是注重思政课程形式与内容创新。2020年以来，苏州大学、苏州科技大学、苏州市职业大学、苏州工业职业技术学院等26所在苏高校思政课不断推陈出新，教学亮点纷呈、效果明显。高校思政教师创新运用由中央广播电视总台、市委宣传部和市广电总台联合打造的《百家讲坛》特别节目《今古话苏州》成果，打造思政课程，将分切而成的短视频融入课程设计，让教学案例更加丰富，情景模拟更加逼真，师生互动更加频繁，使思政课堂焕发蓬勃活力，展露盎然新意。

启　示

一是注重顶层制度设计。领导重视，不仅表现在高校第一堂课中，还表现在日常的联系机制、领导干部上讲坛的育人机制和常态化高校调研机制上。只有常态化的制度保障，才能真正贯彻落实中共中央、国务院《关于新时代加强和改进思想政治工作的意见》的意见精神，才能做到以上率下，打造全员思政、全域思政的育人模式，牢牢抓住高校思想政治工作的主动权、主导权。

二是固本强基、多方参与、实践创新。高校思政课程是高校思想政治工作的主渠道，注重师资队伍建设，加大思政课教师培养和激励工作力度；注重课程建设，不仅要有名师，而且要有名课，包括课程思政示范课、思政课程示范课以及实践课程示范课等；注重平台建设，整合地方红色资源、优秀传统文化资源与思想课程有效衔接；注重路径建设，根据青年成长特点，结合时代要求，通过多种途径，如案例、情景模拟及短视频等方式融入思政课程中，使思政课更加符合学生思想实际和成长要求，帮助青年学生进一步增强"四个自信"。

三是注重价值引领，打造全域思政。坚持地方特色，结合时代发展与青年人成长特点，打造全域思政。精心开展主题宣传教育，开展"请党放心、强国有我"主题活动；结合庆祝新中国成立70周年、建党一百周年等重要时间节点开展如理论宣讲、文艺表演、展览展出、故事分享、升国旗等形式多样的系列活动；广泛打造思政育人环境，以文明校园创建为抓手,将思政教育与传统载体、现代信息技术及融媒产品相融合,使高校学生在全域思政环境中受到潜移默化的影响,从而切实提升高校思想政治工作的实效性。

中共苏州市委党校(苏州市行政学院)　王永灿

改革创新推动理论舆论融合发展

——苏州关于理论舆论融合的探索与实践

引 言

我们党历来重视理论建设与舆论引领,坚持理论起家。党的十八大以来,面临新形势、新问题,习近平总书记在党的新闻舆论工作座谈会上指出,做好党的新闻舆论工作,事关旗帜和道路,事关贯彻落实党的理论和路线方针政策,事关顺利推进党和国家各项事业,事关全党全国各族人民凝聚力和向心力,事关党和国家前途命运。习近平总书记的重要讲话,把党的新闻舆论工作提升到意识形态的极端重要地位,强调要把党的理论和路线方针政策变成人民群众的自觉行动,及时把人民群众创造的经验和面临的实际问题反映出来,丰富人民精神世界,增强人民精神力量,强调要把理论融入到新闻舆论建设过程中,凸显理论的科学性、引领性,同时坚持理论对新闻舆论的引领,保证新闻舆论的政治方向。

背 景

加强理论舆论融合建设,是理论发展的内在要求,也是时代发展的必然要求。苏州顺应发展趋势,坚持改革创新,坚定不移推动理论舆论融合发展,在融合途径、载体、方法、手段上不断探索,寻求突破;在实践中主动把握新形势,直面新问题,迎接新挑战,以习近平新时代中国特色社会主义思想为引领,以马克思主义大众化为方向,以体制机制改革为龙头,以平台建设内容生产为重点,以新科技研发应用为支撑,以推动习近平新时代中国特色社会主义思想深入人心为目的,聚力创新打造"众说学习·名家说""百姓名嘴""学而时习之"等众多理论宣讲活动品牌,努力开拓走出一条理论与舆论融合的实践道路,取得了很好的成效。

防风险　守底线——统筹发展和安全的苏州实践

主要做法

一是政治引领，统筹推进。明确理论与舆论融合发展的工作思路，加强理论对舆论的引领作用，发挥舆论对理论的引导作用，实现理论舆论双轮驱动。市委宣传部统筹协调，理论处、新闻处、宣教处、苏州报业集团、苏州广电总局等多个部门，会商讨论，明确任务，落实责任，打造具有地方特色的两论融合精品。在两个国家一级网站——苏州名城网和苏州新闻网开设"理论频道"，开展理论学习和宣传报道；通过整体打造《苏州日报》理论月刊，巩固传统宣传阵地；通过创建基层党员理论学习"红色微信矩阵""学习强国·苏州频道"等，抢占手机客户端宣传阵地。

二是注重平台建设。市县两级媒体积极创新载体，拓展"两微一端"新媒体平台，集中打造了"看苏州""引力播"两个新闻客户端，实现全天 24 小时资讯滚动更新、在线互动交流，其中，"家在苏州"入选全国报刊媒体融合创新案例 20 佳。苏州新闻网、名城苏州网等均开设理论频道，内容包括"高层声音""热点解析""学习路上""理论前沿"等，《苏州日报》开设"苏州智库"专栏，苏州电视台开设"苏州圆桌思享汇""学而时习之"等理论栏目，把思想与时代、理论与热点、盲点利用融媒平台，实现有机统一。

三是注重品牌建设。组织强有力的理论宣传队伍，精心打造"新苏时评""名城 e 评"等网评品牌；组织"百姓名嘴"风采展示大型融媒体宣传活动；联合苏州团市委、广电总台组织策划新时代苏州"青年说"大型融媒体活动。从"师说""名家说"到"众说""青年说"，逐渐形成了理论宣传普及的传播矩阵。通过活动开展，打造活动品牌，让"大道理"渗入各类群体，推动理论舆论、网上网下有机融合，有效同频共振。

四是注重多元参与。两论融合建设是一项系统工程，需要多方配合，多元参与。推进双论融合，首先是用好苏州理论界与舆论界两种资源，发挥好苏州大学、苏州市委党校、苏州市社科联等专家作用；其次是充分利用信息载体和舆论载体,及时对党的理论进行解读,并结合苏州实际问题给予理论解答,对群众关心的热点问题、敏感话题给予有效引导。

启　示

随着社会主要矛盾转变,人民群众的精神需求会变得更加突出;随着科技的发展,人民群众对各种信息的掌握日趋多元;随着社会主义核心价值观的大力弘扬,人民群众对社会焦点、热点问题的态度更趋理性。因此需要推进党的创新理论时代化和大众化,使人民群众更加趋于理性化和客观化,同时注重对党的重大理论问题的大众化阐释,如共同富裕、中国式现代化等,注重对各种错误社会思潮的理论阐释与批判,如"党大法大""历史虚无主义"等,使群众能够理性看待各种社会发展问题,深刻理解各种社会思潮的错误实质以及深刻理解党的重大理论命题,使习近平新时代中国特色社会主义思想能够掌握群众,并成为改造世界的巨大力量。因此加强理论建设是社会发展的必然结果,也是做好舆论工作的基础和前提条件,要把当前舆论工作的重点,转移到对党的理论创新的大众化阐释、对重大新闻事件的理论阐释和各种错误思潮的理论引导上来。

做好理论舆论融合工作,是一项系统性工程,需要人才、机制、阵地等方方面面建设。因此需要加强顶层设计,各部门密切配合,理顺各项关系,形成协调、管理、建设等各项机制,注重阵地建设,在利用传统阵地基础上不断开辟新的阵地,如县级融媒中心、新时代文明实践活动中心等,打通理论传播的最后一公里。

中共苏州市委党校(苏州市行政学院)　王永灿

我们要坚持以推动高质量发展为主题，把实施扩大内需战略同深化供给侧结构性改革有机结合起来，增强国内大循环内生动力和可靠性，提升国际循环质量和水平，加快建设现代化经济体系，着力提高全要素生产率，着力提升产业链供应链韧性和安全水平，着力推进城乡融合和区域协调发展，推动经济实现质的有效提升和量的合理增长。

　　——2022年10月16日，习近平在中国共产党第二十次全国代表大会上的报告

　　金融是现代经济的核心，关系发展和安全，要遵循市场化法治化原则，统筹做好重大金融风险防范化解工作。

　　——2021年8月17日，习近平在中央财经委员会第十次会议上的讲话

第四章　打好经济金融安全主动战，牢牢把握经济工作主动权

习近平总书记指出，经济是肌体，金融是血脉，两者共生共荣。[①]经济安全是国家安全体系的重要组成部分，既衍生于国家安全，又支撑于国家安全，是国家安全的基础。金融安全是指货币资金融通的安全和整个金融体系的稳定，作为整个经济和社会的血液，金融安全在国家经济安全中的地位和作用日益加强。金融安全如果遭到破坏会向实体经济输出具有连锁效应的不稳定性，从而严重冲击经济安全；相反，金融安全的最根本影响因素是宏观经济安全系数，若宏观经济发生动荡，将导致社会失业率上升，居民预期收入减少，消费信心严重受挫，消费支出增长停滞，那么企业部门的再生产投资也会因此而停下脚步，这将导致金融业在负债端和资产端腹背受敌，金融安全受到极大冲击。因此，经济安全与金融安全是一脉相承、一以贯之的。

党的十八大以来，习近平总书记多次强调，以经济建设为中心是兴国之要，发展仍是解决我国所有问题的关键[②]。党的二十大报告在"推进国家安全体系和能力现代化，坚决维护国家安全和社会稳定"这一部分中也提到，要坚持"以经济安全为基础"[③]。一直以来，苏州经济发展处于全国领先地位，2021年苏州全市实现生产总值22718.3亿元，是仅次于上海、北京、深圳、广州、重庆的全国经济"第六城"，约占全省的19.5%，约占全国的1.99%。十分明显，经济建设是苏州发展

[①] 参见《习近平：深化金融供给侧结构性改革　增强金融服务实体经济能力》，《人民日报》2019年2月24日。
[②] 《习近平在党的十八届二中全会第一次全体会议上的讲话》，人民网，2013年2月26日。
[③] 习近平：《高举中国特色社会主义伟大旗帜　为全面建设社会主义现代化国家而团结奋斗——在中国共产党第二十次全国代表大会上的报告》，人民出版社2022年版，第52页。

的重中之重，也是苏州成为"最强地级市"的根本原因，经济金融发展安全关乎苏州能否持续走向高质量发展。面对复杂多变的国际形势和受新冠疫情、经济下行压力增大等不确定性风险影响，且各种风险和挑战联动效应明显，苏州积极应对需求收缩、供给冲击、预期减弱三重压力，全力做好"六稳"工作、落实"六保"任务，主动防范化解各种风险隐患，努力为全省发展大局挑担子。统筹经济金融发展与安全，是苏州经济建设过程中始终牢牢坚守的重要原则。

一、强化工业信息安全保障，助推数字经济健康发展

安全体系是数字经济健康发展的保障，随着制造企业"智改数转"项目的深入推进，关键生产设施的数字化、网络化、智能化水平不断提升，其面临的安全风险也在不断增加，工业信息安全的影响范围和防护成本也在逐渐扩大。如何建立完善的工业信息安全防护体系，营造安全可靠的数字化转型环境，已成为数字经济时代产业发展的必修课。

近年来，苏州积极维护数字经济安全。建立健全网络安全协同治理体系，强化数据安全主体责任，保障关键信息基础设施稳定运行。健全政务信息资源安全标准、技术规范和管理制度，探索政府数据分级分类，推动政府数据确权管理，加强政府数据安全责任管控。加快构建安全可靠的保密技术体系，加快信创产品应用推广力度，加大商用密码应用和安全性评估。完善工业互联网安全保障体系，强化企业数据安全。增强数字安全领域突发事件监测预警、分析研判和应急处置能力，推进网络综合治理，维护意识形态安全，促进数字经济健康发展。

全力完善网络空间安全保障体系。一是构建网络安全统筹协同工作机制。加强配套政策供给，出台针对性、可操作的管理办法和工作措施。强化网络安全工作责任制落细落实，落实网络安全工作检查督查机制，推动设施运营单位落实网络安全主体责任，深化数据安全协同防护能力。二是提升数字安全领域态势感知和预警处置能力。统筹推进全市数字安全监测预警体系建设，建立健全政府、行业、企业网络安全信息

共享机制，加强网络安全应急预案管理，提高网络安全事件分析研判、应急处置和快速恢复能力。三是实施关键信息基础设施保护。落实网络安全等级保护制度、涉密信息系统分级保护制度、商用密码应用和安全性评估制度，健全安全保密监测、测评审查和联合检查常态化工作机制，统筹开展网络安全检查，加强网络安全防护和管理。开展主动防御试点，提高重要数字经济基础设施和信息系统防攻击、防篡改、防病毒、防瘫痪、防窃密水平，达到高效先进、风险可控的安全防护能力。四是推动城市网络空间防护体系建设。建立资产"户籍化"档案，测绘网络空间地图，推进网络空间防护指挥平台建设，开展实战技术演练教育。

推动数字安全产业发展。一是数字安全产业创新能力。部署前瞻性产业技术应用研究项目，支持行业龙头骨干企业联合高校、科研院所开展重大关键共性技术研发，围绕创新链培育产业链，加快形成一批具有自主知识产权的原创性成果，提升数字安全产业技术创新能力和竞争力，加快产业化规模发展，引领数字安全先导产业前瞻布局，支撑数字安全产业科技创新发展。二是保密科技、商用密码产业发展。探索建立苏州商密保密安全技术创新联盟和长三角商密保密安全技术创新产业基地，推动关键技术研发，推广商密和保密技术。加快提升保密数字化技术手段，推动保密工作规范化管理。开展全市密码应用与安全性评估工作，建立密码应用与安全性评估长效机制。三是信息技术应用创新产业。着力打造"主板—整机"基础硬件产业链条、"应用软件—应用平台"软件系统产业链条、"测试—运维集成"信息服务产业链条和"外设—行业终端"终端设备产业链条四大重点方向，培育本土企业做大做强，发挥引领作用。

二、深入实施制造业强链补链行动，着力保障产业链供应链安全稳定

产业链、供应链是构建新发展格局的基础，习近平总书记多次强

防风险　守底线——统筹发展和安全的苏州实践

调，要提高产业链供应链稳定性和竞争力[①]，保障产业链供应链安全[②]。党的二十大报告指出，加强重点领域安全能力建设，确保粮食、能源资源、重要产业链供应链安全[③]。当前，世界百年未有之大变局加速演进，各种不稳定不确定性因素明显增加，新冠肺炎疫情影响广泛深远，经济全球化遭遇逆流，国际经济政治格局发生显著变化，保障产业链供应链安全、维护产业链供应链稳定畅通，是一项重大的战略任务。

全球变局对苏州既是挑战，也是机遇。作为长三角区域一体化发展的重要节点城市，苏州在构建新发展格局中肩负着补链强链的时代使命，立足制造业的优势和特色，重点抓好锻长板、补短板、强企业三方面工作。苏州始终保持强烈的安全意识、风险意识与危机意识，坚持系统思维、战略思维，把保障安全高效的产业链供应链作为一项重大战略任务。

以重点项目为抓手，持续巩固提升优势产业的国际领先地位，实施好关键核心技术攻关工程，分层打造"专精特新"中小企业群体。尤其是近年来，苏州立足新发展阶段、贯彻新发展理念、服务构建新发展格局，及时、精准回答时代提出的命题，交出了令人满意的答卷。苏州紧盯重大项目加强招引、加快落地，接续奋战，推动创新发展再提速。围绕补链强链，主动洽谈，尽早签约实施，形成实物工作量，谈成一个落地一个；签约后，全方位加强项目服务保障，为项目落地准备好各类要素，做到让服务等项目，而不是项目等服务；同时，紧盯时序进度抓过程管理，强化节点意识，发扬"钉钉子"精神，健全从洽谈签约、跟踪对接，到开工建设、投产运营的全周期项目管理机制，把节奏拉起来，把进度推上去。

[①] 参见《习近平：在全国抗击新冠肺炎疫情表彰大会上的讲话（2020年9月8日）》，《求是》2020年第20期。

[②] 参见《习近平在科学家座谈会上的讲话（2020年9月11日）》，《人民日报》2020年9月12日。

[③] 参见习近平：《高举中国特色社会主义伟大旗帜　为全面建设社会主义现代化国家而团结奋斗——在中国共产党第二十次全国代表大会上的报告》，人民出版社2022年版，第53页。

三、深入推进供给侧结构性改革，增强经济发展韧性

习近平总书记指出，推进供给侧结构性改革，是适应和引领经济发展新常态的重大创新，是适应国际金融危机发生后综合国力竞争新形势的主动选择，是适应我国经济发展新常态的必然要求。[1] 党的十八大以来，面对经济发展新常态，善于创新、勇于谋变的苏州开启全面深化改革新征程，围绕"三去一降一补"，推进供给侧结构性改革，积极培育发展新动能，全力重塑发展新图谱。党的二十大报告要求，"我们要坚持以推动高质量发展为主题，把实施扩大内需战略同深化供给侧结构性改革有机结合起来，增强国内大循环内生动力和可靠性，提升国际循环质量和水平，加快建设现代化经济体系"[2]。苏州提出"市场机制、经济手段、法治办法"三管齐下，目的是通过政府职能转变推进结构性改革，使市场在资源配置中起决定性作用，真正走到规范、成熟的社会主义市场经济道路上来。

切实转变政府职能，深入推进简政放权，将不该由政府管理和政府管理不好的事项放给市场和社会，释放市场和社会活力。苏州遵循市场经济规律，加强事中事后监管，杜绝以批代管、以费代管和以罚代管的现象，强化经济信息服务，加强产业政策指导，鼓励企业主动淘汰低效过剩产能，加快创新转型，提高有效供给能力。

注重借助经济杠杆的调节作用，对供给结构和供给能力进行定向调控。苏州综合运用设立专项扶持资金、落实税收减免政策、清理压缩涉企收费、降低用工融资等成本、推进资产证券化、成立资产管理公司、发展要素市场、推广政府与社会资本合作（PPP）模式、建立并购引导基金和企业转贷资金池等经济手段，帮助企业增强竞争力。

---

[1] 参见《中央经济工作会议在北京举行 习近平李克强作重要讲话》，《人民日报》2015年12月22日。
[2] 习近平：《高举中国特色社会主义伟大旗帜 为全面建设社会主义现代化国家而团结奋斗——在中国共产党第二十次全国代表大会上的报告》，人民出版社2022年版，第28页。

四、精准施策稳市场主体，构筑经济长期向好的基石

在疫情冲击、贸易萎缩、经济下行压力下，确保市场主体平稳运行意义非同寻常。2022年4月29日，中共中央政治局召开会议，要求稳住市场主体，对受疫情严重冲击的行业、中小微企业和个体工商户实施一揽子纾困帮扶政策。[①] 苏州认真贯彻落实习近平总书记系列重要讲话和重要指示精神，全面贯彻新发展理念，精准把握好"稳""进""调"之间的关系，全力以赴把经济稳中向好的势头保持下去。继续发挥好经济运行协调保障领导小组机制作用，进一步提高经济分析的前瞻性和及时性，结合"我为群众办实事"活动，巩固常态化走访企业机制，把政策带到一线、把服务送到一线。

稳市场主体是应对环境复杂变化的内在要求。当前，逆全球化明显升温，世界经济经受着各种"黑天鹅""灰犀牛"的叠加影响，各类风险和不确定性因素加速积累。应对发展环境的复杂变化，苏州促进各类市场主体发挥主动性，在危机中抢抓机遇，探索转型升级新路径。

稳市场主体是稳住经济基本盘的关键抓手。当前，全球经济明显放缓，世界银行、国际货币基金组织纷纷调低经济增长预期，尽管我国复工复产加快推进，生产生活秩序稳步恢复，但是消费、投资、出口等数据指标明显下滑，就业压力加大。苏州各项数据指标也面临压力，特别是2020年1月到3月、2022年2月到4月，两次全国范围大规模的新冠疫情来袭，长三角地区受到较大影响，令苏州市场主体雪上加霜，投资、消费、出口等指标均不同程度下滑，如何在做好疫情防控的同时，继续推动经济发展成为重要议题，"保市场主体"对稳住苏州，乃至江苏经济基本盘至关重要。

稳市场主体是推动发展高质量的核心动力。面对新一轮科技革命和

---

① 参见《中共中央政治局召开会议 分析研究当前经济形势和经济工作 审议〈国家"十四五"期间人才发展规划〉》，《人民日报》2022年4月30日。

产业变革，数字经济蓬勃发展，各行业新业态新模式不断涌现，新旧动能转换明显加速，各区域均在抢抓机遇、挖潜优势，探索迈向高质量发展的新路子，这些探索主要是靠各类市场主体。苏州尽全力保住市场主体，尽全力帮助企业特别是中小微企业渡过难关，为高质量发展留住"青山"。

稳市场主体是保持苏州持续发展的有效措施。苏州大力发挥重大项目"压舱石"作用，注重特大项目提速提质；强化项目谋划储备，积蓄投资后劲；持续释放消费潜力，加快培育城市消费新地标。有效放大"热力图"+"云招商"叠加效能，广泛组织企业参加境内外线上线下重点展会，全力帮扶企业抢订单、争市场；深化全市域、全领域的对接合作，加快推进"沪苏同城化"迈出更多实质性进展。持续推进"一区两中心"建设，着力打造一批高端产业创新平台；加快形成以企业为主体的产业创新体系，2021年净增国家高新技术企业3000余家。

五、打好金融安全主动战，守住不发生区域性、系统性风险底线

金融是现代经济的血液，也是苏州经济发展的催化剂。习近平总书记指出，金融是国家重要的核心竞争力，金融安全是国家安全的重要组成部分，金融制度是经济社会发展中重要的基础性制度。[1] 党的二十大报告指出，"加强和完善现代金融监管，强化金融稳定保障体系，依法将各类金融活动全部纳入监管，守住不发生系统性风险底线"[2]。改革开放以来，苏州抢抓历史机遇，大力支持金融产业发展，积极引导服务实体经济，金融业实现了跨越式发展。守住风险底线是一切金融工作的前提，也是金融服务实体经济的根本保障。多年来，苏州紧紧围绕中央、

---

[1] 参见《习近平：深化金融供给侧结构性改革 增强金融服务实体经济能力》，《人民日报》2019年2月24日。
[2] 习近平：《高举中国特色社会主义伟大旗帜 为全面建设社会主义现代化国家而团结奋斗——在中国共产党第二十次全国代表大会上的报告》，人民出版社2022年版，第29—30页。

省关于金融风险防控的决策部署，纵深推进防范化解重大金融风险各项工作，经济运行和金融发展延续了总体平稳的良好态势，守住了不发生区域性金融风险的底线。

非法金融活动降势明显。苏州处非攻坚战成果显著，非法集资案件高发势头得到有效遏制。2020年，全市新发非法集资案件数、涉案金额、集资参与人数同比下降26.76%、43.17%、36.75%。所有P2P整改类机构已全面停止新增业务并有序退出。金融领域扫黑除恶工作稳步推进。苏州严打"套路贷"等涉债类犯罪，作为深化扫黑除恶专项斗争的标志性战役，打尽存量、切断增量、严控变量。进一步深挖、彻查、严厉打击非法金融活动，打造"大数据＋网格化＋铁脚板"监测排查体系，健全线索早期干预处置机制，真正做到早发现、早处置，防止风险前清后冒。

机构风险防控持续强化。集中精力处理不良贷款，降低不良率，2020年银行机构共处置不良贷款198亿元，不良贷款余额183亿元，不良率0.52%，保持全省最低。表内外投向类信贷非标资产业务大幅下降，同比减少400多亿元；保险机构信用保证保险短期流动性压力、中短存续期业务、保单收益、误导销售等风险基本化解；在全省率先制定《苏州市地方金融机构从业人员监管长效机制》，督促地方金融组织规范从业人员管理；开展苏州市清理整顿各类交易场所攻坚战，对交易场所是否涉及非法金融业务活动进行专项审计。

企业债务风险稳步化解。2020年，各地和金融监管部门充分发挥债委会、联合授信机制和"民营企业融资会诊帮扶机制"作用，坚持一企一策、分类处置，积极稳妥化解大型企业债务风险。一段时间以来，苏州存续期企业债券存在本息兑付未发现风险，无新增违约公司债券，市属国企整体资产负债率控制在一定水平。

落实金融风险宣传教育机制是有效防范非法金融活动的关键。苏州积极开展全面排查，对风险隐患实施整治。从"预"着手，连续开展金融关爱进校园、防范非法集资集中宣传月、金融关爱进社区等专项宣传活动，提升群众的金融风险防范能力，帮助百姓守好钱袋子、护好幸福家。

【典型案例】

"数字产业化"与"产业数字化"

——苏州大力推进智能化改造与数字化转型

引 言

在数字经济时代背景下,数字经济相关产业发展速度之快、辐射范围之广、影响程度之深均前所未有,数字经济与实体经济日益密不可分。党的二十大报告要求,"加快发展数字经济,促进数字经济和实体经济深度融合,打造具有国际竞争力的数字产业集群"[①]。近年来,苏州积极推进制造业"智能化改造和数字化转型",在推进"智能化改造与数字化转型"、全力打响"苏州制造"品牌、打造全球高端制造业基地方面取得显著成效。

背 景

对于制造立市的苏州而言,数字经济不仅为制造业源源不断提供关键增量,数字化、智能化也越来越成为构筑制造业核心竞争力的关键一环。近年来,苏州先后出台《苏州市推进数字经济和数字化发展三年行动计划(2021—2023年)》《关于推进制造业智能化改造和数字化转型的若干措施》《苏州市推进数字经济时代产业创新集群发展的指导意见》等十余项相关政策文件,提出三年完成全市规上工业企业"智能化改造与数字化转型"全覆盖。2021年,苏州各项"智改数转"主要指标均位居全省前列。

---

① 习近平:《高举中国特色社会主义伟大旗帜 为全面建设社会主义现代化国家而团结奋斗——在中国共产党第二十次全国代表大会上的报告》,人民出版社2022年版,第30页。

主要做法

深入推进产业数字化。2021年全市共完成"智改数转"项目10634个（涉及工业企业7153家，其中规上工业企业5054家）；全球"灯塔工厂"累计达5家；新增国家智能制造示范工厂和优秀应用场景8个、省级智能工厂和示范智能车间75个、省级智能制造领军服务机构15家；新增工信部工业互联网试点示范项目3个，新一代信息技术与制造业融合发展试点示范企业5家，新增省级工业互联网标杆工厂17家，累计认定星级上云企业3384家。数字产业化加快发展。成功获批创建全国首个区块链发展先导区，获评国家新型工业化产业示范基地（工业互联网），2021年，苏州数字经济核心产业增加值超3300亿元，同比增长10.6%。信息基础设施不断夯实。获评全国首批"千兆城市"，建成上线标识解析二级节点13个，累计建成5G基站3.1万个，实现各镇街建成区、各工业集中区等生产生活重点区域5G网络全覆盖。

实施"智能化改造与数字化转型"十大行动。为贯彻落实《苏州市推进数字经济时代产业创新集群发展的指导意见》要求，苏州市工信局牵头推动出台了"行动计划"，主要目标是完成"智能化改造与数字化转型"项目5000个以上，覆盖规上企业3500家，持续扩大中小企业数字化普及面，争创国家智能制造先行区。为全力争当全省"智改数转"先行军，2022年苏州制造业"智改数转"的重点任务是实施"十大行动"，即诊断服务对接行动、标杆示范引领行动、领军服务商培育行动、工业互联网赋能行动、企业分类推进行动、园区数字化转型行动、装备技术突破行动、工业软件攻关行动、基础保障提升行动、政策宣贯兑现行动。

更大力度落实"智能化改造与数字化转型"惠企政策。更大力度用好贷款贴息、有效投入奖补等政策和"智能制造贷"等金融产品和服务，着力破解企业因"缺资金"而"不愿转"的难题，切实提升企业获得感；更大力度推进"智能化改造与数字化转型"平台建设，持续构建和丰富综合型、特色型、专业型工业互联网平台和工业电子商务平台，分行业输出工业互联网解决方案,持续打响"工业互联网看苏州"品牌;更大力度完善"智能化改造与数字化转型"服务体系,分行业、分领域、分集群、分规模精准组织对接活动、开展诊断服务,鼓励"灯塔工厂"、省市智能工厂等标杆企业技术服务输出;更大力度突破"智能化改造与数字化转型"核心技术,破解一批"卡脖子"难题,聚力开展装备技术突破和工业软件攻关,提高智能装备和工业软件国产化率;更大力度夯实"智能化改造与数字化转型"基础保障,加大"千兆城市"和5G建设力度,年底实现大市范围5G网络全覆盖。

"数字产业化"与"产业数字化"双向赋能。制造业是发展数字经济的主战场,要加快数字经济在制造业各领域的渗透推广,实现"数字产业化"与"产业数字化"双向赋能、互促发展,打造高水平产业创新集群。筑牢数字化底板,夯实软件和信息技术服务业。紧抓国家区块链发展先导区、国家新一代人工智能创新发展试验区建设机遇,推动软件和信息技术服务业做大做强。拉长智能化长板,全面推进企业"智能化改造与数字化转型"。促进新一代信息技术与制造业深度融合,扩大"5G+工业互联网"应用,进一步提高CNC等数控设备联网率,推广中央工厂、协同制造、柔性生产、众包众创、集采集销等新模式,提升区域制造资源、创新资源共享和协作水平。补齐高端化短板,推动数字与产业融合创新。推动数字技术全方位、全链条赋能电子信息、装备制造、生物医药、先进材料等产业,大力培育数字医疗、远程医疗、生物计算、智能网联装备、在线新经济等新产业新业态。

启　示

"智能化改造与数字化转型"是提升产业链供应链自主可控能力、推进制造业高质量发展的迫切需要,深化新一代信息技术与制造业深度融合,以智能制造为主攻方向,以工业互联网创新应用为着力点,加快数字产业和制造业双向赋能,才能在新一轮工业经济发展竞争格局中把握主动权。

苏州实践启示我们:推动"智能化改造与数字化转型",一是要分类推进，切实增强科技支撑能力，着力夯实基础保障，持续加大政策供给。二是要有"五好"之举。即"一好"在于社会氛围浓厚。要逢会必宣、遇企必言，全社会形成关注支持"智能化改造与数字化转型"的浓厚氛围和明确导向。"二好"在于要素支撑有力。为破解企业因"缺资金"而"不愿转"的难题，要出台专项政策措施，为企业"智能化改造与数字化转型"送上"真金白银"。"三好"在于标杆赋能强劲。要筛选基础好、能力强、水平高的重点企业，开展标杆示范引领行动，加快构建多场景、全链条、多层级的梯度示范体系。"四好"在于服务范围广泛。要通过外引内育，培育"智能化改造与数字化转型"优秀服务商，针对不同规模、不同类型企业分类开展"智能化改造与数字化转型"，持续拓展服务覆盖面。"五好"在于基础设施完备。要重视数字基础设施，升级改造传统基础设施数字化，布局新型基础设施建设，新型基础设施建设规模和发展水平实现国际一流、国内领先。

中共苏州市委党校（苏州市行政学院）　全洛平

第四章　打好经济金融安全主动战，牢牢把握经济工作主动权

苏州如何打好金融风险防范和化解主动战

——以某村镇银行风险处置及化解为例

引　言

2015年，某村镇银行股份有限公司（以下简称"该行"）出现金融风险隐患。为维护金融稳定，严防区域性系统性金融风险，按照市场化、法治化原则，在地方政府的主导下，依据属地风险处置职责定位，苏州市金融管理局、人行苏州市中心支行、苏州银保监分局等部门协同推进该行信用风险处置工作。2018年底顺利完成了该行的信用风险处置工作。

背　景

该行设立于2010年。自2015年以来，由于该行高管及业务人员涉嫌违法违规，业务拓展激进冒进，致使信用风险集中爆发，不良率长期越过监管红线，最高达28%。2017年末，该行成为苏州首家央行评级高风险机构。为此，2017年8月、2018年7月先后被苏州银保监分局、人行苏州市中心支行予以通报。

风险发生后，地方政府统筹协调，各部门紧密配合，各司其职，积极落实各项风险处置及化解措施。从2016年至2018年，该行累计处置不良贷款约8亿元，截至2018年末，该行不良贷款率明显下降，拨备覆盖率、资本充足率均显著上升，完成央行评级高风险机构"摘帽"。截至2022年6月末，该行运行总体稳健，内控管理日臻完善，本次风险化解及处置工作取得了显著成效。

主要做法

一是政府统领，部门协同，高效联动推进风险处置。为坚决守住不

发生系统性金融风险底线，苏州市积极探索建立"属地务实担当、主发起行尽职、机构积极自救、行业监管帮扶""四位一体"高效风险防控机制，下好攻坚制胜"先手棋"，为提前完成风险化解任务提供强有力的组织保障。属地政府主要领导牵头抓总，多次召开协调会专题部署、重点督办、深入研判该行风险化解，数次会同金融管理部门研究分析情况，全力争取各方支持；主动对接发起行，专程赴重庆沟通对接；邀请发起行领导、工作组来苏州与相关部门共同商讨具体处置思路、制定风险处置方案，落实整改责任，明确整改时限，逐笔逐项稳妥推进问题整改。发起行建立行长任组长的村镇银行风险处置专门小组，通过业务合作和流动性支持，支持村镇银行业务增收、不良核销，提升消化存量贷款风险能力。该行自身加强规范管理，坚持源头治理，梳理更新内控制度336个（次），针对信贷、中间外包业务、员工行为等12个重点领域开展自查自纠，建全系统审计制度，严控信贷新增风险，强化审慎经营、科学管理可持续发展思路。苏州银保监分局与属地政府成立该行专项监管小组，明确专职负责人员，每周对业务经营和整改工作进行督导，加快风险处置进度。

二是强化监管，注重传导，压实金融机构主体责任。人行苏州市中心支行通过多次专项调研督导、主要负责人训诫谈话，压实责任，重点指出该行在经营过程中出现的资产质量下降、监管要求不达标等问题，要求该行加大不良资产清收力度，加大拨备计提，切实提高信用风险缓释能力。并经人民银行南京分行核定，将该行2017年下半年的存保适用费率档次提高一档，倒逼机构积极落实主体责任。苏州银保监分局在督促机构化解不良过程中，通过限制大额业务、开展专项核查、建立非现场监测体系等举措，推动机构短期不良处置、长期经营稳健。该行自身规模小，风险化解能力薄弱，专项工作组通过7次约谈主发起行负责人、通报、发函等多种形式压实主发起行责任，督促主发起行落实帮扶渠道和化险措施，指导该行制订切实可行的风险处置方案。

三是政策支撑，多措并举，加快贷款清收效率。处置过程中，属地政府部门积极给予政策支持，积极协调司法机关、财政等部门，在抵押资产处置、财政存款资金等方面予以政策支持，加快诉讼贷款执行，高效推进拍卖处置、协商代偿流程，从而加快机构不良资产处置清收效率，助力该行经营发展复苏。

启 示

一是坚持党的领导、压实地方党政责任是化解风险的根本保障。在化解金融风险时，始终压实属地党政责任，在坚持属地风险处置的原则下，始终坚持市场化、法制化原则，依照"金融机构及其主要股东、实际控制人的主体责任，地方政府属地责任，监管部门监管责任"处置责任定位，在地方政府统筹安排下，充分发挥各方优势，加强信息沟通，形成风险化解"合力"，共同打好金融风险防范和化解主动战，营造稳定、安全的地方金融环境。

二是坚持预防为先、科学防范金融风险是化解风险的坚实基础。在本次风险事件中，人民银行苏州市中心支行、苏州银保监分局及时监测到相关风险苗头，第一时间致函提示地方政府、监管部门和主发起行，从而使地方政府、监管部门在风险可控时及时介入，获得风险管控的主动权。因此，利用科技赋能，加强对金融风险监测及数据分析平台的应用，可以有效阻断局部风险转化为系统风险；对于已经识别出来的风险信息，应加强监管金融信息共享，避免监管真空和监管重叠，科学防范金融风险，早识别、早预警、早发现、早处置。

三是服务实体经济、统筹发展和安全是化解风险的关键所在。该行的金融风险之所以产生，主要原因是该行偏离"支小支农"的业务定位，向少数客户集中发放贷款。同时，受行业冲击影响，部分钢铁、玻璃及纺织等高耗能企业资金周转能力减弱，导致贷款恶化。因此，对于各类金融机构、地方金融组织的业务发展，政府及监管部门应当加强引导，倡导差异化定位、差异化发展，强调回归本质，对于村镇类银行等中小法人金融机构，应当明确"支农支小"的业务定位，逐步建立长期稳健经营的有效机制，提升从业人员业务素养。金融是实体经济的血

防风险　守底线——统筹发展和安全的苏州实践

脉,为实体经济服务是金融的天职,是金融的宗旨,也是防范金融风险的根本举措。

苏州市地方金融监督管理局

以存量更新改造推动高质量发展

——"存量时代"推动高质量发展的常熟路径

引 言

2019年11月2日至3日,习近平总书记在上海考察时强调,无论是城市规划还是城市建设,无论是新城区建设还是老城区改造,都要坚持以人民为中心,聚焦人民群众的需求,合理安排生产、生活、生态空间,走内涵式、集约型、绿色化的高质量发展路子,努力创造宜业、宜居、宜乐、宜游的良好环境,让人民有更多获得感,为人民创造更加幸福的美好生活。

背 景

改革开放以来,常熟经历了投资驱动、增量驱动的"扩张式发展",当时受制于开发强度偏高、资源瓶颈约束、资金储备紧张等因素,为更好满足人民群众对美好生活的向往,必须向存量挖空间、向存量挖效益。近年来,常熟市坚持以新发展理念为指引,以存量更新工作为抓手,因地制宜、统筹兼顾,谋划推进了农村住房翻建更新、农村基础设施完善更新、既有建筑更新改造、老旧工业区更新改造、城中村自主更新改造等探索实践,并以此为切入口,推动解决城镇化发展过程中的突出问题和短板不足,不断提升城市内涵,提升人民群众获得感、幸福感、安全感,探索出一条"存量时代"推动高质量发展的可行路径。

主要做法

一是实施农村人居统筹更新。常熟乡镇工业经济起步较早,是全省农村发展水平较高的地区之一,但由于农房翻建审批的控制,农村存有大量房龄超限的老旧住房,房屋安全问题不容忽视。目前常熟以农房自主翻建为切入点，把农房翻建与农村基础设施改善、农村社会治理等统筹起来，以自然村落为单位实施"千村美居"工程，并按照5万～8万元/户的财政补贴标准推动村庄全域整治，解决宅基地定位、河道整治、道路改造、污水收集、厕所革命等现实问题，通过政府和群众共商共建的形式，形成了"村民掏钱建房子、政府出资美环境"共建格局，为优化农村人居环境提供解决路径。

二是实施既有建筑更新改造。常熟城市化进程发展速度相对较快，城乡遗存了大量老旧建筑，或空置或产出效益不高。当前，既有建筑更新改造遇到的最大困难，就是政策与实际的矛盾，由于种种原因，这些既有建筑存在权证手续不全、用地性质与现实业态不符等问题，规划上动不了、建设上拆不了。针对老旧建筑"烂在锅里"的问题，常熟市统筹对上争取和基层首创路径，在争取成为省住建厅先行试点的情况下，由市人大常委会集体表决通过《常熟市既有建筑更新改造试点意见》，通过部门协作、流程再造、创新突破，逐一解决试点项目因无不动产登记权属证书、抗震设防等级达不到现行规范、消防安全设施、用地性质不符等问题。同时提档升级既有建筑的新业态，涵盖文化创意、新型制造、健康养老、文体惠民、社区服务、市场提升等多种改造用途，建筑效能有效提升，安全风险有效降低。

三是实施老旧工业区更新改造。一方面由于长期高强度的土地开发和利用，常熟可供建设的新增土地所剩无几；另一方面全市有300多个老旧工业区，占全市总建设用地的11%，园区内产业主要集中在纺织服装、机械制造、金属加工等传统领域，产出效益较低。园区内水电气配套设施老化，安全环保事故也易发多发。针对老旧工业区低效存量，常熟从载体提标改造入手，鼓励镇村小园区、小企业异地归并整合，共享道路、水电、安环、消防等基础设施，配套小型"工业邻里中心"，改造后产业园容积率不低于2.0，建筑密度放宽到60%，加快淘汰落后产能、大力引进先导产业，吸纳优质企业入驻集群，真正把"工业低产地变成产业聚宝盆"。

四是实施城中村自主更新。由于城市建设的外延不断扩大，一部分原本生活在农村的农民，由于全部或大部分耕地被征用后转为居民，原有的村落演变成居民区，形成城中村。通常城中村没有统一的规划和管理，违章建筑多、基础设施不配套、环境脏乱、人流混杂，安全隐患也不少。由于城中村土地产权状况复杂，加上土地性质受限，使得大批超龄的城中村房屋无法翻建。2019年起，常熟市确定了《常熟市城中村自主更新改造专项方案》，充分发挥村（居）民自治作用，由改造单元业主推举产生"业主理事会"，在街道、村（社区）的组织、协调下，在政府划定的形态框架内，居民自主选择规划设计、自主协商施工建设，实施自主更新改造，实现了房屋、消防、治安的安全；实现了基础设施配套、人居环境、城市形态的提升，让老百姓过上了安居、乐居的幸福新生活。

启　示

一是坚持以新发展理念为引领是常熟实施存量更新改造的科学指引。面对疫情的冲击，为统筹疫情防控和经济社会发展，常熟通过实施存量更新拉动城市经济转型，实现产业形态的提档升级、重大项目的快速推进，经济运行稳中有进，实现了经济高质量发展。

二是坚持以解决实际问题为导向是常熟实施存量更新改造的遵循原则。常熟在探索存量更新改造进程中，突破了农村人居环境、历史遗留问题、发展空间制约、群众共治共享的瓶颈，把政府能办的事和群众希望办的事紧密结合起来，集中力量办了几桩实事好事。常熟在解决经济社会发展的难点、群众急难愁盼的难题中，探索出一条推动高质量发展的可行路径。

三是坚持以人民为中心是常熟实施存量更新改造的出发点和落脚点。不管是农村住房组团翻建，还是城中村自主更新，这些与群众切身利益息息相关的事情，都由老百姓集体讨论决定。常熟实施存量更新改造，坚持以人民为中心作为工作的出发点和落脚点，做到与群众有事多商量、有事好商量，尊重群众意愿，满足群众需求。

中共常熟市委党校（常熟市行政学校）　王妹春

防风险　守底线——统筹发展和安全的苏州实践

筑牢能源基础，加快构建现代能源体系

——为白鹤滩水电站落点苏州工程保驾护航

引　言

"十三五"以来，苏州市深入贯彻习近平生态文明思想和"四个革命、一个合作"能源安全新战略，认真落实党的十九大关于"构建清洁低碳、安全高效的能源体系"目标任务，着力增强保供能力、优化能源结构、提升能源效率、推动能源变革，为经济社会高质量发展提供了重要支撑。"十四五"期间，苏州市能源结构调整步伐将进一步加快，坚持能源与城市深度融合，全面推进能源绿色低碳发展，努力构建与新发展理念、新发展格局相适应的城市现代能源体系。

背　景

苏州市是"能源小市"和"用能大市"，煤炭、天然气等能源自给水平极低，对外依赖性较强，季节性、阶段性影响较为突出。电力供应主要来源于本地电厂和区外来电，其中本地电厂发电约占三分之二，区外来电主要通道是锦苏直流特高压（水电）和淮上交流特高压（火电）。电网架构基本满足自身用电需求，但仍存在局部电网薄弱、"强直弱交"限制区外来电受入能力等问题。

白鹤滩水电站位于四川与云南交界的金沙江下游干流河段，是我国"西电东送"的骨干电源。电站总装机容量1600万千瓦，建成后将成为仅次于长江三峡电站的全球第二大水电站。白鹤滩水电站由三峡集团负责开发建设，电站本体项目2017年7月核准开工，首台机组2021年6月投运，全部机组2023年1月投运。为保障"十四五"苏州电力可靠供应，优化能源结构，苏州市发改委会同苏州供电公司配合省能源局、省电力公司积极争取白鹤滩直流落点苏州。白鹤滩—江苏±800千伏特

高压直流输电工程(以下简称"白鹤滩水电站落点苏州工程"),额定电压±800千伏,输送容量800万千瓦,直流送端落点四川,受端落点苏州负荷中心500千伏常熟南变电站附近,输电距离约2200千米。该工程实施后,不仅可以有效填补苏州电网电力缺口,同时将与苏州北部沿江的火电群和苏州南部的特高压锦苏直流一起,形成三个坚强有力的电源支撑点,大大降低苏州电网受电通道的输送压力,为"十四五"期间苏州电力可靠供应提供重要保障,对满足苏州未来发展的绿色能源需求具有重大意义。

为保障白鹤滩水电站落点苏州工程按期完工,苏州各地各部门迅速成立工作网络,明确职责分工,按照既定的任务时间节点抓紧推进各项工作,苏州市政府多次召开工程建设推进会,就有关事项进行了研究和明确。

2022年2月,受疫情影响,白鹤滩水电站落点苏州工程有效施工工期被压缩,人员组织、物资供应等短期难以保证满负荷建设需要,重要基础能源设施建设工作面临新的压力与挑战。苏州市发改委统筹协调各方力量,为白鹤滩水电站落点苏州工程保驾护航,切实解决工程安装、调试人员疫情期间的流动和食宿等问题,保障工程建设和调试相关物料正常运输,有力推进了在疫情环境下工程建设进度,一期工程于2022年7月1日顺利投运,带来400万千瓦新增输电容量。

主要做法

一是建立防疫管控工作机制。围绕属地六项保障协议,建立防疫管控工作群,做好项目部与政府之间的桥梁,每日传递属地防控要求,服务现场人员核酸检测、来源报备、防疫物资等各项需求。建立日报制度,及时了解各项目部每日工作、人员核酸及封控情况,掌握各单位存在的问题,第一时间协调处理。

二是协调落实核酸检测及隔离用房。协调属地政府及相关单位,针对大量技术人员进入虞城换流站的隔离要求,落实常熟国际饭店、张桥镇新盛大酒店等五家酒店作为定点隔离酒店,为换流站人员入场提供隔离场所，保障外来人员隔离约400人。协调属地政府及防疫部门针对各项目部设置定点场所及换流站开展核酸检测，完成全体施工人员核酸检测至少23轮次，确保了工程疫情防控工作可控、在控。协调常熟市辛庄镇及配套送出工程涉及的各级政府单位，针对区域间的人员流动，在两码一核酸符合防疫要求的情况下，准予快速通行，减轻了各村镇疫情防控层层加码对人员流动的影响，提高了人员通行效率。

三是协调开辟物资运输绿色通道。针对疫情防控要求，主动对接各项目部，摸排物资进场计划，协调属地政府参照保民生行业，开辟防疫绿色通道，实施了定制化、便捷化的物资运输保障服务。虞城换流站物资运输，协调地方政府，通过"访易安"软件快速在线审批，在满足地方防疫要求的情况下，允许物资运输车辆进入常熟，累计保障物资运输约1700车次，确保了换流站连续施工。配套送出工程物资运输，协调海事局采取水运方式，同时通过地方政府下属保供单位，确保无锡材料站的物资顺利运送至苏州施工现场。在昆山全境封锁的环境下，协调昆山市相关单位，针对重点工程建设开辟绿色通道，累计保障物资运输约300车次进入昆山。

启　示

受地缘政治因素影响，国际煤炭、天然气等主要能源价格持续高位波动，持续深入影响国内能源供应市场和能源价格水平。2022年5月份以来，苏州市疫情得到有效控制，企业复工复产、复商复市积极推进，全市经济运行呈现企稳回升态势，带动能源消费需求明显回升。苏州市发改委将充分发挥能源保供职责，坚持内涵发展和外延拓展并举、增量供给与储备应急并重，加快推进能源基础设施和重点项目建设，大力发展可再生能源，不断提高清洁能源和非化石能源比重，着力构建清洁低碳、安全高效的现代能源体系，为全市经济社会健康平稳有序发展提供基础保障。

一是要推进重大电源项目建设。坚持以重大能源基础设施项目为关键抓手，积极推动中电常熟、吴江盛泽、苏州吴淞江、望亭二期和华能苏州5个燃机项目建设，确保项目早日竣工投产，力争"十四五"新增装机容量200万千瓦以上。积极谋划新建一批电源项目，提前开展"十五五"电源项目前期研究。

二是要谋划布局能源战略储备。推进苏州港太仓港区华能煤炭码头（二期）建设，新增煤炭年吞吐量2500万吨，新增静态存储能力100万吨。加快中俄东线江苏段、江苏沿海输气管道、张家港海进江LNG接收站等工程建设，全市天然气供应能力提升到100亿立方米以上。

三是要推进清洁绿色能源供给。出台了全市能源领域碳达峰方案，以可再生能源和清洁能源项目为重点，持续推进实施一批重大项目、重点工程，推动重点区域、重点行业和重点企业加快能源变革转型。加快建设苏北沿海风电入苏、苏南交流特高压等绿色电力通道，推进长三角天然气管网互联互通、中西部及北方清洁电力入苏，多渠道谋划苏州能源供应通道建设。

苏州市发改委

防风险　守底线——统筹发展和安全的苏州实践

牢牢稳住粮食安全这块"压舱石"

——苏州全力打好粮食安全稳定战

引　言

习近平总书记指出，粮食安全是"国之大者"。悠悠万事，吃饭为大。我国之所以能够实现社会稳定、人心安定，一个很重要的原因就是我们手中有粮，心中不慌。实施乡村振兴战略，必须把确保重要农产品特别是粮食供给作为首要任务。我们坚决贯彻习近平总书记关于保障粮食安全的重要论述和重要指示批示精神，坚决落实党中央、国务院和省委省政府关于粮食安全决策部署，全面落实粮食安全党政同责，坚持"藏粮于地、藏粮于技"战略不动摇，以粮食安全保供为主业主责，以"强制度、稳粮源、优调控、重监管、保民生、重预警"为主线，着力提高粮食持续稳定供应能力，有效防范化解粮食安全风险隐患，成功创建全国唯一的"国家粮安工程试点示范市"、第一个"省粮食科技创新示范市"，2016—2020年连续五年荣获省粮食安全责任制考核优秀等次，两次获省政府通报表彰，为苏州推动高质量发展提供坚实保障，全力打好粮食安全稳定战。

背　景

苏州地区是历史上著名的"鱼米之乡"，素有"苏湖熟，天下足"美誉。进入21世纪以来，一方面，苏州工业经济异军突起，经济总量连续多年在全国所有地级市中排名第一，并且成为中国乃至全球最大制造业城市之一；另一方面，全市农业生产空间不断地被压缩，人地矛盾问题愈来愈突出。苏州常住人口超过1275万，全市粮食总需求达350万吨，本地年度粮食产能基本稳定在89万吨左右，自给率仅维持在25%左右，产需不匹配问题日益凸显，全市粮食安全保障能力有待进一步提高。

主要做法

一是扎实开展两季收购。认真落实国家粮食收购政策，实行敞开收购、应收尽收，保障种粮农民利益；全面落实苏州市粮食价外补贴政策，调动农民种粮积极性，主动掌握地产粮源。据统计，2017年至2021年这五年间，全市夏、秋两季粮食收购总量年均56.7万吨，其中小麦19.7万吨、稻谷37万吨，价外补贴订单收购总量年均48.1万吨，占两季收购总量的84.8%，实现促农增收年均近1亿元。2022年夏粮收购期间，全市累计收购小麦25.5万吨，同比增加7万吨，创近六年新高；其中价外补贴订单收购21.9万吨，直接促进农民增收4400万元。

二是稳步提升储备规模。进一步落实粮食安全党政同责，夯实粮食储备物质基础。2020年，按照当时1075万常住人口、每人每天500克原粮消费标准，全市原粮储备规模调增18万吨、增幅38.7%，供应保障能力从省政府下达的3个月调增至4个月；按照当时1075万常住人口、每人每天350克成品粮消费标准，全市成品粮储备规模调增16410吨、增幅64.6%，供应保障能力从市本级10天、县市区7天提高到市本级15天、县市区10天。2021年，按照"七普"苏州市1275万常住人口、每人每天350克成品粮消费标准，全市成品粮储备规模从41810吨调整至49677吨，增幅18.8%。2022年秋粮收购期间，原粮储备将按照1275万常住人口再次调增至76.5万吨。

三是积极发展流通市场。粮食购销市场化以来，坚持"一市一场"原则，大力培育和发展粮食批发市场体系，充分发挥粮食批发交易市场的集散作用与规模效应，目前粮食批发市场已经成为全市粮食供应安全的"第一道屏障"，近年来全市粮食批发市场年交易量（成品粮）在150万吨左右，相当于250万亩粮田一年的粮食产量。其中，市粮食批发交易市场日均库存量12000吨、成交量2000吨、到货量1800吨，满足了苏州市区90%以上居民的口粮供应。加强域外粮食产销对接，组织市、县两级粮食行政主管部门、粮食购销企业参加粮食产销协作洽谈会，赴盐城、宿迁等地接洽粮食购销业务，主动对接落实产区优质粮源，协同保障区域粮食安全。

四是有力推进科技储粮。积极探索绿色储粮、生态储粮，全市投资1000万元推广水源热泵低温储粮技术。立足绿色低碳，推进"阳光仓房"建设。全面完成粮食产后服务体系建设，合理配置烘干机械，累计建成烘干设备装机容量2万多吨。江苏苏州国家粮食储备库率先启用成品粮油准低温储藏技术，张家港市骨干粮库全面推广"集成化低温储粮智能控制系统"，昆山储备分库应用了氮气储粮技术。与国家粮科院、南财大、江南大学等合作，开展了粮食低温储藏、机器人防虫、低温烘干、防虫杀虫等20多项新材料、新技术应用实验，推动信息化与生态储粮的融合发展。

五是有序实施储备改革。扎实推进储备体制机制改革，加强粮食储备安全管理，增强粮食安全保障能力。严格落实库存数量要求，地方政府储备原粮任何时点实物库存不得低于市政府下达的总量计划的70%；除紧急动用外，承储企业任何时点成品粮油实物库存不得低于承储计划的90%。严格落实质量管控要求，市、县两级粮食部门要进一步强化地方政府储备粮的质量管控，每年开展质量抽查的储备规模比例不低于30%、承储单位覆盖面不低于30%。原则上至少每季度集中开展一次定期巡查，实现对辖区内所有粮食收储企业巡查全覆盖。

六是切实加强应急保供。发挥市级20个粮食价格预警监测点"哨点"作用，强化粮油市场日监测、日报告制度，及时掌握粮油保供底数。密切跟踪把握热点舆情态势，适时发布粮油市场供求信息，保障市场供应有序。落实国家和省关于粮食应急体系建设要求，对全市粮油应急保障载体进行再次梳理，确保所有应急保障载体纳入全国粮油应急保障系统统一管理。目前，全市共有应急加工企业34家，应急供应点（含社区）459家，应急配送中心11个，应急储运企业5家。

启　示

打好粮食安全稳定战，必须增强忧患意识，坚持底线思维，始终绷紧粮食安全这根弦，重点要从科学高效的体制机制、专业精细的保障能力、规范有力的监管措施等方面入手，牢牢稳住粮食安全这块"压舱石"。

一是全力推进储备体制机制改革。深化"两分离、四分开"改革，实现地方政府储备粮专企管理、专库储存、专人保管、专账核算。按照"市储备公司＋直属库＋子公司（四县一区）"的管理架构，建立市储公司组织体系，实现地方政府储备粮集中管理、规模储备、统一运营。适应人口基数与消费需求变化，完善储备规模动态调整机制，优化储备品种结构。适时提高成品粮储备中静态储备占比，确保成品粮储备中静态储备比例不低于成品粮储备总量的50%。

二是积极拓展粮食保供基础资源。严格执行粮食收购政策，全面推行市场化收购和优质优价收购。扩大优质粮食供给，加强市内外粮食产销衔接，建立优质粮源基地，发挥粮食批发市场集散作用和规模效应，大力吸纳外地优质粮油产品供应本地市场。持续推进优质粮食工程，实现更高质量的粮食供需动态平衡。

三是着力加强粮食流通监管力度。强化价格监测预警，动态监测粮油库存、销量及价格变化，及时防范和处置价格异动。优化市县两级粮食流通监督检查工作协调机制，建立健全粮食流通全过程监管协作机制，重点做好新收获粮食的质量调查、品质测报与卫生监测，加密粮食批发市场粮油产品抽检频次，实行储备粮入库、在库、出库全过程质量和卫生指标跟踪监测，严格规范超标粮处置，确保"舌尖上的安全"。

四是稳步推进粮食仓储设施建设。加强粮食储备市级统筹协调能力，有序推进仓储物流设施建设，充分考虑全市服务人口数量，按照"市域内为主、市域外为辅，市域内分区、市域外集中"原则，调整优化储备库点功能布局，统筹布局、规范建设储备基地，提升粮食和重要物资收储能力。通过新建一批、提升一批、扩建一批，实现总量保证、布局科学，形成更大规模效益，进一步提升粮食储备总体能力。

苏州市粮食和物资储备局

加快实施创新驱动发展战略。坚持面向世界科技前沿、面向经济主战场、面向国家重大需求、面向人民生命健康，加快实现高水平科技自立自强。以国家战略需求为导向，集聚力量进行原创性引领性科技攻关，坚决打赢关键核心技术攻坚战。加快实施一批具有战略性全局性前瞻性的国家重大科技项目，增强自主创新能力。

——2022年10月16日，习近平在中国共产党第二十次全国代表大会上的报告

科技自立自强是促进发展大局的根本支撑，只要秉持科学精神、把握科学规律、大力推动自主创新，就一定能够把国家发展建立在更加安全、更为可靠的基础之上。

——2020年12月18日，习近平在中央经济工作会议上的讲话

第五章 打好科技安全主动战，全面提升自主创新、技术供给、成果转化能力

科技安全是指科技体系完整有效，国家重点领域核心技术安全可控，国家核心利益和安全不受外部科技优势危害，以及保障持续安全状态的能力。科技安全包括科技自身安全和科技支撑保障相关领域安全，涵盖科技人才、设施设备、科技活动、科技成果、成果应用安全等多个方面，是支撑国家安全的重要力量和物质技术基础。科技保障国家安全，必须把创新放在我国现代化建设中的核心地位，把科技自立自强作为国家发展的战略支撑，不断增强科技支撑国家安全的体系化能力。习近平总书记指出，在新一轮科技革命和产业变革大势中，科技创新作为提高社会生产力、提升国际竞争力、增强综合国力、保障国家安全的战略支撑，必须摆在国家发展全局的核心位置[1]。

党的十八大以来，苏州坚持以习近平新时代中国特色社会主义思想为指导，深入贯彻习近平总书记关于科技创新的重要论述，坚定不移实施创新驱动发展战略，主动融入国家区域创新布局，全面推进创新型城市建设，全社会研发投入持续增长，创新活力持续迸发，科技创新综合实力持续增强。坚持科技创新与制度创新"双轮驱动"，坚决扛起使命担当，准确把握核心定位，形成有力的工作机制和完善的推进计划，充分发挥自身产业和创新资源优势，加快突破一批核心关键技术难题，加快促进科技成果转化和产业化，始终把科技安全视作科技发展的基础，

---

[1] 参见《习近平在〈努力在新一轮科技革命和产业变革中占领制高点〉上的批示》，央视网，2014年6月23日。

统筹科技发展和科技安全，努力形成可复制可推广的经验，服务国家发展大局。

一、坚定实施创新驱动发展战略，提高创新体系整体效能

创新是经济增长的源泉与动力，科技创新是创新驱动的核心力量。从国际上看，科技创新已成为推动经济发展的主要力量，以创新驱动发展已是大势所趋。从科技发展趋势看，新一轮科技革命和产业变革加速推进，创新成为国家之间的核心竞争力，谁在科技创新方面占据优势，谁就能够掌握未来发展的主动权，在竞争中获胜。从经济发展的阶段来看，我国已经进入了创新驱动阶段，原本的经济增长方式难以为继，必须抢抓新一轮科技革命和产业变革的重大机遇，实施创新驱动发展战略，坚持走中国特色自主创新道路，加快各领域科技创新，提高原始创新能力，促进产业价值链从中低端转向中高端、结构更合理的方向发展。

习近平总书记指出，深入实施科教兴国战略、人才强国战略、创新驱动发展战略，完善国家创新体系，加快建设科技强国，实现高水平科技自立自强[1]。党的二十大报告指出，"加快实施创新驱动发展战略"[2]。苏州始终坚持把发展经济的着力点放在实体经济上，始终坚持创新驱动发展战略，创新政策体系不断完善，企业创新能力不断增强，产业创新水平不断提高，创新生态环境持续优化，为经济社会发展强力赋能。2021年，苏州高新技术产业实现产值21686.5亿元，占规模以上工业总产值的比重达52.5%，比上年提高1.6个百分点。

深入推进创新驱动发展战略，把科技的大旗举得更高，把创新的号角吹得更响，把高质量发展的步伐迈得更实。一是以引领产业高端攀升提升发展动力。坚持有所为有所不为，立足苏州优势产业和有发展潜力

---

[1] 参见习近平：《加快建设科技强国，实现高水平科技自立自强》，《求是》2022年第9期。
[2] 习近平：《高举中国特色社会主义伟大旗帜　为全面建设社会主义现代化国家而团结奋斗——在中国共产党第二十次全国代表大会上的报告》，人民出版社2022年版，第35页。

的前瞻性领域，建设高端载体、引育高端人才、培育高端企业、抢占高端产业，以高端要素供给引领产业攀升为突破口提升发展能级，有效助推高质量发展。二是以优化创新创业环境提升人才引力。把引育人才工作放在创新和发展的突出位置，充分认识到人才在撬动其他资源中的首要作用、在推动发展中的决定性作用，加大高层次创新创业人才的培养和引进力度，加强青年人才和高技能人才的储备和开发，以人才衡量科技创新，以创新项目培养人才。三是以深化科技体制改革提升创新能力。着力破除体制机制障碍，统筹协调项目、资本、人才、政策、载体等多种要素集成推动科技创新，构建更开放、更多元的创新生态，组织调动更广泛的创新创业资源和全社会的创新创业积极性，着力营造浓厚的创新创业氛围。

二、强化科技创新，努力实现高水平科技自立自强

党的二十大报告指出，坚持面向世界科技前沿、面向经济主战场、面向国家重大需求、面向人民生命健康，加快实现高水平科技自立自强[①]。随着改革开放不断深入和经济全球化发展，科学技术已经成为第一生产力，而创新也已经成为引领发展的第一动力，实施创新驱动发展战略，从而推动科技事业取得历史性成就、实现历史性变革。科技自立自强是国家强盛之基、安全之要。加快实现高水平科技自立自强，既体现了与自力更生、自主创新、创新驱动一脉相承的精神实质，也体现了充分发挥我国科技发展已有良好基础和独特优势，在新的历史起点上向更高水平迈进的必然趋势。世界各国都把强化科技创新作为实现经济复苏、塑造竞争优势的重要战略选择，积极抢占未来科技制高点，科技创新成为大国博弈的主要战场。我们必须把高水平科技自立自强作为应对各种风险挑战的法宝。

---

① 参见习近平：《高举中国特色社会主义伟大旗帜　为全面建设社会主义现代化国家而团结奋斗——在中国共产党第二十次全国代表大会上的报告》，人民出版社2022年版，第35页。

防风险　守底线——统筹发展和安全的苏州实践

习近平总书记强调，实践反复告诉我们，关键核心技术是要不来、买不来、讨不来的。只有把关键核心技术掌握在自己手中，才能从根本上保障国家经济安全、国防安全和其他安全。[①] 正所谓"国之利器，不可以示人"。科技创新是核心，是提高社会生产力、提升国际竞争力、增强综合国力、保障国家安全的战略支撑。抓住科技创新，就抓住了牵动我国发展全局的"牛鼻子"。

近年来，苏州不断强化基础研究和原始创新，积极争取国家战略科技力量在苏州布局。2021年，苏州创新实力持续提升，获批"一区两中心"，即国家新一代人工智能创新发展试验区和国家生物药技术创新中心、国家第三代半导体技术创新中心。国家生物药技术创新中心、国家第三代半导体技术创新中心的到来，使苏州成为唯一拥有两个国家技术创新中心的地级市。

苏州不断提升企业创新能力，完善企业分层孵化体系，打造以科技型中小企业、民营科技企业为基础，高新技术企业、"瞪羚"企业为主体，"独角兽"企业、科技上市企业为标杆的创新型企业梯队。2021年全市科技进步贡献率为67%，比2016年末提高4.1个百分点，科技创新综合实力连续12年位居全省第一。研究与试验发展支出占GDP的比重由2016年的2.73%提高到2021年的3.8%。科技部发布的《国家创新型城市创新能力评价报告2020》中，苏州创新能力位列全国第七。万人有效发明专利拥有量由2016年的32.5件增加到2021年的66.9件。全国首个先进技术成果区域转化中心——长三角转化中心落户苏州市。2021年末，全市有效高新技术企业数达11165家，位居全省第一、全国第五；认定苏州市"独角兽"培育企业157家（公示数），拥有"瞪羚"企业528家，国家级专精特新"小巨人"企业累计达49家，科技型中小企业17942家，涌现出信达生物、基石药业、旭创科技等一批高成长性创新领军企业。

[①] 参见《习近平在中国科学院第十九次院士大会、中国工程院第十四次院士大会上的讲话（2018年5月28日）》，《人民日报》2018年5月29日。

第五章　打好科技安全主动战，全面提升自主创新、技术供给、成果转化能力

科技创新不是单打独斗，需要各方面磅礴力量的有力推动，从而发挥出影响世界的巨大作用。未来，苏州还将继续紧紧抓住创新这个"牛鼻子"，在科学技术发展的瓶颈部位狠下功夫，啃下科技创新的硬骨头，打造属于自己的"定海神针"，最终实现科技创新质的飞跃。"科技赋能发展，创新决胜未来"，充分发挥自主创新能力，实现创新效能，掌握核心技术，拥有多方面的主动权。

三、高水平推进创新平台建设，打造"产学研用"新高地

创新平台是集聚创新资源、汇聚创新人才、开展技术创新的有效载体，也是国家战略科技力量的重要组成部分，是优质创新资源的主要承载机构，能最大限度地攻关技术、最具效率地扩散创新、最大力度地支撑产业。习近平总书记要求，建设重大创新基地和创新平台，完善产学研协同创新机制[①]。

苏州加快科技创新载体建设，持续提升科技创新策源能力，创新载体不断壮大，重大创新平台不断涌现：纳米真空互联实验站获批"十三五"国家科教基础设施；国家超级计算昆山中心通过国家验收，成为全国第八个超算中心；深时数字地球国际大科学计划完成论证，成为国家首批国际大科学计划立项项目；面向战略需求，高标准全域推进总投资200亿元的姑苏实验室建设，获批江苏省实验室，首批立项重大科研攻关项目29项，与行业龙头企业合作，企业出资额达6亿元。

苏州持续加强与大院大所合作，2021年与清华大学签订深化战略合作协议，未来五年将围绕共建清华—苏州创新联合体、实施创新引领行动等方面展开全面深入合作，在完善组织架构、突出聚焦和引领、强化分类管理等方面，创新运行模式和机制，着力打造校地合作全新范本。与河海大学签署战略合作协议，在科学研究、成果转化、人才培

---

① 参见《习近平：提高防控能力着力防范化解重大风险　保持经济持续健康发展社会大局稳定》，《人民日报》2019年1月22日。

107

养、国际交流与中外合作办学等方面开展长期合作，在相城区共建河海大学苏州研究院、苏州研究生院。清华苏州环境创新研究院、中科苏州微电子产业技术研究院等一批龙头型"大院大所"相继投用，签约共建中国科技大学苏州高等研究院等一批创新平台。

苏州不断夯实企业创新主体地位，引导企业研发机构做优做大做强。2021年末，全市省级以上工程技术研究中心达1193家，省级以上众创空间达340家，院士工作站达24家。全市拥有省级企业重点实验室10家，省级以上学科重点实验室7家，累计建设市级新型研发机构78家。

苏州聚焦前沿痛点开展基础研究，率先实施基础研究试点项目，两批支持中科院纳米所、中科院医工所、姑苏实验室、苏州大学、长三角先进材料研究院等五家单位，开展前沿引领类和目标导向类基础研究项目。引导试点单位联合企业或社会力量加大基础研究投入，构建基础研究多元化投入机制。首批试点单位共立项33个项目，下达经费995万元，引导试点单位投入自筹资金4.3亿元，力争实现一批"0到1"重大创新成果。

苏州加快推进国家重点实验室建设。作为江苏省首个省部共建的国家重点实验室，也是我国放射医学领域唯一的国家重点实验室，苏州大学放射医学与辐射防护国家重点实验室获教育部自然科学奖一等奖。苏州率先探索国际研发机构建设。2021年，苏州新建牛津大学高等研究院（苏州）、苏州工业园区新国大研究院、泽璟制药美国研发中心、山石网科美国研发中心等4家国际研发机构，支持经费2337万元。作为全省最早探索新型研发机构建设的城市，苏州制定了一系列具体标准，规范、引导、推进新型研发机构建设。突出应用技术研究，面向社会开展研发服务活动。2021年，苏州已有78家市级新型研发机构，累计集聚各类科研人员4771人，授权发明专利850项，衍生孵化企业1059家，其中获评高新技术企业116家、科技型中小企业备案215家。

四、打造国家级人才平台，建设中国人才发展现代化强市

人才是最重要、最宝贵的战略资源，科技竞争本质上是人才竞争，不断壮大科技人才队伍是提高国家竞争力的关键，也是加强科技安全的基石。习近平总书记指出，深入实施新时代人才强国战略，全方位培养、引进、用好人才，加快建设世界重要人才中心和创新高地，为2035年基本实现社会主义现代化提供人才支撑，为2050年全面建成社会主义现代化强国打好人才基础。[1] 党的二十大报告指出，"深入实施人才强国战略。培养造就大批德才兼备的高素质人才，是国家和民族长远发展大计"[2]。苏州始终认真贯彻中央和省委决策部署，坚定不移落实人才引领发展战略，始终把人才作为最宝贵的资源、最核心的竞争力，打造世界一流的人才发展环境，努力聚天下英才而用之，为谱写"强富美高"新江苏现代化建设新篇章注入更加强劲的动力。

牢记人才是第一资源，加快打造领军人才高地，打造"人到苏州必有为"人才工作品牌。创造良好环境和条件，加大吸引留学和海外高层次人才、高端科技人才工作力度，努力为人才提供施展才华、实现自身价值的平台，防止高精尖人才外流。大力实施姑苏创新创业领军人才计划，对顶尖人才支持力度上不封顶，重大创新团队最高支持达5000万元。近年来投入市级经费超6亿元，引进顶尖人才团队4个，重大创新团队28个，领军人才2233名，带动区县领军人才突破1万名。省双创人才获评1236人，连续十五年位居全省第一。市级以上创业类领军人才企业中，83家入选"独角兽"培育企业，占全市总数64.3%；72家上市企业，占全市总数的28%，其中科创板上市企业24家，占全市总数的62%。2021年，姑苏领军人才计划立项453个项目，同比增长

---

[1] 参见习近平：《深入实施新时代人才强国战略 加快建设世界重要人才中心和创新高地》，《求是》2021年第24期。
[2] 习近平：《高举中国特色社会主义伟大旗帜 为全面建设社会主义现代化国家而团结奋斗——在中国共产党第二十次全国代表大会上的报告》，人民出版社2022年版，第52页。

38%，首次实施青年领军人才专项，引进和培育并重，基础研究和成果转化并重，大力扶持35周岁以下的青年人才创新创业，首批青年领军人才专项支持了58名青年人才。全市人才总量由2016年末的244.2万人增加到2021年末的335万人，其中高技能人才和高层次人才分别为82.4万人和32万人；入选国家级重大人才工程创业类人才总量连续九年位居全国第一。

苏州外籍人才多，一直是全国海外引智工作的标杆。苏州持续鼓励外籍人才参与全市科技创新工作，为高质量发展提供海外智力支撑。苏州连续十年入选"魅力中国——外籍人才眼中最具吸引力的中国城市"十强榜单，2021年末引进外国高端人才4620人，1666名海外专家入选"海鸥计划"。截至2021年底，苏州拥有持证外籍人才11099人，占全省的46.2%。打造"苏州最舒心"外籍人才创新创业服务品牌，在全省设立首个外籍高端人才工作许可证、居留证办理专窗，简化审批流程，缩短办理时间，从原来的"两次受理、两次发证"转变为"一次受理、一并发证"，方便企业和人才。未来，苏州将用好中新、中日、中德等开放平台，依托"冷泉港亚洲"等高端平台，持续拓展国际化引才渠道，不断扩大招才引智的"朋友圈"。深入推进国际人才本土化和本土人才国际化，以更广阔的胸怀、更开放的姿态、更饱满的热情，培育更多引领发展的"金凤凰"。

【典型案例】

加快形成活力迸发的创新生态系统

——苏州科技创新取得突出成果

引 言

当前,科技越来越成为影响国家竞争力和战略安全的关键要素,在维护国家总体安全中的作用更加凸显。党的二十大报告指出,"完善科技创新体系。坚持创新在我国现代化建设全局中的核心地位"[1]。近年来,苏州坚持科技第一生产力、人才第一资源、创新第一动力,勇挑重担、主动作为,一方面加快提升自主创新能力,壮大科技实力,另一方面,加强科技安全防范,有效化解科技领域重大风险,为经济社会高质量发展提供安全稳定的科技支撑。

背 景

多年来,苏州积极推进科技进步与技术创新,苏州科技创新水平不断迈上新台阶。科技创新综合实力连续12年居全省首位,全社会研发投入总额占GDP比重达到3.8%,位居全省第一。国家高新技术企业有效数首次突破万家,总量位列全国第五。全市高新技术产业产值达2.2万亿元,增长17.2%。新增科创板企业18家,全国第二;累计达38家,全国第三。

特别是近年来,"一区两中心"获批建设,苏州成为全国唯一拥有两个国家技术创新中心的地级市,全国首个先进技术成果长三角转化中心、量子科技长三角产业创新中心落地苏州。国家级重大人才工程361

---

[1] 习近平:《高举中国特色社会主义伟大旗帜 为全面建设社会主义现代化国家而团结奋斗——在中国共产党第二十次全国代表大会上的报告》,人民出版社2022年版,第35页。

防风险　守底线——统筹发展和安全的苏州实践

人,其中创业类163人,继续位列全国大中城市首位。连续10年入选外籍人才眼中最具吸引力的十大中国城市。省级以上科技企业孵化器和省级以上众创空间分别达到137家和340家,均位列全省第一。全市创投机构数量超300家,管理资金规模超4100亿元,占全国10%。

主要做法

实施产业创新集群发展行动计划,加快形成创新主体集聚、创新人才荟萃、创新成果涌流、创新活力迸发的创新生态系统。

一是强化企业创新主体地位。完善企业多层次孵化体系,持续壮大创新型企业规模,确保科技型中小企业入库数量保持全国前列,有效高新技术企业数达到1.2万家。新遴选"瞪羚"企业350家、新认定"独角兽"培育企业150家。支持龙头企业平台化、链主化发展,培育壮大一批创新型领军企业。加快推进高新技术产业发展,力争全市高新技术产业产值占规模以上工业总产值比重达到53%。

二是着力集聚高端创新人才。全面打响"人到苏州才有为"品牌,完善人才引育体系,大力培育集聚战略科学家、科技领军人才和创新团队、青年科技人才队伍、卓越工程师。实施科技人才倍增计划,全年引进创新创业领军人才1500人以上,外国高端人才900人左右。加强国际科技创新人才合作,布局海外离岸创新中心20家。完善人才创新创业服务体系,探索建设一批高品质人才社区。创新举办苏州国际精英创业周,做强做精"赢在苏州·创赢未来"国际创客大赛。

三是加快布局高能级创新载体。积极争创国家实验室、全国重点实验室等国字号平台,做大做强高端创新平台。加快建设"一区两中心",推进姑苏实验室全域化多点布局,建好用好国家先进技术成果长三角转化中心,培育发展太湖健康工程研究院等新型研发机构,健全"揭榜挂帅""以赛代评"等机制,努力在基础研究和关键技术攻关上取得突破。进一步强化科技招商,组建专业引智队伍,大力引进优质科创企业、优质创新载体。支持苏州大学建设中国特色世界一流的高水平研究型大学、南京大学苏州校区启动首批招生,推进中国中医科学院大学等建设，支持苏州科技大学等本地高校办出特色、办出水平。

四是打造一流创新生态。深化政产学研金合作，推动科技供给和产业需求有效对接。强化法治保障，推进科技创新立法。支持多种主体牵头组建开放式产业创新联盟，加快建设创新公共服务平台。落实好企业研发费用加计扣除、研发奖励等政策，促进企业加大研发投入。组建市高新技术创业投资集团，设立产业创新集群发展基金。做大做优天使、创投、股权等各类基金，促进科技、产业、金融良性循环。加强知识产权创造、保护、运用和服务，推进知识产权质押融资和知识产权证券化。健全技术交易体系，大力培育技术经纪人队伍，提升技术交易活跃度，实现成交额 800 亿元。

启 示

苏州加快形成活力迸发的创新生态系统，科技创新不断取得突出成果，在根本上是苏州始终牢记习近平总书记对长三角地区提出的"勇当我国科技和产业创新的开路先锋"殷殷嘱托，紧扣中央、省委决策部署和自身产业发展需求，以四个"注重"不断提升科技创新策源功能。一是注重在目标追求上"创高峰"，致力增强战略科技支撑。面向"国之重器"，加快推进重大科技基础设施建设，着力打造国家战略科技力量的重要增长极。二是注重在布局重点上"求融合"，致力抢占"新蓝海""新赛道"。聚焦电子信息、装备制造、生物医药、先进材料四大重点产业，不断加强科技创新投入，积极推进载体平台建设，并通过载体平台孵化引进了大量科创企业和科技人才，四大产业尤其是集成电路、创新药物等细分领域未来产业呈爆发式增长态势。加快产业链与创新链融合，创新链对产业链的支撑作用明显增强。三是注重在优势转化上"抓两头"，致力集聚优质创新资源。充分利用开放创新的优势，以产业发展为导向，鼓励支持大院大所在苏州设立研发机构，同时不断夯实企业创新主体地位，支持企业建立研发机构。着力提高企业研发机构建有率，持续引导和鼓励企业开展原始创新和集成创新，推动企业研发能力加快提升。四是注重在政策供给上"改机制"，致力激发创新创业活力。

防风险　守底线——统筹发展和安全的苏州实践

深化科技体制机制改革，积极开展新型研发机构建设，为载体平台发展打造良好生态，为全市产业发展持续提供源源不断的技术供给，全力助推经济高质量发展。

中共苏州市委党校（苏州市行政学院）　全洛平

第五章　打好科技安全主动战，全面提升自主创新、技术供给、成果转化能力

打造国家级人才平台

——苏州工业园区实施新一轮人才强区战略

引　言

中央人才工作会议提出"在一些高层次人才集中的中心城市建设吸引和集聚人才的平台"的战略布局，江苏省委、苏州市委人才工作会议锚定建设国家级人才平台目标，作出了人才强省、人才强市的具体部署。立足新发展阶段，苏州工业园区提出建设"一流产业新区、一流开放特区、一流创新园区、一流中心城区"新的目标任务。围绕全面落实中央和省、市人才工作会议精神，聚焦区域发展新目标新任务，园区制定实施一系列人才新政，牢固确立人才引领发展战略地位，确保主要人才指标持续位居全国最前列。

背　景

苏州工业园区作为中新两国合作的旗舰项目，承载着推进自贸片区建设、开放创新综合试验、现代化建设试点等一系列国家重大战略任务，一直以来，园区人才工作坚持以习近平新时代中国特色社会主义思想为指引，先后成为国家"海外高层次人才创新创业基地""海外人才离岸创新创业基地"，被中组部确定为人才工作联系点，实现了人才引育国际化、人才发展现代化、人才服务精准化，区域高质量发展的人才之基不断夯实。

坚持把人才作为区域发展的核心战略，通过实施"金鸡湖人才计划"等一系列人才支持政策，加快构建形成与国际接轨、具有全球竞争力的引才用才制度，以高能级平台建设布局全球引才网络，引聚顶尖科学家和一流科技领军人才，着力破解顶尖人才集聚难题，开创了人才引领发展的新局面。截至2021年底，全区人才总量达50万人，高层次人

才数量达6.1万人，占比12%，每万劳动力中研发人员比重达5.5%，入选国家和省市级领军人才数量继续保持全国开发区和省市第一，人才队伍结构持续优化，人才比较优势不断巩固。通过"双招双引""招投联动"引才机制，2021年全年新引进外国人才927人，同比增长31.3%，海归人才数达到1.2万人，中外合作办学高校留学生占比达3.8%，人才国际竞争优势显著提升。同时，园区国家高新技术企业数达到2130家，人才上市企业28家，博士后科研工作站61家，省级及以上研发机构总数585家，R&D投入占GDP比重4.77%，技术合同成交额突破220亿元，人才人均经济贡献60万元，人才引领发展效能稳步提升，人才发展生态明显改善。

中央人才工作会议关于建设国家级人才平台的战略布局以及省、市人才工作会议作出的具体部署，为园区在更高能级、更深领域推进实施新一轮人才强区战略，打造国家级人才平台指明了方向。

主要做法

一是坚持政治引领，实现顶层优化。注重人才政策顶层设计，提档升级"金鸡湖人才计划"。坚持党管人才，建立党工委人才工作领导小组制度机制，组织"爱国、奋斗、奉献"高层次人才研修、"百名领军展宏图"等系列活动，褒奖17名对园区生物医药产业做出创始性贡献的专家、人才，引导各类人才坚定理想信念、砥砺报国之志、实现报国筑梦。

二是坚持夯基固本，实现立梁架柱。打造人才引育、评价、激励全链式政策支持体系，实现领军人才、企业骨干、青年人才的立体化支持，夯实青年人才主力军地位，园区青年人才占人才资源总量达到47%。高标准完成园区"十四五"人才发展规划、园区建设高水平人才平台三年行动计划。全国首开重点产业国际职业资格比照认定职称工作，并在自贸试验区联动区域复制推广，首创生物医药工程专业技术资格评审标准，首开生物医药工程高级职称评审通道。

三是坚持国际视野，实现双轮驱动。全面融入"一带一路"建设，

第五章　打好科技安全主动战，全面提升自主创新、技术供给、成果转化能力

在新加坡、英国剑桥、日本东京等重要国家和城市布局海外商务中心，发挥"人才摆渡""投资促进""信息捕手"三重作用。举办金鸡湖创业大赛，联动全球 25 个城市，启动"全球城市伙伴计划"。依托长三角境外投资中心，助力企业出海，实现全球汇智，累计引进海内外双创团队 3000 多个。抢抓长三角一体化国家战略重大机遇，试行长三角地区外国高端人才互认，成立"沪校苏企"联盟，挂牌设立金鸡湖（上海）路演中心、长三角 G60 科创走廊生物医药路演中心，推动长三角创新要素跨区联动。

四是坚持集群创新，实现建池蓄水。围绕"国家生物药技术创新中心、国家第三代半导体技术创新中心、国家新一代人工智能创新发展试验区核心区"（"一区两中心"）建设，研究制定人才赋能创新集群发展若干举措。全力推进"大平台、大团队、大项目、大成果"建设联动开展，累计引进大院大所 40 多家、中外知名院校 33 所，成为国内中科院系统分院分所最集聚的区域之一。

五是坚持生态营造，实现整体最优。优化公共服务平台功能，启用"iDream"圆梦人才平台、"iHome"人才安居平台，提升数字经济时代人才精准服务水平。开展"人才贷""人才投""人才保"组合金融服务，落户中国（苏州）知识产权保护中心，建立专利快速审查通道，成立知识产权巡回法庭、知识产权诉前调解中心，推动行政与司法保护相衔接。打造"金鸡湖人才"服务品牌，全省首发金鸡湖人才政策计算器。发布外国人才工作生活便利化服务举措，推出人才公寓近 2 万套，创办全国首家海归人才子女学校，开展国际商业医疗保险结算，有效解决人才后顾之忧。

启　示

坚持人才引领发展是苏州工业园区长期秉持的核心战略。围绕推进"一区两中心"建设、全力打造生物医药、纳米技术应用、人工智能等领域"世界级人才尖峰"的目标和任务，园区从制度、政策和生态各个层面推动一系列改革和探索，构筑高水平人才发展平台，让人才优势成

为推动区域高质量发展的最强支撑,为全市构筑人才集聚高地、建设人才活力之城、打造人才创业天堂带来了新的思考和启示。

一是要坚持宏观统筹,高站位构建人才工作格局。园区主动融入国家人才工作战略布局,着力强化"一把手"责任意识,积极探索"首席人才官"制度,持续完善"金鸡湖人才计划"等政策支持体系,定位清晰、目标明确。

二是要坚持全球视野,高标准推动人才队伍建设。园区着力集聚战略人才力量,实施"领军登峰"人才支持计划,推行"揭榜挂帅""赛马攻坚"制度,落实顶尖人才和团队"一事一议"支持方式,形成战略引领,视野开阔,站位高远。

三是要坚持产才融合,高质量建设产业创新集群。园区注重形成集群式创新,积极构建重点产业人才图谱,搭建领军人才企业与外资研发中心合作平台,推动长三角区域产业、项目、资源要素联动共赢,创新务实,重点突出。

四是要坚持优化协同,高品质营造人才发展生态。园区积极促进创新资源和产业要素协同配置,大力引进专业机构、学术平台、中介组织,提升数字经济时代人才精准服务水平,因时而进,理念超前。

五是要坚持牵头抓总,高水平凝聚人才工作合力。园区通过健全强化人才办牵头抓总运行机制,加强对人才战略实施各项工作的统筹管理,推动各相关职能部门组建高素质、专职化人才工作者队伍,协同联动,握指成拳。

苏州工业园区培训管理中心

第五章　打好科技安全主动战，全面提升自主创新、技术供给、成果转化能力

着力集聚高端创新资源

——苏州高新区高水平推进院所平台建设

引　言

创新平台是国家战略科技力量的重要组成部分，是优质创新资源的主要承载机构，能最大限度地攻关技术、最具效率地扩散创新、最大力度地支撑产业。2022年江苏省政府工作报告提出，要高质量推进创新平台建设。"十四五"时期，我们要围绕江苏的未来产业和战略性新兴产业，聚力推进科技创新平台建设，培育更多的创新源头，为高质量发展提供科技支撑和服务。近年来，苏州高新区坚持以大院大所引进为重点，高水平推进院所平台建设，着力集聚高端创新资源，充分激发院所聚才优势，加速引领产业跨越发展。

背　景

一直以来，苏州高新区秉持"发展高科技、实现产业化"的初心和使命，努力打造创新资源最集聚、创新生态最活跃、创新协同最高效的产业科创主阵地。围绕区域主导产业布局，加大创新资源集聚力度，完善产学研用创新机制，以中科院苏州生物医学工程技术研究所引进落户为开端，通过综合创新型、人才团队型、产业平台型、企业创新型等类型，积极开展与国内外知名院校、科研院所、重点科技企业的深度合作，引进落户了近百家院所平台。注重发挥院所平台的创新策源功能，积极吸引高端科创人才落户，营造创新创业氛围，院所平台正成为苏州城西科技创新的"聚宝盆、策源地、强引擎"，不断为苏州科技创新与成果转化贡献积极力量。

截至目前，全区院所平台累计获批国家级人才13人次、省双创人才56人次、姑苏领军人才100余人次，获批市级以上新型研发机构8

家，累计引进孵化企业 600 余家，获批高企超 70 家，"瞪羚"企业 19 家，"独角兽"（培育）企业 10 家，实现营业收入超 140 亿元，获得投融资超 40 亿元。

主要做法

一是加速院所平台集聚。积极联动江苏省、苏州市产业技术研究院对接国内外高端科创资源，争取上级支持，同时联动区内板块协同推进，共同招引高质量院所平台落地。紧扣重点新兴产业，引进清华苏州环境创新研究院、北航苏州创新研究院等 38 家创新载体平台，累计集聚院所平台超 100 家。瞄准军民融合产业，引进兵器 214 所、中航雷电院等骨干军工院所，形成了全领域航空航天、高端装备等军民结合特色产业集群。按照市场化运作模式，以企业为主体新建半导体激光创新研究院、协同创新医用机器人研究院等院所。

二是推动院所引才育才。深化区块协同和部门联动的院所平台服务机制，主动服务、靠前服务、精准服务。依托苏州高新区大院大所联盟，定期组织创新发展特色活动，增强交流互鉴。同时鼓励院所平台共同举办技术交流、创新论坛等活动，激发抱团创新合力。搭建海内外引才平台，依托北美离岸创新创业孵化基地、中澳"江苏—维州研创中心"等海外平台，为院所引进"高精尖缺"人才。发挥院所引育主体作用，引导母校教授、研究人员以及创业团队在地方院所创新创业，推动科技成果转移转化。强化院所人才服务，为院所人才办理"智汇苏高新"人才服务卡，开辟子女入学通道，提供院所人才公寓。

三是激发院所创新效能。强化平台绩效考核，以签约共建协议为考核依据，常态化开展考核评估。科创部门编发《大院大所工作季报》，定期通报各院所工作亮点和建设动态，引导各院所形成比学赶超的发展态势。财政部门组织建设指标专项审计工作，梳理总结各院所建设绩效，加强重点科技项目建设资金监管，进一步规范财政资金使用方向。强化平台政策激励，出台《苏州高新区关于支持大院大所创新发展的实施办法（试行）》《苏州高新区院所平台管理团队保障激励办法（试行）》

第五章　打好科技安全主动战，全面提升自主创新、技术供给、成果转化能力

两个针对院所平台及其管理团队的专项激励办法，着力通过政策手段，引导院所高质量发展。

启　示

院所平台在各类科技资源集聚、创新创业氛围营造等方面有着积极贡献，实践启示我们：一是要进一步加强院所平台自我造血能力。事业单位运行的院所受限于体制因素，无法对引进孵化企业进行早期投资，一方面影响了院所平台自身收益，另一方面也导致院所平台对引进孵化企业缺乏管理抓手，面临企业外流风险。二是要进一步明确部分院所平台成果转化机制。在成果转化机制建设方面，院所平台要清晰科技成果转化思路，制定明确的指导办法，提高科技成果转移转化速度和效果。三是要进一步提升院所平台融合发展能力。要不断提升院所间科技研发合作、院所和区内各类科技企业的联动融合发展能力，要助推院所联合技术研发、院企合作攻关形成一定规模，推动院所独立承办或合作举办国际技术大会、创新论坛等活动，形成抱团发展合力，放大集群效应。四是要在院所平台等创新集群的基础上，持续整合优化创新资源布局，把科创载体建设作为支持推动科技创新的重要抓手和切入点，构建适应市场需求的科技创新支持体系，强化科创载体建设制度保障，加强研究谋划和顶层设计，进一步完善全市科技创新体系，加快补齐短板，着力打造一流创新生态，最大限度激发创新创造活力。

中共苏州高新区工委（虎丘区委）党校［苏州高新区（虎丘区）培训中心］　许　通　赵玉艳

借力"环太湖科创圈"和"吴淞江科创带"建设

——吴中区全力打造产业创新集群发展"新高地"

引 言

打造"环太湖科创圈"和"吴淞江科创带"是苏州立足新发展阶段、践行新发展理念、服务构建新发展格局，积极响应国家长三角一体化发展，构建长三角科技创新共同体重要战略下的主动作为。"一圈一带"辐射太湖，贯穿东西，通过更新发展空间，优化功能布局，强化资源配置，实现空间重构、资源重组、品质重塑，打造数字经济时代产业创新集群发展"新高地"，增强科技主动力，打好科技发展主动战，以昂扬的姿态深度融入长三角一体化发展。

背 景

2020年国家科技部印发《长三角科技创新共同体建设发展规划》，明确提出"支持环太湖科技创新带发展"，2021年江苏省"十四五"规划纲要提出积极推动环太湖科技创新圈的建设。吴中区西衔太湖，东接吴淞江，处于"一圈一带"的交汇点。2022年4月，苏州区级层面内的首个文件《吴中区环太湖科创圈建设行动计划（2022—2025)》发布。

主要做法

一是提高思想认识，找准目标定位。吴中区深入贯彻落实中央和省委、市委关于加强重大基础设施建设、实现高水平科技自立自强等一系列决策部署，以推动产业创新集群建设为目标，面向数字经济"主赛道"，立足产业发展"主战场"，发挥环太湖科技创新建设的领头作用，切实把"环太湖科创圈""吴淞江科创带"建设与太湖生态保护、吴淞江综合整治、城市有机更新等工作有机结合起来，盘活低效资源，拓展

第五章　打好科技安全主动战，全面提升自主创新、技术供给、成果转化能力

发展空间，植入高端产业，集聚创新要素，全力打造产业创新集群发展"新高地"。积极制订行动计划、发展规划，明确目标，强化指导。出台发布《吴中区环太湖科创圈建设行动计划（2022—2025）》，通过科学布局十大科创园区，加快实施十大创新工程，全力推动传统经济向数字经济转型、产业经济向创新经济跃升、经济强区向创新强区迈进，深入推进创新发展，把吴中区环太湖科创圈打造成为苏州市数字经济时代产业创新集群先行区、示范区和长三角环太湖科创圈核心区、引领区。

二是坚持规划引领，优化功能布局。吴中区围绕太湖、吴淞江沿线生态、产业、生活、交通等功能定位，不断深化细化具体空间布局，努力形成更加完善的规划方案，积极推动各类空间串珠成链、深度融合，为产业创新集群建设提供有力支撑。保护生态空间，把太湖生态保护牢牢抓在手上，着力推动吴淞江综合整治和澄湖生态保护工作，保护好沿湖沿岸的古镇、古村落，彰显江南水乡的风貌和特色，不断提升生态环境质量。优化产业空间，坚持存量更新、增量带动，淘汰低端落后产能，腾出更多发展空间，引进平台机构、科研院所、知名高校、创新型企业，集聚更多高端人才，全力推动数字经济、创新经济、研发经济、总部经济、文化旅游等产业发展。美化生活空间，深入推进产城融合，积极推动老旧小区、城中村改造，加快完善服务配套、提升城市品质，努力实现城市和产业融合发展。提升交通空间，抢抓政策机遇，积极推进轨道交通、水利工程等重大基础设施建设，提升吴淞江航运功能，便捷太湖新城南北联系，更好地引领带动区域发展。

三是完善工作机制，凝聚强大合力。2021年以来，吴中区抢抓苏州独墅湖开放创新协同发展示范区、中国中医科学院大学、太湖生态岛三个"一号"重大历史机遇，以空间重构、资源重组、品质重塑为重点，实施"三区三片"综合改革，将吴中全域优化为东部经开区、中部高新区、西部度假区三大开发区，推动全区"一张图"规划、"一盘棋"建设、"一张网"统管、"一体化"发展。立足自身优势，积极主动作为，着力构建数字经济"一核三片多组团"协同发展格局。"十四五"期间，吴中区计划安排1000亿元综合投入，建设1000万平方米科创载

体，撬动1000亿元基金规模，以培育"3＋3＋3"现代产业集群为重点，力争到"十四五"末，实现主导产业产值、高新技术企业数量、上市企业数量等多个翻番，形成3至5个千亿级产业创新集群。全力打造苏州市数字经济时代产业创新集群先行区、示范区和长三角"环太湖科创圈"核心区、引领区，努力为苏州打造世界级科创湖区贡献更多的吴中智慧力量。

启　示

一是始终坚持科技创新，为"一圈一带"提供动力。加快集聚高端创新资源，构建最优创新生态，打造一流创新集群。

二是构建完善体制机制，为"一圈一带"提供保障。更好发挥政府有为作用，综合运用一揽子举措，大力构建一流营商环境。

三是持续优化平台体系，为"一圈一带"提供载体。打造一流新兴学科，建设一流科研平台，孵化一流创新企业。

中共苏州市吴中区委党校（苏州市吴中区行政学校）　徐梓瑜

必须坚持对外开放的基本国策，建设多元平衡、安全高效的全面开放体系，发展更高层次的开放型经济，以扩大开放带动创新、推动改革、促进发展。越开放越要重视安全，越要统筹好发展和安全，着力增强自身竞争能力、开放监管能力、风险防控能力。

——2015年10月29日，习近平在党的十八届五中全会第二次全体会议上的讲话

当前，数据安全问题比较突出，决不能掉以轻心。要加强关键信息基础设施安全保护，强化国家关键数据资源保护能力，增强数据安全预警和溯源能力。要加强政策、监管、法律的统筹协调，加快法规制度建设。要制定数据资源确权、开放、流通、交易相关制度，完善数据产权保护制度。要加强数据安全管理，规范互联网企业和机构对个人信息的采集使用，特别是做好数据跨境流动的安全评估和监管。一些涉及国家利益、国家安全的数据，很多掌握在互联网企业手里，企业要保证这些数据安全。要加大对技术专利、数字版权、数字内容产品及个人隐私等的保护力度，维护广大人民群众利益、社会稳定、国家安全。

——2017年12月8日，习近平在主持中共中央政治局第二次集体学习时的讲话

第六章　打好开放和数据安全主动战，持续推进"开放大市"向"开放强市"转型提升

开放安全就是国家在对外开放环境下，保持经济稳定运行和发展不受恶意侵害和非不可抗力损害的状态和能力。数据安全是指通过采取必要措施，确保数据处于有效保护和合法利用的状态，以及具备保障持续安全状态的能力。开放安全、数据安全是新时代国家安全的战略要冲，也是亟待加强的新型领域。习近平总书记指出："越开放越要重视安全，越要统筹好发展和安全，着力增强自身竞争能力、开放监管能力、风险防控能力。"党的二十大报告强调："强化经济、重大基础设施、金融、网络、数据、生物、资源、核、太空、海洋等安全保障体系建设。"面对百年变局和全球疫情冲击，苏州持续巩固提升开放型经济发展优势，突出抓好数字时代的数据安全，在服务构建新发展格局中织密"开放安全网"，让数据为城市发展赋能，积极防范化解各类风险，推动实现从"开放大市"向"开放强市"的转型提升。

一、促进外贸外资稳中提质，持续扩大高水平对外开放

习近平总书记指出："在经济全球化深入发展的条件下，我们不可能关起门来搞建设，而是要善于统筹国内国际两个大局，利用好国际国内两个市场、两种资源。"面对需求收缩、供给冲击、预期转弱三重压力，苏州全力以赴稳外资、稳外贸、促外经，2021年苏州外贸创历史新高，进出口总值占全国、全省的比重分别为6.5%和48.6%，出口位列全国大中城市第三位、进出口位列全国大中城市第四位。

（一）推动外资稳中促优，加快构筑高质量利用外资高地

为进一步提升利用外资的规模和质量，积极打开引资空间，瞄准外企总部这个重点，潜心服务外资企业。一是创新招商引资方式。积极拓展招商引资新渠道，前移海外招商引资触角，推动线上线下招商融合并进，坚持专业化招商、加强精细化招商、突出产业链招商、抓好存量二次招商，通过整合产业链、创新链、投资链、人才链等要素资源，推动招商引资提质增效。二是大力推动外资总部引进和培育。出台首部外资总部经济支持政策，制定实施"十个一"专项推进工程，采取召开推进大会、建立培育库、建设云平台等措施，全力打造长三角地区乃至全国知名外资总部经济特色集聚区。三是持续优化外资企业服务。疫情期间，加大外企纾困服务力度，成立外资外贸企业服务专班，发挥上下协同、部门联动的合力，分类施策、精准服务，主动上门走访，宣传政策，帮助协调解决困难和问题，不断增强外企投资、增资苏州的信心。

（二）推动外贸保稳提质，持续巩固外贸强市地位

多措并举稳住外贸基本盘，推动贸易创新发展，激发外贸发展活力。一是全面深化服务贸易创新发展。苏州参与三轮国务院服务贸易创新发展试点工作，已有7项案例被评为"最佳实践案例"。正在开展的第三轮试点围绕完善管理体制、扩大对外开放、提升便利水平、创新发展模式等8项试点任务推进全市服务贸易加快创新发展。二是加快培育创建国际消费中心城市。发布《苏州市商贸业"十四五"发展规划》，确定商贸业发展目标为培育创建国际消费中心城市，拟出台培育创建国际消费中心城市三年行动计划（2022—2024），聚焦国际，加快推动消费资源升级、消费载体升级、文旅消费升级等"六大升级"。三是健全跨境电商发展生态。引进和培育跨境电商龙头企业和平台，发展"跨境电商＋中欧班列""跨境电商＋保税展示""产业带＋跨境电商"等新模式，初步具备较为完善的跨境电商产业链和生态圈。

（三）推动外经联动发展，加快打造高水平"走出去"先行区

扎实推进更高水平双向开放，以全方位的护航服务，让想"走出去"的企业敢走出去，让"走出去"的企业信心更足。一方面，主动融入"一带一路"倡议。把"一带一路"倡议作为融入和服务构建新发展格局的重大机遇，增加中欧班列开行量，创新中欧班列产品和服务模式，中欧班列境外线路覆盖面进一步扩大，初步形成集中欧、中亚、中俄进出口班列为一体的国际铁路货运体系。2023年初又开通中老铁路（苏州—万象）国际货运班列，苏州的节点作用越发凸显，有望成为国际贸易中转站。另一方面，优化对外投资服务体系。完善苏州工业园区国家级境外投资服务示范平台和长三角境外投资促进中心等公共服务平台功能，为"走出去"企业提供一站式服务，疫情期间启用"信用＋"境外投资措施，以"容缺受理"畅通审批渠道，解决企业"燃眉之急"。

二、构筑更高能级开放平台，打造高水平开放示范区

习近平总书记指出："构建新发展格局，实行高水平对外开放，必须具备强大的国内经济循环体系和稳固的基本盘，并以此形成对全球要素资源的强大吸引力、在激烈国际竞争中的强大竞争力、在全球资源配置中的强大推动力。"苏州通过自贸区、开发区、中外合作示范区等开放平台建设，加快集聚全球创新要素资源，打造对外开放新高地。

（一）推动自贸区高质量发展，深耕改革开放"试验田"

苏州自贸片区挂牌两年来，探路引领、力求突破，成果丰硕。一是深化制度改革创新。从"线上'融易办'、线下'融驿站'"亲商服务品牌，到开通"服贸通"中新数据专线，再到首创Su-Pay跨境支付工具等，苏州自贸片区累计形成全国全省首创及领先的制度创新成果100余项，其中5项获评国务院深化服务贸易创新发展试点"最佳实践案例"，25项在省示范推广。二是推动生物医药全产业链开放集成创新。围

绕生物医药产业，打通了产业链上"研发—生产—流通—使用—保障"等多种制度性障碍，研发环节在全国首创"进口研发（测试）用未注册医疗器械分级管理模式"，生产环节在国内率先探索生物制品分段生产，融资环节在全省首创"生物医药产业链高价值专利组合证券化"。三是推动自贸片区联动创新区协同发展。在全省率先启动自贸片区联动创新区建设，已设立19家联动创新区，实现全市十个板块全覆盖，还在宿迁和南通建立了2个市外联动创新区。联动创新区开展差异化探索，与自贸片区在产业链、资金链、价值链等方面深度对接。

（二）推动开发区创新发展，更加突出对外开放主阵地作用

创新开发区开发建设模式，推动开发区聚焦主责主业，进一步理顺开发区和行政区关系，持续激发体制机制活力。一方面，深化开发区体制机制改革。浒墅关经开区建立统一审批权限、统一规划建设、统一经济发展、统一财政结算、统一组织人事、统一社会公共事务管理的"六个统一"机制；工业园区进一步优化党群综合、经济发展、社会治理三大类机构设置和职能设置，积极探索开发区体制、行政区职能、自贸区使命"三区融合"发展新路径，打造大部门制改革2.0版，上述两个案例入选江苏省开发区体制机制改革第一批实践案例。另一方面，提升苏相合作区合作共建水平。苏相合作区探索行政区与经济区适度分离的经济开放运营模式，园区和相城区在项目导入、政企合作、协同推进等领域开展深度共建共享，努力建设长三角飞地经济示范区。

（三）充分发挥开放合作平台作用，持续擦亮开放合作品牌

苏州强化打造面向重点国别地区的合作平台，进一步发挥平台优势，提升开放能级。一是深化拓展中新合作。推动中新"国际化走廊"建设，苏州工业园区新加坡国际商务合作中心启用，新加坡苏州商务中心揭牌，新加坡国际仲裁中心、新加坡国际调解中心落户园区。打造了中新企业家面对面平台，发布《新加坡企业服务导则》和企业服务平台微信小程序。成功举办中新双向投资洽谈会、第三届中新（苏州）金融

科技应用博览会等活动。二是推进两岸多元交流合作。昆山探索促进两岸产业链供应链稳定和融合发展的有效方法，推动台资电子信息产业从产业链向创新链，从产业集聚向创新集聚转变。及时协调解决台企发展的困难和诉求，支持台胞台企同等待遇应享尽享。自昆山金改区获批以来，昆山跨境人民币、外汇管理等创新业务实现突破，吸引更多海内外资金。三是提升对德合作水平。太仓瞄准打造国家级对德合作平台，形成"资本＋研发＋产业＋人才"的对德合作模式，合作领域由产业延伸至科教文旅、城市建设、社会治理等多领域。2021年8月，苏州市对德合作入选第三轮中欧区域政策合作中方案例。四是拓展对日合作新空间。相城积极探索对日合作新模式，用好苏州与日本驻上海总领事馆工作会商机制，打造"苏州中日文化与商品交流会"品牌，建设中日创新走廊、中日之桥产业技术中心、青苔国际工业设计村等对日合作创新平台。

三、对标高标准经贸规则，构建更高水平开放型经济新体制

2021年7月9日，习近平总书记在主持召开中央全面深化改革委员会第二十次会议时强调："要围绕实行高水平对外开放，充分运用国际国内两个市场、两种资源，对标高标准国际经贸规则，积极推动制度创新。"推进高水平对外开放，注重从商品和要素流动型开放向规则、规制、管理、标准等制度型开放转变，提升对外开放的系统性、整体性和协同性。[①]

（一）高质量实施RCEP，增强参与国际市场竞争力

苏州为推动RCEP落地实施，主要从三方面入手，一是开展RCEP高质量实施的培训和指导。对机关干部和外贸企业开展RCEP应用实务和风险防范等主题培训，海关对企业做好原产地规则解读和指导，帮

---

① 王文涛：《以高水平对外开放推动构建新发展格局》，《求是》2022年第2期。

助企业应享尽享 RCEP 优惠政策。二是发挥 RCEP 企业服务中心作用。RCEP 企业服务中心是推动 RCEP 协定应用发展的线下服务咨询机构，通过加强宣传引导、完善政策配套、提供业务资讯、联合开展培训、搭建交流平台等服务，引导企业用足用好 RCEP 协定规则。三是完善 RCEP 企业服务平台功能。RCEP 线上企业服务平台是依托 RCEP 企业服务中心、社会智库、第三方机构等资源开发的线上综合服务平台，企业可以在手机端一站式掌握 RCEP 相关资讯，并实现关税查询、业务资讯推送、互动交流等功能。

（二）优质高效服务推陈出新，专注提升营商环境便利化水平

不管外部环境如何变化，始终坚持推进营商环境建设和改革。一是持续擦亮营商服务品牌。从 2018 年的"营商环境 1.0"进化到 2021 年的"营商环境 4.0"，苏州在全国率先建立民营企业家月度沙龙、微信群联系、信息直报等"三项制度"，推出营商环境"4S"英文品牌，设立"企业家日"，开展"百企话营商"活动等，政策的连续性和服务的持续性体现了苏州对营商环境的不懈追求。二是创新监管和服务。苏州提出了一系列优化营商环境的创新措施，如聚焦"一件事一次办"，推进流程再造，对部分高频事项加快实现"秒批"；深入开展以民营企业为重点的大走访活动，推广"政策计算器""免填单、免申请"经办等做法，确保惠企纾困政策最快速度直达基层、直接惠及市场主体。三是精准助力复工复产。高效统筹疫情防控和经济社会发展，发布多个助企纾困、推进复工复产的政策，成立工业企业保畅保链工作专班，推出"苏链通""苏货通"平台，提供货运暖心驿站服务，实行"免审即享"经办模式，海关应用"远程验核"模式等。

（三）强化外商投资权益保护，让法治成为最好的营商环境

加强营商环境建设领域立法，保障外商投资权利，是营商环境法治化的重要任务。一方面，为优化营商环境专门立法。2021 年 10 月通过《苏州市优化营商环境条例》，标志着苏州在全省率先通过市级营商环

地方性法规。其亮点是"五全五有",即企业全周期、办事有标准,产业全链条、配套有保障,政策全方位、要素有保证,服务全天候、诉求有回应,机制全闭合、权益有救济。另一方面,为开放型经济发展提供司法保障。苏州国际商事法庭采用智慧审判模式,创建完善评调、调解与仲裁"三个对接"机制,让涉外商事争议得到圆满解决,推进与行政监管部门、行业协会等机构良性互动,获得苏州自贸片区"制度创新最佳合作伙伴"称号。

四、打造数字安全体系,营造开放、健康、安全的数字生态

习近平总书记强调:"切实保障国家数据安全";"要把握好大数据发展的重要机遇,促进大数据产业健康发展,处理好数据安全等方面的挑战";"当前,数据安全问题比较突出,决不能掉以轻心"。作为省内首个数据安全管理试点城市,苏州坚持数字化发展和数据安全一体推进,加强数据安全管理,严格落实数据安全管理责任,将技术和产业创新作为数据安全防护的治本之策。①

(一) 构建数据安全管理体系,推动数据安全管理责任落地落细

为建立健全与数据特点相适应的监管治理体系,一是推动数据安全法规制度建设。2021年以来,制定《苏州市推进数字安全建设工作方案(2021—2023年)》,发布《苏州市数据条例(征求意见稿)》,《苏州市公共数据开放利用条例》列入立法计划。二是建立首席信息安全官制度。在相关部门和企业建立首席数据官制度,构建首席数据官组织体系和管理机制,建立首席数据官联席会议机制,深化数据安全全生命周期治理。三是推动数据安全管理规范化建设。全国首创的《城市网络空间安全评价指标体系》发布,通过对城市网络空间安全管理现状评价、安

---

① 参见吴政隆:《推动江苏网信事业高质量发展 为扛起新使命谱写新篇章汇聚磅礴力量》,《中国网信》2022年第2期。

全防护能力评价、实时网络安全状态评价,实现对城市网络空间安全的整体评估,有效提升城市网络空间安全的管理水平。

(二)强化重点领域数据安全管理,筑牢数据安全屏障

各领域结合实际工作情况,有针对性开展数据安全防护,形成一些亮点做法。一是建设工业企业大数据云平台。为推动工业大数据管理应用,吴江建立工业企业大数据云平台,通过汇聚和分析多部门数据,为全区工业企业"精准画像",为政府制定产业政策提供依据,获评中国改革2021年度(县级)特别案例。国家工业信息安全发展研究中心江苏分中心落户苏州,重点在工业软件、大数据、信创等领域开展合作,推进关键技术产业化应用。二是司法保障数据安全。为应对数据安全风险,司法机关严厉打击数字经济犯罪、侵犯高新技术知识产权犯罪,加大对数字货币、网络虚拟财产、个人及企业数据信息等权益的保护力度,同时以包容审慎态度,为数字产业发展提供"法治容错"空间。三是市域社会治理领域。建设市域社会治理现代化指挥平台,构建"1+4+N"总体框架,包括一个核心的联动指挥系统,四个基础业务模块,对接整合N个业务系统,实现了党建引领、网格治理、矛调处置、扫黑除恶等八大方面可视化展示、综合业务应用,提升了市域社会治理的预警和预判能力。

(三)推动提升创新能力,培育打造数据安全产业生态体系

前瞻谋划、加大布局,抢抓数据安全产业发展机遇。一是加快发展信创产业。姑苏区信创经济产业园重点支持产业应用自主可用的网安赋能产业及突出产学研用协同、人才引育的网安配套产业。吴中太湖软件产业园已集聚国内信创领军企业,并在一些核心技术领域取得突破。二是推动数据安全产业区域协同发展。建设运营长三角(相城)信息产业园,设立苏州商密保密产业创新联盟,与上海、浙江等长三角区域携手打造长三角信息安全系统发展联合体,共同开创长三角协同发展合作新模式。三是产学研合作促进技术和产业创新。吴中区与360政企安全公

司携手共建吴中区网络安全教育基地,专注于网络安全技术创新,联合科研院所,推进核心关键技术研究突破,着力培育复合型网络安全人才。太仓与西北工业大学网络空间安全学院加强校地联动,培养数据安全专业人才,加强数据安全核心技术攻关和产业孵化,助力苏州打造自主可控的数据安全高地。

防风险　守底线——统筹发展和安全的苏州实践

【典型案例】

以高水平对外开放打造国际合作和竞争新优势

——苏州主动作为稳住外贸外资基本盘

引　言

外贸外资事关经济社会发展全局,是深化对外开放的重要抓手,也是观察一个地区经济水平的重要窗口。在世界变局叠加全球疫情的巨大挑战下,苏州稳住外贸外资基本盘,以高水平对外开放打造国际合作和竞争新优势,努力开创高质量发展新局面。

背　景

近几年来,苏州开放型经济发展的国内外环境发生了复杂而深刻的变化,外贸外资稳量提质压力不断加大。苏州坚持高效统筹疫情防控和经济社会发展,以确定性工作应对不确定性形势,积极拓宽思路,创新举措,进一步加强稳外贸稳外资工作。2021年底,苏州以0.09%的国土面积创造出的进出口总额约占全国7.7%,实际利用外资总量位居全国大中城市第三位,对美贸易占全国的1/8、占江苏全省的2/3。2022年上半年,苏州外贸进出口12639.3亿元人民币,比2021年同期增长8.7%;实际使用外资预计57.2亿美元,同比增长44.8%,实现了外贸外资逆势腾飞。

主要做法

一是加快引育外资总部。一方面,出台专项政策,推动精准施策。苏州出台全市第一部外资总部经济支持政策,为企业提供从开办、经营、再投资、能级提升、功能叠加、用人、用地到荣誉激励8个方面全周期激励，以及推出核心人员出入境、子女教育、知识产权保护等14个方面48项惠企便利化措施。另一方面，打出培育外资总部"组合拳"。苏州召开专场外资总部经济发展推进会，举办首次外资总部企业圆桌会议，启动首批市级外资总部申报认定工作，拍摄制作全市首部外资总部经济发展宣传片，编制发布首本苏州外资总部经济蓝皮书，首创外资总部重点培育企业库机制等，① 全力打造"长三角地区乃至全国知名外资总部经济特色集聚区"。

二是持续优化外企服务。其一是深入企业实施帮扶。疫情期间，苏州主动帮助企业解决核酸采样、物流、招工等问题。2022年3月底，一家外资企业的新设备从德国运到苏州，正值疫情防控最吃紧的时候，能够装卸设备的专业人员被封闭在了小区，而工厂又要求闭环管理。招商局工作人员在了解到企业困难后，从港口到社区协调多个部门，最终解决了难题。② 其二是合力打造服务品牌。全市组织开展"外企服务月"活动，由市商务部门牵头，发改委、工信等多部门共同参与，帮助在苏外资企业协调解决突出困难。在调研太仓博泽汽车部件有限公司时，市交通综合执法支队负责人现场解答申请"苏货码"的操作问题，市人社局相关负责人详细解答企业员工岗位扶持政策，深受企业欢迎。③

三是做大外贸"朋友圈"。其一是增开中欧班列班次线路。2022年1月，苏州首开至意大利米兰中欧班列，满载苏州当地企业生产的汽车配件、厨具等外贸出口货物，货值约372.5万美元。据统计，2021年，苏州中欧班列累计开行406列，同比增长38.12%；总货值约22.53亿美元，同比增长66.52%。④ 其二是发展新型离岸贸易。江苏自贸区苏州片区推行外资企业依托货物流、资金流、订单流"三流分离"的离岸贸

---

① 参见小圆：《精准施策推进外资总部经济发展 我市跨国公司地区总部数量在全省领先》，《苏州日报》2021年12月6日。
② 参见《一线调研：苏州如何主动作为稳定外资？》，央视网，2022年5月15日。
③ 参见张叶：《我市于5月中旬至6月底开展"外企服务月"活动 靠前服务解决问题 提振外企发展信心》，《苏州日报》2022年5月18日。
④ 参见大秋：《面对新冠肺炎疫情冲击以及中美贸易摩擦的双重挑战，我市千方百计稳住外贸基本盘——2021年苏州外贸创历史新高》，《苏州日报》2022年3月13日。

防风险　守底线——统筹发展和安全的苏州实践

易,实现了"轻量化"发展。试点按照综合保税区维修产品目录开展"两头在外"的高技术含量、高附加值、符合环保要求的保税维修业务。①

四是用好RCEP政策红利。其一是抢抓RCEP黄金机遇。在RCEP生效当天,苏州华联针织服装有限公司领到了全省首份、全国首批RCEP项下的原产地证书,企业借此活力进一步显现,虽在疫情期间,工厂仍是一派繁忙景象。2022年一季度,苏州锦湖针织制衣有限公司申领签往日本的RECP原产地证书达76份,享受进口国关税减免15万美元,出口成本大幅下降,出口订单增长了10%。② 其二是做好RCEP企业服务。苏州线上线下推动RCEP应用,线下建立了苏州RCEP企业服务中心,线上搭建RCEP企业服务平台。面向全市外贸企业,围绕RCEP应用实务和风险防范开展系列主题培训。③

五是实施包容审慎监管。其一是推行"容缺受理"。苏州靠前服务,以切实举措提振外企信心。2022年受疫情影响,不少企业急于投产而相关文件无法准时入境,监管部门通过企业信用承诺、相关部门协助确认、登记部门容缺登记的方式,为企业发展提供人性化、合理化服务。其二是升级"免罚清单"。2022年苏州"免罚轻罚"清单的升级,让外企感受到了执法温度。某外资企业因其网页广告宣传中含有"最佳""最强"等广告用语,被当地市场监管部门立案调查。在调查过程中,该企业积极配合,及时更正违法广告内容,主动消除危害后果,最终,监管部门作出不予行政处罚的决定。④

启　示

一是抢抓战略机遇。苏州善于抢抓"一带一路"、加入RCEP的战

---

① 参见黄亮等:《江苏苏州:走出外资外贸"舒适区"交出外向型经济"答卷"》,《苏州日报》2022年6月18日。
② 参见林琳等:《一季度签发RCEP原产地证书1444份　苏州企业预计货物可享受目的国关税优惠355万元》,《苏州日报》2022年5月2日。
③ 参见张晓亮等:《用足用好规则增创发展新优势》,《苏州日报》2022年1月21日。
④ 参见叶永春等:《靠前服务提振信心　审慎监管增强活力　让在苏州外企感受"家的温暖"》,《苏州日报》2022年5月30日。

略机遇，及时制定政策措施落实国家战略，助推外贸外资工作爬坡过坎、发展腾飞。二是服务落实落细。外贸外资企业服务立足实际需求，注重真抓实干，帮助企业解决具体问题，以务实行动赢得企业和群众的口碑。三是服务品牌发展。为推进企业服务常态化、普遍化、高水平发展，苏州将企业服务精心打造成品牌，以开展工作行动、部门协作、公众参与等方式用心擦亮品牌，赢得社会广泛认同。四是强化外企监管。为保障开放安全，在提供外企服务的同时，加强对外企经营的监管，以刚柔并济、公平公正的监管手段，为外企投资经营创造良好的法治化营商环境。五是系统持续推进。稳外贸外资工作是一项长期的系统工程，要围绕工作重点环节，集聚多方力量，持续升级政策举措，方可稳居外贸外资工作"第一方阵"。

中共苏州市委党校（苏州市行政学院） 朱琳

"加""减""乘""除"

——数字苏州建设的四则运算

引 言

在数字时代，数字化成为推动经济社会发展的核心驱动力。苏州主动顺应和掌握数字化带来的新趋势新机遇，抢占新赛道主赛道，围绕"全国数字化发展标杆城市"的目标，加快建设数字苏州，以数字化发展驱动生产、生活和治理方式变革，不断提升城市能级和核心竞争力。

背 景

据清华大学数据治理研究中心发布的《中国数字政府发展研究报告（2021）》显示，苏州位列数字政府发展第一梯队，是全国十个引领型城市中的唯一地级市。截至 2021 年底，苏州数字经济核心产业增加值突破 3300 亿元，占 GDP 比重达 14.6%。全市已有 7000 多家工业企业实施"智改数转"项目过万个，工业互联网规上应用企业近 5000 家，吸引 14 家国家级工业互联网双跨平台落户，"灯塔工厂"拥有量占全国 1/6。

当前，苏州正加快建设"数字经济、数字社会、数字政府""三位一体"的数字苏州，持续擦亮惠民"苏周到"、兴业"苏商通"、优政"数字城市运营管理中心"三大数字化品牌，加快推进"城市驾驶舱"等重点工作，打造泛在可及、智慧便捷、公平普惠的数字化服务体系，构建协同高效的政府数字化履职能力体系。

主要做法

"加"强数字平台建设。苏州抓紧谋划实施一批撬动性强、显示度高、群众反响好的项目，让数字苏州建设更加可观可感。"苏周到"是

第六章　打好开放和数据安全主动战，持续推进"开放大市"向"开放强市"转型提升

以自然人为对象的城市生活服务总入口 App，作为苏州市域一体化建设成果的重要呈现，积极整合政府公共服务资源，2020 年 11 月 21 日上线，在社会保障、交通出行、医疗健康、旅游休闲、文体教育、政务办事、民生服务等七大领域，接入全市 432 项数字化服务，上线 19 个月，注册用户超 1660 万。"苏商通"围绕法人服务总入口的定位，全面融合全市各地各部门的法人服务应用，实现各类法人服务从"单一部门服务"向"整体政府服务"转变，为企业提供全生命周期服务，涵盖筹备、开办、成长、注销等各个阶段，让法人只进"一个入口"就能高效办成"一批事"。①

"减"少数据安全风险。严格落实网络安全工作责任制，强化关键信息基础设施防护，强化网络数据安全管理，防范化解重大风险。一是重拳打击危害数据安全行为。检察机关加大数据安全和个人信息保护力度，起诉侵犯公民个人信息案件 120 件 198 人，办理个人信息保护公益诉讼案件 72 件。执法部门对危害数据安全行为开展监管处罚。② 二是提升安全防护能力。2022 年 7 月启动"网安 2022"苏州行动，开展教育领域网络安全实战演练，通过多支技术检测队伍的现场实战攻防演练，发现并消除教育系统网络安全风险隐患。三是推动数据安全产业发展。将密码应用列为数字经济和数字安全的重要内容，加快布局密码应用场景，成立苏州商密保密产业创新联盟，全国首个密码法治实践创新基地落户工业园区，一批密码应用企业集聚效应初步凸显。③

"乘"势抢抓战略机遇。2022 年 2 月，国家发改委启动"东数西算"工程，其中苏州是长三角生态绿色一体化发展示范区数据中心集群起步区，给苏州带来重大机遇。中国移动长三角（苏州）数据中心是目前长三角生态绿色一体化发展示范区数据中心集群中唯一已投产的超大

---

① 参见朱琦：《在省内率先实现与"江苏政务服务网"用户体系对接　"苏商通"上线 5329 项办事事项》，《苏州日报》2022 年 7 月 8 日。
② 参见江苏网警：《江苏网警发布 2020 年全省网络安全行政执法典型案例（一）》，e 安在线，2020 年 3 月 26 日。
③ 参见董捷：《护航数字经济和数字安全建设　国内首个密码法治实践创新基地园区揭牌》，《苏州日报》2022 年 6 月 2 日。

型数据中心。一期已于2018年投用,未来将扩容至3.5万机柜,成为长三角区域规模最大的数据中心。长三角示范区(吴江)算力调度中心将建设融云计算、大数据、人工智能和安全、数据中心、通信网等于一体的自主可控新型信息基础设施体系。该节点位于全国算力网络最高层级,将担负东西部跨区域算力调度协同和长三角区域内算力协同,助力构建长三角地区算力资源"一体协同、辐射全域"的发展格局。[1]

"除"去体制机制障碍。推进数字化建设,努力打破部门壁垒,一体谋划、统筹兼顾,形成数字建设强大推动力。一是强化组织实施。成立全面推进数字苏州建设工作领导小组,定期召开领导小组工作例会,加强数字化发展重大政策和重点任务的统筹推进和督促评估。二是强化专业能力。各地各部门把数字苏州建设作为"一把手"工程,主要领导亲自牵头负责、亲自协调推进,明确一名班子领导分管数字化工作。把数字苏州建设纳入干部教育培训重要内容,实施数字化专业素养提升工程,培养运用数字化思维解决实际问题的能力。三是强化法治保障。《苏州市数据条例(草案)》提出规范"对数据的治理"和促进"基于数据的治理"两条立法主线,为数据产业发展开创制度空间,细化保护数据全生命周期安全,探索以科学的制度设计"守住安全底线,开放发展上限"。[2]

启 示

一是要坚持系统推进,以城市为整体,整体规划、系统布局,推动数字经济、数字社会、数字政府一体发力;二是要坚持用户导向,立足个人、企业视角,瞄准实际需求,高效开发数字化平台;三是要坚持安全筑底,无论是数字经济、数字社会、数字政府,还是数字乡村、数字文化,还是发展元宇宙等未来产业,都离不开数据安全托底;四是要坚持前瞻谋划,增强工作坚定性、紧迫性,抢抓新技术、新战略带来的发

---

[1] 参见张云霞等:《算力时代已来,苏州机遇何在》,《苏州日报》2022年7月9日。
[2] 朱雪芬:《为城市数字化转型提供法治保障〈苏州市数据条例(草案)〉首次审议》,《苏州日报》2022年6月28日。

第六章　打好开放和数据安全主动战，持续推进"开放大市"向"开放强市"转型提升

展机遇，乘势而上；五是要坚持能力建设，数字化发展要求不断提升领导干部的数字思维和数字素养，培养造就一大批数字意识强、善用数据、善治数据的干部队伍。

中共苏州市委党校（苏州市行政学院）　朱琳

大胆试、大胆闯、自主改

——奋力书写自贸区"苏州答卷"

引 言

2019年8月，国务院批复设立第五批6个自贸试验区，中国（江苏）自由贸易试验区是其中之一，实施范围119.97平方千米，涵盖苏州、南京、连云港三个片区，战略定位为重点打造开放型经济发展先行区、实体经济创新发展和产业转型升级示范区，提出了加快转变政府职能、深化投资领域改革、推动贸易转型升级、深化金融领域开放创新、推动创新驱动发展、积极服务国家战略等六项任务。

根据国务院批复的总体方案，苏州片区总面积60.15平方千米（含苏州工业园综合保税区5.28平方千米），在江苏自贸区总面积中占比过半，全部位于苏州工业园区范围内，功能定位为建设世界一流高科技产业园区，打造全方位开放高地、国际化创新高地、高端化产业高地、现代化治理高地。

背 景

进入新发展阶段，苏州片区坚持以制度创新为核心，大胆试、大胆闯、自主改，抢抓新一轮对外开放机遇和区域协调发展机遇，在稳住外贸、外资基本盘的前提下，坚持对内不断深化改革，对外推行更为积极的开放政策，充分利用两个市场、两种资源，着力融入以国内大循环为主体、国内国际双循环相互促进的新发展格局。

获批近三年来，苏州片区累计形成全国全省首创及领先的制度创新成果160余项，其中6项在全国示范推广（国务院服务贸易创新发展试点"最佳实践案例"5项，国务院第七次大督查典型经验做法1项），31项在全省示范推广，新增省级管理权限146项，出台改革创新配套政策 80 余项，累计新设企业 2.42 万家，其中外资企业 703 家、实际利用外资 33.8 亿美元（数据截至 2022 年 4 月底）。2020 年，全国首届自贸试验区高质量发展现场会在苏州片区成功举办，中央改革办督察组对片区建设工作予以充分肯定。2021 年以来，苏州片区新增备案境外投资机构、进出口总额等指标占江苏自贸区九成左右，正加速成为制度创新最活跃、开放底色最鲜明、产业优势最突出、创新动能最强劲、营商环境最优越的自贸片区。

主要做法

一是抢抓重大战略机遇，打造高水平开放先行区。全面深化中新合作，依托中新联合协调理事会平台，在离岸贸易、保税维修等方面积极争取先行先试政策。在进博会期间举办中新合作服务贸易创新论坛。学习借鉴新加坡自贸港建设经验，加快建设"新加坡苏州商务中心""苏州新加坡商务中心"，推进 46 个中新合作重点项目。主动融入长三角一体化发展，主动对接上海，抢抓虹桥国际开放枢纽建设机遇，深化与国家会展中心（上海）、上海机场集团合作，建立与虹桥商务区、闵行区、长宁区及部分上海国企的常态化合作机制，启动上海机场苏州城市航站楼项目。推动贸易投资自由便利，率先开展长三角一体化布控查验协同试点，首创国际物流第四通道——中欧卡航、空运直通港物流新模式，开通中欧班列自贸区专列，首创保税检测区内外联动模式。推出面向外籍人士的移动支付金融工具"Su-Pay"。设立全省首家外商独资经营性职业技能培训机构。推动服务贸易创新发展，全国首创地方全口径服务贸易统计方法。获批开展新型离岸国际贸易试点，开发全国首个综合服务平台，离岸国际贸易业务规模同比增长 184%。升级扩容苏州国际互联网数据专用通道和"服贸通"中新数据专线，上线"服贸云"中新云网服务平台，不断增强联通国际的能力。打造国际化便利化法治化营商环境，设立全国首个地方国际商事法庭、首家自贸区进出口公平贸易工作站，打造"一站式"国际商事争议多元化解平台。首创政务服务"融驿站"模式，发布全国首个电子劳动合同标准，建设全国首个"审管执信"信息化交互平台，推出免证园区、国际经贸规则计算器等创新举措。

二是紧扣实体经济转型，打造高端化产业核心区。深化开展生物医药全产业链制度集成创新，围绕生物医药企业诉求，打通"研发—生产—流通—使用—保障"全链条制度性障碍，在全国率先开展进口研发（测试）用未注册医疗器械分级管理（"研易达"）、研发或临床用对照样品登记管理（"研易购"）等试点，设立特殊物品风评中心、生物医药产业综合服务中心，推动省级层面出台生物医药产业支持政策，园区生物医药产业综合竞争力跃居全国第一。深化开展高端制造全产业链集成改革，在全国率先探索高端制造全产业链监管创新，打通产业链内企业协同发展的难点痛点堵点问题，实现产业链"一体化"管理模式。聚焦新一代显示技术、集成电路等行业，落地试点"关证一链通"、智能核销等创新举措，保税研发检测、精简物流申报手续等12项便利化措施取得良好成效。迭代升级总部经济支持政策，集聚省市区各级跨国公司总部97家，其中省级总部和功能性机构56家、约占全省17%，获批为全省首个且唯一的"外资总部经济集聚区"。园区成为全省外资总部机构最集聚、业态最丰富、贡献最突出、运营最活跃的区域。未来三年，有望新增总部机构超100家，其中46家已纳入省级总部和功能性机构培育库，占全市入库企业总数的30%。

三是聚焦创新能力提升，打造国际化创新示范区。提升创新策源能力，加快推进"一区两中心"、材料科学姑苏实验室、中科大苏州高等研究院等重大创新平台建设。壮大企业创新集群，大力推动高新技术企业申报认定，国高新企业总数达2133家，上市企业达59家，各级"瞪羚"及"瞪羚"培育企业达647家，各级"独角兽"及准"独角兽"企业达137家。强化科技金融创新，（截至2022年5月底）东沙湖基金小镇集聚基金管理机构271个，累计设立基金568只，管理基金规模3077亿元。发行全国首单知识产权质押双创债、全省首单知识产权证券化产品，获批外商投资股权投资企业（QFLP）委托登记权。深化人才开放合作，出台人才新政30条、便利化外国人才新政19条，设立全省首家

第六章　打好开放和数据安全主动战，持续推进"开放大市"向"开放强市"转型提升

国际人才服务中心，全省首发"人才政策计算器"，开展国际职业资格比照互认，试行长三角外国高端人才互认，累计入选国家级重大人才工程专家219名，其中创业类占全国7.5%，集聚外国人才近4000人。

启　示

坚持大胆试、大胆闯、自主改，继续书写自贸区"苏州答卷"新篇章，要瞄准"综合营商环境最优、比较优势最强的一流自贸试验区"目标，加快构建"自贸＋"的发展格局，进一步构筑对外开放新优势。

一是要聚焦"自贸＋开放赋能"，进一步加大先行先试力度。充分发挥中新合作优势，争取将自贸区领域合作纳入中新合作顶层设计。积极开展对上争取，主动承接国家和省市改革创新试点，为自贸区发展赋权赋能。持续优化营商环境改革，出台新一轮优化营商环境创新行动，推进商事登记确认制、政务数据开放应用等创新举措。对标高标准国际经贸规则，扩大规则制度型开放，构建更高水平开放型经济新体制。

二是要聚焦"自贸＋产业升级"，进一步赋能实体经济转型。坚守苏州片区战略定位，深化开放创新综合试验，坚持以企业需求为导向，持续加强全产业链制度集成创新，锻造主导产业长板，培育新兴产业动能，加快数字经济、总部经济、绿色低碳经济发展，导入更多高端高新资源要素，打造高水平创新集群，厚植实体经济与产业转型新优势。

三是要聚焦"自贸＋区域合作"，进一步推动协调联动发展。主动服务国家重大区域发展战略，积极融入长三角区域一体化、沪苏同城化、虹桥国际开放枢纽建设，高水平办好第五届中新服贸论坛，深化与国内兄弟自贸区互学互鉴，集中力量加快苏相合作区、独墅湖协同创新示范区建设，加强与全市各联动创新区联通融合，放大自贸区对全市高质量发展的牵引效应。

苏州工业园区自贸区综合协调局

新形势下国际合作园区的一个缩影

——相城区加快建设中日（苏州）地方发展合作示范区

引 言

2020年8月24日，习近平总书记在经济社会领域专家座谈会上强调，国际经济联通和交往仍是世界经济发展的客观要求。我国经济持续快速发展的一个重要动力就是对外开放。对外开放是基本国策，我们要全面提高对外开放水平，建设更高水平开放型经济新体制，形成国际合作和竞争新优势。要积极参与全球经济治理体系改革，推动完善更加公平合理的国际经济治理体系。

背 景

中日两国互为友好近邻和重要贸易伙伴，拥有广泛的共同利益，近两年来，中日关系面临着新的调整和发展机遇。2019年6月，习近平总书记与时任日本首相安倍晋三会谈，双方达成十项共识。同年8月，国家发改委与日本内阁府共同签署了关于推进地方发展合作备忘录，搭建中日地方发展合作机制。2020年4月，中日（苏州）地方发展合作示范区获国家发改委批复设立，同年6月，江苏省政府批复《中日（苏州）地方发展合作示范区总体方案》，示范区覆盖相城区全域489平方千米。

中日（苏州）地方发展合作示范区（以下简称"合作示范区"）是新形势下国际合作园区的一个缩影，其推进历程、创新经验、示范作用对中日地方创新合作，推动新发展格局加速形成具有借鉴和推广意义。

主要做法

一是高水平推动规划引领。与野村综研、日本设计等知名机构合作，相继完成了合作示范区空间规划、产业规划。在空间功能布局规划上，在中心区构建"一核两翼"空间布局。"一核"即中枢服务核，聚焦公共服务平台建设，建设科创谷、江南梦、樱花园三大片区。"两翼"中东翼为智力支持翼，聚焦打造中日智能制造产业人才综合服务中心和中日智能制造金融科技服务中心。西翼为技术转化翼，打造智能制造产业集群高地。在产业规划上，合作示范区打造"1+2+3+4"的产业生态体系，即"1"个可持续发展的中日智能制造产业生态圈；"工业机器人和高端机床产业"和"制造业数字化产业"2大先导性基础产业；"智能驾驶与新能源汽车产业集群"、"高端医疗器械产业集群"和"新一代电子信息产业集群"3大核心产业集群；"汽车+SmartCity"、"智能工厂4.0"、"AI+IoT赋能家居"以及"中日医工合作"4大创新应用场景。

二是高定位完善体制机制。2020年11月，江苏省政府批准设立中日（苏州）地方发展合作示范区建设发展协调推进工作机制，2021年两次召开工作会议，共商议22项发展诉求。2021年4月，苏州市政府与日本驻上海总领事馆建立示范区工作会商机制，这是日本驻华使领馆首次与中国地方城市建立跨区域、多领域的工作会商机制。另外，示范区建设先后被纳入长三角一体化发展规划"十四五"实施方案、虹桥国际开放枢纽建设重点任务三年行动计划等多项规划。2022年10月，苏州市政府与临港新片区管委会在长三角城市经济协调会上正式签约，推动两地示范区协同发展。

三是高质量开展精准招商。近年来，相继在北京、上海、东京、大阪等地举办招商推介会。同时，还密集组团赴日本、北京、上海等地，对接当地政府、商会协会及优质企业，与中国日本商会、日本贸易振兴机构、日本国际贸易促进协会、日本工业设计协会等建立广泛合作，搭建中国—日本商务理事会江苏联络办公室、国际经贸促进中心（东京站）、中日创新走廊等合作平台20余个。自示范区设立以来，共举办对接活动90余场，引进日资项目132个，总金额超59亿美元，日产智能网联汽车、三菱重工智慧能源、大和房屋、大福自动化搬运、豌豆公主跨境商贸等优质项目均已落地。

四是高标准提升对日环境。加快建设运营青苔国际工业设计村、阳澄湖（消泾）国际手作村、樱花园等重点项目，打造中日合作新地标。优化日商服务环境方面，示范区成功入选江苏自贸区联动创新发展区，设立公用型保税仓库、盒马 X 跨境电商商品展示交易体验中心。与日本府县驻上海办事处合作打造"苏州中日文化与商品交流会"品牌，建成开放中日（相城）文化交流中心、中日跨境商品展销中心，全面拓展中日文化与商贸合作交流。专设日资企业审批服务专窗、外籍人才来华工作许可办理受理点，提升审批效率和服务水平。

启　示

一是先人一步主动谋，积极争取上位支持。2018 年，国家发改委地区司下发《关于进一步协助提供对日经济合作有关情况的通知》，合作示范区第一时间组建工作专班，开展规划研究，最终成为全国唯一一个覆盖县级全域的示范区。在设立之初，合作示范区缺乏上级明确的政策支持，为此积极对上争取，推动省、市政府建立合作示范区建设发展协调推进工作机制，在规划指导、用地保障、事项赋权等方面与上级部门协调，为示范区建设突破诸多限制。这启示我们，只有紧跟大局大胆谋划、先人一步主动作为，才能取得发展的主动权。

二是多措并举补短板，全面提升合作能级。成立之初，合作示范区存在对日合作基础较薄弱，友日营商氛围不够等问题。为此，通过主动建立联系，打造多方位拓展日资对接渠道；开展精准招商，构建示范区独有的对日合作资源库；推进重大项目，以标志性载体承接标杆性项目；强化人文交流，以最暖心服务营造最舒心环境，推动合作示范区在规划建设、资源集聚、平台创建、人文交流等方面取得突破。这启示我们，只有坚持国际化的视野，立足实际补短板、多元举措扎实干，才能真正激活中日合作"一池春水"。

三是求同存异解难题，构建地方合作典范。"国之交在于民相亲"，疫情发生后，第一时间相城区政府向日本爱知县政府捐赠口罩 5 万只，民间结对捐赠口罩近 20 万只，与福冈县柳川高中开展疫情防控线上交流，深化国际防疫合作。复工复产期间，除开展不见面招商外，对已签约项目提供在线指导，为企业办手续扫清障碍，对于重点项目，安排专员代办帮办，将疫情影响降至最低。这启示我们，面对错综复杂的国际环境，只有秉持求同存异，加强对话合作，才能在更大范围、更深层次构建起契合新时代要求的地方合作关系，推动地方友好合作交流再上新台阶。

相城区发展和改革委员会

持续擦亮"德企之乡"亮丽名片

——太仓对德合作不断开启新篇章

引 言

1993年,德国巴符州议员、全球著名弹簧生产企业克恩·里伯斯公司总裁斯坦姆博士第一次来到太仓,就被这里安静、清新的环境所吸引。他"试探"着在太仓投资了50万马克,创建了太仓第一家德资企业——克恩·里伯斯(太仓)有限公司。

自1993年第一家德企克恩·里伯斯落户以来,经过30年发展,太仓已集聚400多家德资企业,总投资超50亿美元,年工业产值超500亿元。600多家民企和德企开展深度合作,已经形成较完备的对德合作体系,形成中德企业共生共融的发展局面。太仓制造业德企数量占全国的10%,"隐形冠军"德企超50家,德国前20强家族企业8家投资太仓,总部型德企超20家。合作领域涉及智能制造、工业互联网、航空航天、生物医药、3D打印、数字化教育等。在太德企以占该市0.24%的土地创造了全市8%的GDP和17%的规上工业产值,落户德资企业有90%以上完成了增资扩产。通过不断深化对德合作,太仓打响了"全国德企之乡"这块金字招牌。

背 景

党的十八大以来,太仓对德合作不断取得新进展,特色愈发鲜明,不断开启新篇章。2013年9月被科技部授予国家先进制造技术国际创新园;2016年引进全球第八家、中国第三家德国中心;2017年9月被工信部授予中德智能制造合作创新园;2019年6月国家发改委国际合作中心、太仓市政府、德国创业协会等明确共建"中德(太仓)创新合作城市"。如今,太仓已初步构建覆盖产业、文化、教育、城建等各领域的全方位对德合作格局，太仓对德合作也从最初单纯的经贸合作逐步拓展至以创新为主题的高水平、深层次、宽领域合作。太仓已成为中国德资企业发展最好、密度最高的地区之一。

主要做法

一是中德在产业链上深度融合。目前，在太德资规模企业智能制造普及率超60％，工业机器人密度达178台/万人，80％的企业实现生产过程数字化、网络化、智能化。依托德企在这方面的优势，太仓大力推广以人机智能交互、柔性敏捷生产等为特征的智能制造，建立起一批智能制造示范工厂、示范车间、示范项目。全市520余家本土企业与德企开展产业配套、技术研发、智能制造、标准制定、人才培养和资本联合等方面的深度合作，显著提升了自身的创新发展水平，与德企实现共赢。目前，太仓正主动融入上海大飞机产业体系，一批优质德企主动加入，已有18家德企进入中国商飞"大飞机"意向配套领域和合作企业库，舍弗勒航空轴承已列入商飞供应商清单。

二是构建"双元制"职业教育体系。德国制造闻名全球，创新与人才是重要支撑。2001年，我国第一家德国"双元制"模式职业培训中心——太仓德资企业专业技术工人培训中心成立。20多年来，依托在太德企、本土院校、德国巴符州双元制大学、德国工商大会、德国工程师协会和手工业行会等多方资源，太仓已构建中专、大专、本科、研究生多层次有序衔接的"双元制"人才培养体系，累计培养1万多名高级管理人才和专业技术人才，成为我国最大的"德国职业资格"考试和培训基地。目前，太仓开始打造"双元制"人才培养创新区，打造中德教育交流的窗口、"双元制"全国示范的平台，塑造"大国工匠"人才培养高地和中德教育合作"太仓品牌"，形成适应产教深度融合、"双元制"特色更加彰显、中高本硕充分衔接，具有国内示范水平的现代职业教育。

三是打造德国人的第二故乡。太仓和德国的交流合作，不囿于产业和"双元制"职业教育，还深入文化、体育、社会管理等各个方面。从中德友好幼儿园，到德国酒店、啤酒节、足球赛、德国"太仓日"，再到德风街。常年在太仓工作的德国人超过 3000 名，太仓成为越来越多德国人的"第二故乡"。

四是全力打造国家级对德合作平台。加快建设太仓中德中小企业合作区，做亮"中德合作"品牌优势，不断提高对德合作层次和水平，全力打造国家级中德合作平台，进一步提升太仓对德合作战略地位，全力建设中德合作城市典范。深入推进优势产业对接、平台载体共建，布局建设对德合作展示中心、中德学院、德国超市，加强与德国知名足球俱乐部合作，营造更浓德式生活场景。以中德建交 50 周年为契机，继续加大对上争取力度，全力打造升级版"中德企业合作示范基地"，推动建立太仓对德合作推进工作机制、搭建高规格对德合作活动平台，为地方对欧合作探索更多可复制可推广经验。

五是持续优化"太舒心"营商环境品牌。无事不扰、有求必应。这句太仓在多年对德合作中淬炼出的"金口碑"，再次成为帮助企业纾困的利器。疫情发生以来，部分德企面临产业链供应链受阻等难题。太仓通过外商投资企业座谈会等形式，倾听外资企业诉求，了解当前生产经营面临的难点问题，并着力推动解决。太仓在落实疫情防控的同时，着力优化企业服务，成立复工复产专班、建立专人纾困制度、启用现场实时辅导、畅通信息沟通渠道、建立快速协调机制、全力打通产业链条，竭尽所能支持德企保生产、稳经营、快发展，全力把疫情对德企的影响降到最低。

启　示

近年来，德企纷纷"缘定"太仓，更多德企涌入太仓，数量的增加，更与太仓的不懈努力密不可分，这不仅体现了"太仓速度"，更显示了"太仓质量"。对德合作的"太仓现象"启示我们：党委、政府要及时制定各项服务举措，精准且高效；要当好助企惠企"贴心人"，筑牢服务保障"强支撑"，做实产业发展"硬基础"、优化德式场景"软环境"，创建产业集群，搭建高端平台，构建人才高地，千方百计给政策、出实招、解难题，不断提档升级太仓"太舒心""保姆式"服务；要全力打通产业链条，帮助德企尽快消除疫情影响，恢复正常生产经营秩序，助力德企尽快达到满产条件、增强扩产信心。正是由于太仓秉持的"无事不扰、有求必应"理念与做法被越来越多的德国企业认识和认可。

中共太仓市委党校（太仓市行政学校） 张杨

  文化安全是确保一个民族、一个国家独立和尊严的重要精神支撑。随着文化在综合国力竞争中的地位和作用不断凸显，尤其信息社会多元文化相互激荡、相互交融，维护文化安全任务更加艰巨，增强国家文化软实力、中华文化国际影响力的要求更加紧迫。

——2013年11月26日，习近平在考察山东时的讲话

  发展社会主义先进文化，弘扬革命文化，传承中华优秀传统文化，满足人民日益增长的精神文化需求，巩固全党全国各族人民团结奋斗的共同思想基础，不断提升国家文化软实力和中华文化影响力。

——2022年10月16日，习近平在中国共产党第二十次全国代表大会上的报告

第七章　打好文化安全主动战，大力推进社会主义文化强市建设

文化安全是指一个国家文化的生存与发展免于威胁和危险的状态，以及保持持续安全状态的能力。它关乎国家稳固、民族团结、精神传承，是国家安全的重要保障。[1]维护文化安全是民族精神、价值观念和信仰追求延续和发展的保障，是协调推进"四个全面"战略布局的重要支撑，是构建中国特色国家安全体系的重要内容，是建设社会主义文化强国的重要基础。习近平总书记指出："文化安全是确保一个民族、一个国家独立和尊严的重要精神支撑"[2]，发展社会主义先进文化，弘扬革命文化，传承中华优秀传统文化，满足人民日益增长的精神文化需求，巩固全党全国各族人民团结奋斗的共同思想基础，不断提升国家文化软实力和中华文化影响力。[3]强调要明确文化安全的战略定位，时刻保持文化自觉，增强文化自信，建设社会主义现代化文化强国。

苏州坚定遵循习近平总书记维护国家文化安全重要论述，坚持把文化安全放在城市发展的战略位置，将文化安全作为文脉传承、精神赓续、城市建设和增强文化自信的重要抓手，坚持系统思维、底线思维，内外统筹、主动应对，在促进文化大发展中维护好文化安全，先后获评全球首个世界遗产典范城市、入选首批国家文化和旅游消费示范城市、全国文明城市"五连冠""满堂红"、双拥模范城"七连冠"等，为苏州

---

[1] 参见《总体国家安全观学习纲要》，学习出版社2022年版，第307页。
[2] 习近平：《汇聚起全面深化改革的强大正能量》，《人民日报》2013年11月29日。
[3] 参见习近平：《高举中国特色社会主义伟大旗帜　为全面建设社会主义现代化国家而团结奋斗——在中国共产党第二十次全国代表大会上的报告》，人民出版社2022年版，第43页。

经济社会发展和社会主义现代化强市建设提供了强有力的精神支撑和文化保障。

一、掌握文化交流交融交锋主动权，营造维护文化安全的总体环境

文化潮流浩浩荡荡，唯有守住底线、夯实支柱、敢于交锋，才能永立潮头。习近平总书记指出："坚守中华文化立场，提炼展示中华文明的精神标识和文化精髓，加快构建中国话语和中国叙事体系，讲好中国故事、传播好中国声音，展现可信、可爱、可敬的中国形象。"[1] 苏州以自己的创新创造实践，鲜明回答了在新时代以什么样的立场和态度对待文化、用什么样的思路和举措发展文化、朝着什么样的方向和目标推进文化建设等重大问题，打出了制度保障、信念为基、深化交流的组合拳，走出了一条自信满满的文化发展之路。

（一）顶层建章立制，强化制度保障

坚持总体国家安全观，将文化安全科学编制进城市安全发展规划，重点围绕"城市安全、美好生活"主题，紧扣本质安全、智慧安全、人本安全，从科技、管理、文化3个维度形成合力，推动文化安全体系建设。以苏州的古城保护为例，2018年3月，《苏州国家历史文化名城保护条例》正式施行。与此同时，《苏州市古城墙保护条例》《苏州市江南水乡古镇保护办法》也同步施行，目前，苏州已有20多种历史文化名城保护地方法规和管理办法。一系列的统领性保护法规和办法，标志着苏州历史文化名城保护走上了全面法治化、规范化、科学化发展的轨道，苏州的文化安全已经不仅仅是社会发展稳定的保障，更成为苏州发展的内驱力。

---

[1] 习近平：《高举中国特色社会主义伟大旗帜　为全面建设社会主义现代化国家而团结奋斗——在中国共产党第二十次全国代表大会上的报告》，人民出版社2022年版，第45—46页。

（二）传承红色基因，筑牢信念之基

坚持把讲好党的故事、中国故事、苏州故事作为筑牢信念之基的有效方式，坚持面向党员、干部、群众，尤其是青少年，通过苏州市委党校、革命博物馆、初心馆、苏州独立支部馆等展馆，五卅路、沙家浜、太湖游击队等地点，姑苏区、高新区、工业园区以革命、发展、创新为主题的现场教学路线，形成了馆、点、线交织贯通的红色教育网络。苏州宣传部、苏州科协、苏州市教育局，以《苏州日报》、引力播等媒体，在苏州市广大青少年中间，开展了"听党的话""讲英雄故事""诵读科学家精神"等活动，弘扬红色文化，传承红色基因。苏州主流媒体，大屏、地铁、电梯等平台，投放新中国伟大成就展览、重大历史事件纪念活动、传统节庆等爱国主义教育宣传片。用好红色资源，深入开展社会主义核心价值观宣传教育，深化爱国主义、集体主义、社会主义教育，着力培养担当民族复兴大任的时代新人。

（三）深化文化交流，主动应对潮流

习近平总书记指出，"要不断提升中华文化影响力，把握大势、区分对象、精准施策，主动宣介新时代中国特色社会主义思想，主动讲好中国共产党治国理政的故事、中国人民奋斗圆梦的故事、中国坚持和平发展合作共赢的故事，让世界更好了解中国。"[1] 坚持引进来与走出去相结合，不断提高苏州文化的影响力。一方面努力吸收借鉴有益成果，为苏州文化注入新鲜血液和丰富养料；另一方面积极推动苏州文化走向世界，传播当代中国价值观念。以苏州昆剧院的经典曲目《牡丹亭》为例，曾先后赴美国、英国、法国、意大利、希腊等国家演出，所到之处均获得高度赞誉。昆曲走出国门，不仅传播了中国文化，展示了东方神韵，也在广泛的国际艺术交流中，互相借鉴，融合发展。

---

[1] 《习近平：举旗帜聚民心育新人兴文化展形象　更好完成新形势下宣传思想工作使命任务》，《人民日报》2018年8月23日。

二、活化地域特色优秀文化生命力，增强传统文化创造创新转化能力

习近平总书记强调："要坚定文化自信，推动中华优秀传统文化创造性转化、创新性发展，继承革命文化，发展社会主义先进文化，不断铸就中华文化新辉煌，建设社会主义文化强国。"[①] 苏州作为一座有着2500多年历史和文化积淀的古城，一座以对党忠诚、为民服务、敢为人先、勇于担当和创新发展的精神创造发展奇迹的名城，一座以契约精神、工匠精神、科学家精神走向世界的现代化新城，如何做好在传承创新中维护文化安全的大文章，苏州着力谱写了构建体系、非遗保护、时代转化的传统文化新生三部曲，形成了广泛认同的传统文化新生态势。

（一）构建优秀传统文化传承体系，提炼鲜明地方特色

系统梳理传统文化资源，对苏州文化进行溯源，苏州水系与古城，苏商、苏绣、苏作、苏艺溯源在无形中促进尊重城市历史、增强文化自信、提高价值认同的效果，引导人们树立正确的历史观、民族观、国家观、文化观。坚持地方特色优秀传统文化进课堂，苏州昆曲、桃花坞木刻年画、苏绣、苏州话等都走进了大中小学的课堂，成为每一个苏州孩子成长的文化必修课，在每个成长在苏州的孩子心里，根植下一片苏州人的精神乡土。结合时代发展，创作生产一系列弘扬优秀传统文化的艺术作品，依托电视广播网络等平台，推出传播优秀传统文化的栏目，组织开展丰富多彩的宣传展示活动，把跨越时空、跨越国度、富有永恒魅力、具有当代价值的文化精神传承弘扬开来。

（二）加强文化遗产保护，厚植城市文化底蕴

全面开展文化遗产资源普查，完善保护名录体系，开展世界历史非

[①] 习近平：《在教育文化卫生体育领域专家代表座谈会上的讲话》，中央人民政府门户网站，2020年9月22日。

物质文化遗产申请和重大文物保护两大工程，保存文化基因延续的历史文脉。2500多年历史的苏州，基本保持着"水陆并行、河街相邻"的双棋盘格局，"三纵三横一环"的河道水系和"小桥流水、粉墙黛瓦、史迹名园"的独特风貌。作为底蕴丰厚的历史文化名城，苏州全市现保存完好的古典园林有60余处，其中拙政园、留园、狮子林等9座园林被列入世界文化遗产名录。苏州昆曲、古琴艺术等6个项目也被列入联合国教科文组织"人类口述和非物质文化遗产代表作"名录。苏州不仅是一座百园之城，更是中国世界遗产最多的城市。在2018年世界遗产城市组织工作会议上，苏州凭借深厚的历史文化底蕴被授牌"世界遗产典范城市"。

（三）推动创新创造转化，提高传统文化产出

对传统文化最好的传承、对世界遗产最好的保护是促进其创造性转化、创新性发展，使传统文化焕发新的光彩。苏州深入贯彻落实习近平总书记关于城市建设和历史文化保护传承重要论述，将古城保护更新和现代化城市建设融合推进，形成了宜古宜今、隽永时尚的城市文化"双面绣"。以苏州山塘街为例，早在2002年6月，就启动了"山塘历史文化保护区保护性修复工程"。通过试验段一、二期工程的竣工以及全线风貌整治工程的实施，山塘河两岸重现光彩，而山塘历史文化保护区也成为集旅游、休闲为一体，充分展现山塘历史文化、典型姑苏水巷风貌、吴地民俗风情的旅游观光景区。最安全的堡垒是认同，最鲜活的传承是生活。至今，80％以上山塘街现住居民还是山塘原住民，真正实现了传统文化活起来、传下去。

三、培育弘扬社会主义核心价值观，提升"强富美高"城市文明程度

文明是城市的灵魂，文化是城市的底色，城市是文明的载体。人、文、城构成了城市的文明表达，人民的价值观念、文化的传播路径、社

会的文明程度,共同构成了城市的文明指标。在全面提升文明城市建设中,苏州以培育弘扬核心价值观、全面覆盖新时代文明实践站、全力推进全国文明典范城市创建为具体措施,打响了人、文化、城市"三位一体"的全国文明典范城市攻坚战,凝成了文明城市人人有责的城市向心力。

(一)培育弘扬社会主义核心价值观,形成凝聚人心、汇聚民力的强大力量

形成全社会共谋发展的价值追求。出台《关于进一步把社会主义核心价值观融入法治苏州建设的实施方案》,围绕《新时代公民道德建设实施纲要》和《新时代爱国主义教育实施纲要》,从"爱、敬、诚、善"入手,深化社会主义核心价值观教育实践,深入开展社会公德、职业道德、家庭美德、个人品德教育,以道德滋养法治精神。强化规则意识,倡导契约精神,弘扬公序良俗,引导人们自觉履行法定义务、社会责任、家庭责任。广泛开展时代楷模、道德模范、最美人物、身边好人和苏州时代新人学习宣传活动,积极倡导助人为乐、见义勇为、诚实守信、敬业奉献、孝老爱亲等美德善行。深入挖掘和阐发中华优秀传统文化蕴含的思想观念、人文精神、道德规范,汲取中华法律文化精华,涵养苏州道德法治双馨的良好氛围。

(二)加强现代公共文化服务体系建设,保障实现人民群众基本文化权益

围绕"江南文化"品牌打造,以改革的思路、创新的理念、惠民的举措、高质量的服务供给,推进现代公共文化服务体系建设,探索走出一条"覆盖城乡、普惠均等、实用高效、群众满意、引领全国、接轨国际"的公共文化服务路径。截至2021年底,苏州全市人均公共文化设施面积达0.47平方米,年接受文化场馆服务6000万人次,公共图书馆人均藏书量2.4册,首批国家公共文化服务体系示范区、国家公共文化服务标准化示范区,类型齐全、功能完善、质量一流的公共文化设施随

处可见。江南文化艺术节、百戏盛典、姑苏八点半、少儿艺术节等大型公益节庆活动，地方戏曲、文化活动、志愿服务"三进乡村"工程，扩大公共文化的供给面和受众覆盖面，年均开展各类惠民展演展示活动超7万场次，惠及农村及社区群众6000万人。出台《向社会力量购买公共文化服务管理办法》《苏州市支持民营文艺表演团体发展奖励办法》等系列文件，每年公布向社会力量购买公共文化服务目录清单，年均购买经费超3000万元。目前，全市共有民营院团134家，文化和旅游类社会组织149家，群众文艺团队1468支，文化志愿者2万人，年志愿服务场次1.2万次，提供文化服务超过300万人次。让人民的文化走进了人民心里，形成了巨大的文化凝聚力。

（三）全力推动全国文明典范城市创建，着力提升"强富美高"城市文明程度

创建全国文明典范城市是全面展示社会主义现代化建设成果的具象化标志，是"文明高地"中更具影响力、辐射力、引领力的"文明高峰"。苏州充分认识到创建全国文明典范城市是苏州建设社会主义现代化强市的必由之路，更是人民群众的新期盼，深刻把握精神文明建设工作的新形势、新任务，把精神文明建设工作纳入苏州经济社会发展总目标，立足新发展阶段，立足社会主义现代化建设大局，坚持以人民为中心，守正创新、锐意进取，突出规划引领、全面治理提升，高质量全面推进文明典范城市创建工作。牢牢把握大方向、总目标，深入谋划抓落实；扎实推进各项基础工作，全面整改促提升；紧紧围绕精神文明重点工作，塑造品牌出亮点；不断健全文明创建工作机制，优化考核建长效。

四、大力推进文化高质量繁荣发展，推动社会主义文化强市建设

习近平总书记指出，党和国家高度重视教育、文化、卫生、体育事

业发展，党的十八大以来党中央就此作出一系列战略部署，各级党委和政府要抓好落实工作，努力培养担当民族复兴大任的时代新人，扎实推进社会主义文化建设，大力发展卫生健康事业，加快体育强国建设，推动各项社会事业增添新动力、开创新局面，不断增强人民群众获得感、幸福感、安全感。[1] 就文化建设而言，重要的是在贯彻落实过程中，把握好文化的发展和安全的辩证统一，统筹好文化发展与安全，在这方面，苏州下出了繁荣文化艺术、推动文化产业升级、建设社会主义文化强市先手棋，布下了文化发展与安全，增强文化自信，推动文化传播新格局。

（一）繁荣文化艺术

不断加强文艺作品创作生产统筹规划，深入实施文艺精品创作扶持工程，抓好现实题材、历史题材、地域题材、民生题材、青少年题材创作。依托中宣部"五个一工程奖"、文化和旅游部"文华大奖"等评选活动，搭建高层次、多渠道文艺创作平台，推出一批观众叫好、市场叫座的"吴门力作"。制订优秀地方戏曲传承保护规划，启动戏剧曲艺新编改编现实题材原创计划，实施"昆曲+"工程。振兴传统工艺，创新管理体制，建立传统工艺重点振兴项目目录。培养高层次文化人才队伍，实施"文旅苏军"建设创新工程，完善文化人才考核评价机制。办好中国昆剧艺术节、中国苏州评弹艺术节等各类文化活动。推进企业、校园、社区、法治等文化建设，深入开展两个"四进工程"公益文化服务活动，加强苏州市民间（特色）文化艺术之乡、特色团队、特色学校、特色文化家庭的"四特"建设，组织好群众文化四个"十佳"等系列评比活动，丰富了人民群众文化生活。

（二）推动文化产业升级

致力于完善产业规划和政策，扩大优质文化产品供给。发展数字文

---

[1] 参见习近平：《在教育文化卫生体育领域专家代表座谈会上的讲话》，中央人民政府门户网站，2020年9月22日。

化产业，聚焦动漫游戏、影视、网络文化等细分行业，拓展创意设计、演艺娱乐、文旅融合、工艺美术、数字文化装备制造等重点领域，推进文化与科技、旅游、金融、体育、商贸、会展等相关产业融合发展。加快发展新型文化企业、文化业态、文化消费模式，着力打造全国数字文化产业集聚区和引领区。实施文化产业倍增计划。引进国内外头部文化企业特别是平台型企业，来苏设立地区总部、研发中心、技术研究院等。加快培育龙头企业，推动规上文化企业数量实现翻番。加大金融支持力度，培育壮大市场主体。目标到2025年，苏州全市文化产业增加值占GDP比重达10.5%，其中核心领域占比超过50%。深化"百园之城""百馆之城""百剧之城"建设，做强智慧文旅平台，打造一批旅游功能区和精品旅游带，创建国家、省级全域旅游示范区。创新扩大文化市场消费机制，聚力建设国家文化和旅游消费示范城市。

（三）建设社会主义文化强市

当好社会主义文化强国建设的探路者、先行军，加快提升文化创新创造力，努力构筑思想文化引领高地、道德风尚建设高地、文艺精品创作高地，全面打响"江南文化"品牌，塑造江南文化的核心地位，在全省乃至全国率先建成文化凝聚力和引领力强、文化事业和产业强、文化人才队伍强的文化强市。坚持社会主义核心价值体系，立足深厚文化底蕴，系统谋划推进文化事业和文化产业大发展大繁荣，提升城市文明程度，推动文化产业倍增，加强历史文化名城保护更新，扩大城市文化影响力。纵深推进全域新时代文明实践，市民思想道德素质、科学文化素质和身心健康素质明显提高，争创全国文明典范城市。优质公共文化服务供给能力稳步提升，文化事业和文化产业更加繁荣壮大，古城、古镇、古村保护传承利用统筹推进，"江南文化"品牌影响力不断扩大，率先建成文化强市。

防风险　守底线——统筹发展和安全的苏州实践

【典型案例】

倾力打造大运河文化带"精彩苏州段"

——运河、城市、经济、文化发展综合发展的"苏州样板"

引　言

大运河既是绵延千年的历史文脉、穿越南北的航运动脉，也是当下衔接国家空间战略布局的纽带，更是彰显中华文明特质、体现中国人民创造精神的国家名片。擦亮大运河文化带，发挥其凝聚人心认同、传播中华文明、带动经济社会发展的作用，是一项具有深远价值与重大意义的发展战略。

背　景

苏州是大运河沿线城市中唯一以古城概念申遗的城市，14.2平方千米的古城被整体列为世界文化遗产。大运河苏州段全长81.8千米，沿线文化遗产密布，包含着5条运河故道和7个遗产点段，9个入选世界文化遗产名录的古典园林，昆曲、古琴等6个世界非物质文化遗产名录项目也都与大运河有着深厚渊源，堪称别具特色的大运河文化遗产宝库。至今，大运河水路运输仍然承担着苏州近一半的货运量，一艘艘货船满载着各种货物穿梭于水面上，汽笛声声，一片繁忙盛景。

近年来，苏州全面贯彻落实习近平总书记对大运河文化带建设提出的"统筹保护好、传承好、利用好"的重要指示精神，以大运河江苏段被确定为"大运河国家文化公园全国唯一一处重点建设区"为契机，以坚定的文化自信先行先试、善作善成，在大运河文化带建设中自觉担负"苏州责任"、打造"苏州样板"、夯实"苏州基石"、凝聚"苏州合力"，致力创造性、高质量地探索打造运河、城市、经济、文化综合发展的大运河文化带"精彩苏州段",推动大运河文化带苏州段建设走在前列。

主要做法

运用系统化思维,统筹各方力量,推动形成大运河文化带建设大格局,建设大运河文化带苏州"最精彩一段"。

一是运用智力支撑。苏州大运河文化带建设研究院首批成立6个研究中心,分别针对大运河遗产保护与文化传播、大运河沿线文化产业发展与创新、大运河景观风貌与视觉文化、苏州大运河文化品牌打造和大运河古城镇保护发展研究,以及大运河饮食文化研究等方向,综合发掘大运河发展潜能。

二是加固运河堤防。2016年开始,苏州启动运河堤防加固工程,总投资73亿元,通过堤防加固、环境整治,建设高标准的基础设施。苏州大运河堤防加固,遵循的是"1+2+N"功能定位:一条文化带,堤防加固、环境整治两项核心任务和N种可能的方法,充分挖掘运河文化历史价值,使大运河苏州段成为既能传承运河历史遗产风貌,又是滨水风情人文带、旅游休闲观光带、防洪排涝安全带、海绵城市建设示范带。

三是修复运河生态。2017年,苏州启动清水工程。运河贯通的苏城水网更加清澈。与此同时,苏州引进全新技术,对运河的河床、驳岸、桥梁、遗产区、缓冲区实现了"水、陆、空"一体化、全方位监测。

四是讲好苏州故事。沿着大运河苏州段行走,可以看到,一个个运河城镇立足自身特色,谋划新的发展蓝图,在推进大运河文化带建设中,焕发出流光溢彩的全新一面。相城区望亭镇活用运河资源打造了农文旅融合发展的"稻香小镇",形成了集农业、休闲、生态、文化、旅游等为一体的产业集群。吴江开发了运河文化旅游景区揭牌、平望农文旅战略合作项目。吴中段,"7"字走势的运河,串起一条条"吴文化展示长廊",吸引了数十名工艺大师入驻,创作内容涵盖玉雕、核雕、刺绣、缂丝、苏扇等一系列精致的苏作物件。而曾经的"活码头"高新区浒墅关镇，码头文化、钞关文化逐渐成为标志性的运河文化品牌，形成了浒墅关"八景八咏"运河文化。

五是融入百姓生活。保护运河，亲近运河，传承文脉。苏州环古城河的健身步道上，"桃花坞年画""新苏雅韵""御窑金砖"等八大文化灯光小品如同镶嵌在古城河边上的一颗颗明珠，吸引了百姓、游客驻足观赏。沿着环古城河健身步道，既能欣赏沿途风景，又能锻炼身体。运河的文化符号，转变为百姓生活的便利和舒适。

启 示

苏州在大运河文化带建设中主动自觉担负"苏州责任"，打造"苏州样板"，全力把苏州段建设成为大运河文化带中"最精彩的一段"，在根本上是苏州始终牢记习近平总书记关于大运河文化带建设要"统筹保护好、传承好、利用好"的谆谆嘱托，按照中央和省委决策部署，紧扣苏州地域特色，以运河文化为城市发展赋能做出了创造性实践。

一是着眼区域流域，强化运河建设联动互动，强化全局观念，以系统化思维统筹推进大运河文化带建设，促进运河、城市、经济、文化发展综合发展。坚持系统化布局，围绕全长81.8千米大运河苏州段，按照"河为线、城为珠、线串珠、珠带面"的思路，着力构建"一条主轴带动整体发展""多点联动形成发展合力"的空间格局。

二是聚力整合融合，实现运河古城共生重生。坚持古城古运河融合共生、水岸协调，绘就城河相融、人河相亲新画卷。高标准实施城河联动，围绕古运河环绕的各个城区，下足微改造的"绣花功夫"，在古城的景区、社区、街区，实现水与岸、河道与建筑、功能设施与文化景观的协调发展，使得古城风光与运河风光交相辉映。

三是注重活态利用，推动运河发展为民惠民。着眼大运河的"致富"属性、"幸福"属性，推动运河资源优势向运河发展优势转变，让人民群众在大运河文化带建设中获得更多的实惠。着力提升运河航运功能，坚持把大运河作为构建现代综合交通运输体系的重要一环。

四是需要加强交流互鉴，促进运河文化传扬传播。如何以运河为联系纽带，不断扩大"朋友圈"，在市域层级打造全国大运河文化带先导段、示范段、样板段，率先展现出国家文化公园现实模样，是当前和今后一个时期需要进一步研究和解决的短板。

中共苏州市委党校（苏州市行政学院）　田坤

以"江南文化"品牌建设促进城市品质提升

——苏州大力实施文化强市战略的生动实践

引 言

苏州是"江南文化"的重要发祥地和杰出代表,优美的江南水乡自然风光、繁荣富庶的都市经济社会、深厚的人文底蕴和发达的现代文化产业,为新时代苏州"江南文化"品牌建设提供了宝贵的自然生态资源和厚重的社会历史文化资源。新时代,深入挖掘苏州"江南文化"的经济价值、人文价值、社会价值和生态价值,实现江南文化与经济社会高质量发展的有机融合,对提升城市文化软实力、促进城市品质提升,具有重要的理论价值和实践意义。

背 景

2021年初,苏州"江南文化"品牌建设工作推进会召开,会议提出"江南文化"品牌塑造三年行动计划,涉及十大工程66个项目,仅2021年当年,就完成65个大项200多个子项目,迅速形成了一体化推进的整体格局,取得了明显成效。

未来,苏州将在"江南文化"品牌打造上再发力,进一步擦亮"江南文化"品牌,凸显文化产业发展的特色亮点,进一步加大文旅产业招商力度,拓展创意设计、演艺娱乐、工艺美术、数字文化装备制造等重点领域,增强文化产业发展的内在支撑。增强服务保障、加大政策保障,不断完善文化金融创新产品,加大知识产权和网络版权保护力度,打造文化产业发展的最优生态,以"江南文化"品牌建设,促进城市文化软实力和城市品质提升。

主要做法

打造具有苏州鲜明特色的"江南文化"品牌,擦亮苏州文化的金字招牌，苏州探索了一条文旅创新、配套升级、整体布局、惠民便民相结合的文化品牌建设之路。

一是文旅赋能，点燃经济发展新引擎。2020年以来，面对疫情冲击等严峻考验，苏州把发展夜间经济、促进文旅消费作为推动经济复苏的抓手，颁布《激发文化和旅游消费潜力行动方案》《加快夜间经济发展意见》《促进"姑苏八点半"苏州夜间经济发展的十条措施》等政策"大礼包"。仅2021年"十一"黄金周，苏州市就接待游客788万人次，实现旅游综合收入约103.8亿元，较上年同期增长5.3%，总量背后，是苏州文旅消费构建的稳健发力、持续向好的创新生态。

二是配套升级，打造文化设施"真"便利。编制出台了《苏州市文化设施布局规划（2017—2035）》，精心打造的"城乡10分钟文化圈"现已开启2.0版本。通过深入开展"苏州阅读节""苏州市少儿艺术节"等系列群众文化品牌活动，苏州不断扩大公共文化服务供给面和受众覆盖面，年均开展各类惠民展演展示活动超过7万场次，惠及农村、社区群众超过1000万人次。"十三五"期间，苏州的旅游服务体系建设进一步完善。全市旅游投资超过一半投向旅游公共服务，"四大行动"（景区Wi-Fi覆盖、旅游停车场、指引标识系统、厕所革命）持续推进，三级旅游咨询服务体系日趋完善，"落地自驾""苏州好行""城市微旅行"等特色服务成为苏州文旅的有力支撑。

三是整体布局，打造文化金招牌。文旅载体建设深入推进，文旅投资加大力度，文旅消费进一步激发，文旅品牌持续擦亮。沉甸甸的"金招牌"实至名归：吴中区成功创建国家全域旅游示范区，全市其他9个县级市（区）全部获评江苏省全域旅游示范区，元和塘文化产业园区入选国家级示范园区创建名单，苏州入选首批"国家文化和旅游消费示范城市"，张家港市南丰镇永联村、常熟市支塘镇蒋巷村和高新区通安镇树山村入围全国乡村旅游重点村名单，永联江南田园风情小镇、震泽丝绸风情小镇、旺山文旅风情小镇、周庄水乡风情小镇入选文旅类省级特色小镇创建名单。

四是惠民便民，打造"城乡10分钟文化圈"。全市现有市、区级公共图书馆12个（全部为国家一级馆），图书馆分馆819个，文化馆11个（国家一级馆10个），基层综合文化中心2021个，实现公共文化设施全覆盖。全市人均公共文化设施面积达0.47平方米，各级政府兴办的公益性文化设施单位实现100%免费开放。

启　示

苏州以"江南文化"品牌建设提升苏州城市品质，是以习近平新时代中国特色社会主义思想为指导，在苏州大地上大力实施文化强市战略的生动实践。

一是强化文化品牌建设理念。充分运用"互联网+"现代传媒技术和手段，创新苏州江南文化传播和推广形式，增强其辐射功能，提升苏州江南文化品牌的知名度、美誉度和感召力。

二是构建基于苏州自身特色传统文化，打造"主流媒体+自媒体+专家学者+文旅产业"多元有机融合的江南文化品牌研究、传播平台和载体。

三是创新苏州"江南文化"品牌发展体制机制，突出苏州全域文化建设全展开，提升了文化的生命力、创造力，激发了文化带动经济的内驱力。

四是提升具有苏州特色的街、巷、湖、岛建设，增强文化发展的服务功能，提升村镇城人居环境，融合水乡文化、农耕文化、城市文化、乡村休闲文化的有机结合，整体提升苏州城市品质。

中共苏州市委党校（苏州市行政学院）　田坤

第七章　打好文化安全主动战，大力推进社会主义文化强市建设

让文明成为最亮丽的风景

——高标准高质量推进"全国文明典范城市"建设

引　言

城市是我们共同的家园，文明是城市最美的底色。近年来，中央文明办提出评比命名首批"全国文明典范城市"。"全国文明典范城市"是文明城市的升级与跨越，主要是指学习宣传贯彻习近平新时代中国特色社会主义思想，物质文明建设和精神文明建设高质量发展、社会治理能力和城市治理水平高效能提升、群众生活质量和城市发展品质高水平改善、市民文明素质和城市文明程度高标准示范，具有显著的创建带动力、价值引领力、区域辐射力和国际影响力的文明城市范例。可以说，"全国文明典范城市"是新时代对一座城市文明发展状况的最高褒奖。

背　景

驰而不息，久久为功。自 2008 年苏州获评全国文明城市以来，已成功实现全国文明城市"五连冠"及全域全国文明城市"满堂红"。近年来，苏州紧紧围绕"信仰坚定、崇德向善、文化厚重、和谐宜居、人民满意"标准，聚焦民生期盼，着力提升市民文明素养和城市文明程度，高标准推进全国文明城市建设，全力争创"全国文明典范城市"。

张家港作为苏州下辖的县级市，自 2005 年成为首批全国文明城市中唯一的县级城市至今，已荣膺全国文明城市"六连冠"。2020 年，张家港提出"争创首批全国文明典范城市"目标，以归零心态全力锻长板补短板，推动"两个文明"常态化长效化，努力实现从"文明策源地"向"文明典范城"的新跨越。

主要做法

张家港作为"文明城市原点城市"，从城市更新改造、城乡环境整

治、市民素质提升以及道德风尚引领等多方面发力，多措并举推动城乡面貌改善、群众满意度提升、公共服务增效、文明秩序井然。

一是聚焦提质增效，创新文明创建工作特色。以张家港精神为内生动力，统筹谋划推动，实现规划、协调、管理、服务一体联动。在全国县级市中率先完成"一网、三库、一平台"（诚信张家港网、企业信用基础数据库、个人信用基础数据库、政府信用基础数据库和公共信用信息服务平台）建设、发布诚信红黑榜、创建诚信示范街区，探索诚信制度化建设。持续开展"寻访身边好人张闻明"道德风尚行动，宣传开展道德模范和身边好人现场交流活动并进行定期表彰。创推"一中心、双总分、数字化"公共文化服务新模式，推进"书香城市"建设，建成24小时图书馆驿站、"最美悦读空间"等阅读服务阵地，举办长江文化艺术节，发挥文化滋养作用。实施文化弘扬、阵地拓展、项目伙伴、团队培育、工作保障五大计划，建立了"一网一群一博一平台"，即友爱港城网、QQ群、官方微博微信、手机客户端的工作格局，推进志愿服务社会化、项目化、专业化、常态化，完善志愿服务体系。

二是聚力一体长效，完善文明创建工作机制。以城市标准建设农村，以市民理念培育农民，实现城乡公共服务均等化、便捷化，大力推进美丽乡村建设与城乡一体化发展，坚持以城带乡、城乡一体，补齐农村公厕缺少无障碍设施、保洁程度不高等短板，做好文明村镇、社区申报工作，推动城乡一体全域文明。注重常态长效、全面参与，形成了"一图四清单"（"一图"即"文明创建天气图"综合网络平台，"四清单"即制定下发"任务清单"、查找列出"问题清单"、跟踪排摸"短板清单"、点评亮出"成效清单"）和"长效管理三机制"（同创共建机制、全民参与机制、督查考核机制）工作机制，进一步落实责任，明确任务，补齐短板，提升效果，完善长效常态全程文明。

三是聚合共建共享，推进文明创建民心工程。将文明典范城市创建作为民生工程、民心工程，始终将"为民惠民靠民育民"理念融入文明城市创建全环节。抓好省级以及苏州测评反馈及市民反映问题的整改，整改完成率保持在95%以上，制定空中管线凌乱、不文明养犬等代表性问题责任清单,形成整改方案。提升绿地小微空间品质,推进背街小巷改造,建设口袋公园,加快以多层住宅加装电梯为代表的老旧小区改造,推进集贸市场标准化建设。聚焦闯红灯、乱停车等老大难问题,成立"文明啄木鸟"全民美城志愿服务团,常态化开展"文明随手拍""洁美港城"活动,培育文明新风尚。

启　示

苏州在巩固拓展文明城市工作成果的基础上,全面贯彻落实习近平总书记"创建社会主义现代化强国的城市范例"重要指示精神,下足"绣花"功夫,全面开展"全国文明典范城市"创建,以实际行动塑造出更具苏州特色的优雅气质,打造更优更强、更能体现中国特色社会主义制度优势的城市文明范本。

一是紧抓"一把手"组织体系,文明创建要有高度。始终坚持"一把手抓两手,两手抓两手硬"的工作理念,一棒接着一棒传、一任接着一任抓,着力增强文明城市创建的持久动能。把精神文明建设纳入城市发展总体规划,与经济建设同谋划、同部署、同实施,不断在探索中完善"一把手抓"的机制,提升"一把手抓"的能力,强化"一把手抓"的考核。强化组织保障,创建牵头部门与责任单位分工又配合的协调机制,为提升文明创建高度提供组织保证。

二是细化"一盘棋"治理格局,文明创建要有广度。始终注重全域统筹,统筹推进城乡文明联动建设,形成城乡文明一体化提升新格局。聚焦城市更新,统筹推进古城保护更新,不断优化城市功能品质,梳理老旧小区情况,以提升功能为主要目标,推进综合整治。完善城市精细化治理体系,立足具有苏州特色、苏州优势的网格化治理模式,坚持问题导向,聚焦社会治理,坚持"平安苏州""法治苏州"建设,常态贯彻协同化治理理念,推动城市建设管理落细落小落实。突出常态长效,不断改进薄弱环节,形成有广度的共建共治共享治理格局。

三是办好"一揽子"惠民工程,文明创建要有深度。始终突出以人为本,创建育民,引导市民提升道德境界和文明素养,创建惠民,增强市民参与获得感，形成深化文明城市创建的内生动力。聚焦民生实事，持续补齐教育、医疗、养老托幼等民生领域短板，不断强化公共服务均等化标准化建设。着力发挥社会主义核心价值观引领作用，用核心价值观引领人，协调推出一批与苏州城市气质相融合的文明创建主题公益"景观小品"，用城市精神塑造人，用先进文化涵育人，不断增强文明创建的深度。

中共张家港市委党校（张家港市行政学校）　丁志宏　祝贺雯

坚持融古铸今、守正创新

——姑苏古城的历史文化名城保护更新

引　言

姑苏古城历来是世人看苏州、读苏州、品苏州的最重要的窗口，是苏州的根脉所系、精华所在，保护古城是一件功在当代、利在千秋的大事。2020年11月，习近平总书记在江苏考察时，对江苏提出了"争当表率、争做示范、走在前列"的要求，体现了党中央在新征程上对江苏的殷切期许。江苏省委希望苏州把"可以勾画"的目标真实展现出来，打造向世界展示社会主义现代化的"最美窗口"，体现了省委对苏州的信任之深、期望之重。姑苏古城是苏州的关键"核极"，是城市整体形象的重要代表。打造社会主义现代化"最美窗口"、打响"江南文化"品牌，扮靓姑苏古城是关键所在，这也是姑苏作为历史文化名城保护区所必须肩负的职责和使命。

背　景

苏州市委、市政府历来高度重视古城保护工作，古城保护与更新实践在全国起步最早。早在1982年，苏州就是全国首批历史文化名城，1983年，邓小平同志来苏州考察时，提出"要保护好这座古城，不要破坏古城风貌，处理好保护和改造的关系"。整体保护古城、传承历史文脉，是时代赋予我们的光荣使命。

近年来，姑苏区始终按照习近平总书记关于历史文化遗产保护方面的系列指示精神，认真落实市委、市政府部署要求，坚持融古铸今、守正创新，统筹做好整体保护、业态转型、环境治理、民生改善等重点工作，推动古城风貌形态、发展业态、人文生态的和谐统一。

防风险　守底线——统筹发展和安全的苏州实践

主要做法

一是制订了一套科学前瞻的总体规划。1986年至今，总体规划层面，苏州已编制3版城市总体规划，5版历史文化名城保护专项规划，以及教育、旅游、地下空间、文化设施等20多个专项规划，目前第6版《苏州历史文化名城保护专项规划（2035）》编制完成，已经上报。详细规划层面，已编制2版古城控制性详细规划，完成5个历史街区保护规划和大公园地区、观前商圈、南门商圈等一批重点地区规划，古城内54个街坊城市设计实现了全覆盖，逐步形成了一整套健全完整、内容丰富的规划体系。

二是建立了一组细致规范的规章制度。在无经验可借鉴的情况下，姑苏区推动出台了《苏州国家历史文化名城保护条例》《苏州市古城墙保护条例》等30余件与古城保护相关的地方性法规、政府规章和规范性文件，涉及城乡规划、文物保护、老宅修缮等多个方面，为古城的保护和发展奠定了法制基础，强化了古城保护的法律地位和依法保护的权威性。在此基础上，还细化制定了历史城区保护补偿补助工作指导意见、城市更新试点工作实施方案等一系列配套办法和技术导则，为纵深推进古城保护工作提供了具有较强指导性、针对性和可操作性的工作指南。

三是打造了一个可观可感的典型范式。以古城内保存最为完整、格局最为典型、历史遗产最为集中的平江片区为试点，按照打造"苏式宜居生活地"和"全域旅游发展目的地"的功能定位，实施平江重点功能区保护修缮工程，将平江片区打造成姑苏古城整体保护的"先导区、实验区、示范区"。通过在2.48平方千米的面积内综合开展管线入地、河道恢复整治提升、传统民居房屋腾迁和保护修缮、历史文化遗存集中展示等工作，推动古城保护连线成片、环境面貌显著提升、文旅融合不断彰显，形成高品质大景区和大休闲生活区交融格局。

四是创新了一项联动协调的互补机制。古城保护工作的全局性和特殊性，决定了不能用城市开发、就地资金平衡的思维来谋划推进。要以对历史负责、对人民负责的态度，处理好城市改造开发和历史文化遗产保护利用的关系，坚持"城区即景区，旅游即生活"，在加强保护的前提下，完善市区联动工作机制，密切协作、共同发力。2020年国庆中秋长假，苏州市探索尝试假日旅游市场监管新方式，即由文化和旅游部门与公安部门专门设立临时联合执法中心，建立快速反应、高效联合的警旅联合执法协作机制。警旅联动机制主要突出一个"联"字。在工作实践中，执法人员摸索出"七联工作法"，即联通信息、联合巡察、联合研判、联合侦查、联合处置、联合培训、联合宣传。"七联工作法"作用明显，改变了以往涉旅投诉各管一块、息事宁人的工作惯性，形成了涉旅投诉都要管、管到底、查到底的工作氛围，压缩了非法旅游经营者钻营的空间，报警或涉诉游客满意度明显提升。

启　示

一是坚持文化为核的价值取向。对于文化遗产最为密集、历史底蕴最为深厚的姑苏古城而言，文化的传承、创新和发扬是摆在古城保护工作面前最重要的一道"必答题"。完整的苏州古城和延续的江南文脉在全国乃至全世界都极为少见，资源越稀缺意味着价值越巨大。我们需要解放思想、大胆创新，全面挖掘研究、转化发展、传播推广古城所蕴含的文化资源，大力发展文化产业，以传统文化的大发展、大繁荣推动经济社会的大发展、大繁荣，把丰富的历史文化资源转化为巨大的经济社会价值，加快锻造城市文化软实力和核心竞争力。

二是坚持整体活态的总体导向。对于姑苏古城，我们必须把其作为一个完整的生命体来看待，以全生命周期视角去谋划。一方面，既不能局限于一隅一地进行"零敲碎打"的保护，而要有科学的、整体的、前瞻的规划进行总体布局；另一方面，又不能割裂或者剥离其完整的城市功能，实行"断血式""剃光头式"的大改造，或者是将其圈隔固守，打造成一个沉寂的"盆景"。

三是坚持与时俱进的发展方向。古城保护不是陈旧、刻板、落后的保护，而是一个可持续发展的命题，必须具有与时俱进的理念和开拓创新的意识。要以尊重历史的态度留住原有的空间形态和特色风貌，也要不断改善提升居民生活环境，留住"苏式生活"、延续"乡情乡音"。这就要求我们坚持古城保护和繁荣、宜居与宜游相结合，保持"原貌、原住、原味"，并以此形成"新形态、新业态、新生活"，高标准、可持续推进古城保护与利用工作。

中共姑苏区委党校（姑苏区行政学校）　刘璐　李梦雅　施慧明

国家安全是民族复兴的根基，社会稳定是国家强盛的前提。

——2022年10月16日，习近平在中国共产党第二十次全国代表大会上的报告

健全共建共治共享的社会治理制度，提升社会治理效能。在社会基层坚持和发展新时代"枫桥经验"，完善正确处理新形势下人民内部矛盾机制，加强和改进人民信访工作，畅通和规范群众诉求表达、利益协调、权益保障通道，完善网格化管理、精细化服务、信息化支撑的基层治理平台，健全城乡社区治理体系，及时把矛盾纠纷化解在基层、化解在萌芽状态。加快推进市域社会治理现代化，提高市域社会治理能力。强化社会治安整体防控，推进扫黑除恶常态化，依法严惩群众反映强烈的各类违法犯罪活动。发展壮大群防群治力量，营造见义勇为社会氛围，建设人人有责、人人尽责、人人享有的社会治理共同体。

——2022年10月16日，习近平在中国共产党第二十次全国代表大会上的报告

第八章　打好社会安全主动战，不断增强人民群众获得感幸福感安全感

社会安全是指防范、消除、控制直接威胁社会公共秩序和人民群众生命安全的治安、刑事、暴力恐怖事件以及规模较大的群体性事件等，涉及打击犯罪、维护稳定、社会治理、公共服务等各个方面，与人民群众切身利益息息相关。社会安全是新时代国家安全的主阵地主战场之一，是总体国家安全观的重要组成，被赋予保障国家总体安全的重要职能作用。习近平总书记指出，"平安是老百姓解决温饱后的第一需求，是极重要的民生，也是最基本的发展环境。"[①] 相对于政治、经济、文化、生态等领域，社会安全与人民群众切身利益关系更密切、联系更直接，是社会安定的"风向标"，是人民获得感、幸福感、安全感的"晴雨表"。

党的十八大以来，苏州深入学习贯彻习近平总书记关于社会安全的系列重要论述，坚持在高质量推进社会发展的过程中，全方位依法治理、全要素智慧治理，聚焦防范化解重点领域重大风险，织密社会治安防控网，创新公共安全监管体系，以"专项行动"攻坚克难，努力建设基础更牢、水平更高、群众更满意的"平安苏州"，实现江南之地的"苏城善治"。近年来，苏州先后获评全国首批法治政府建设示范市、首批市域社会治理现代化试点城市、首批禁毒示范城市等，实现全国社会治安综合治理优秀市"六连冠"，成绩斐然。

---

① 参见《习近平总书记在中央政法工作会议上的讲话》，人民网，2014年1月7日。

一、把握平安态势，注重源头防范，努力实现社会持续长期全面稳定

2014年4月25日，习近平总书记在十八届中央政治局第十四次集体学习时的讲话中提出："维护国家安全，必须做好维护社会和谐稳定工作，做好预防化解社会矛盾工作，从制度、机制、政策、工作上积极推动社会矛盾预防化解工作。要增强发展的全面性、协调性、可持续性，加强保障和改善民生工作，从源头上预防和减少社会矛盾的产生。"2022年10月16日，习近平在中国共产党第二十次全国代表大会上所作的报告中指出："在社会基层坚持和发展新时代'枫桥经验'，完善正确处理新形势下人民内部矛盾机制，加强和改进人民信访工作，畅通和规范群众诉求表达、利益协调、权益保障通道，完善网格化管理、精细化服务、信息化支撑的基层治理平台，健全城乡社区治理体系，及时把矛盾纠纷化解在基层、化解在萌芽状态。"从"治已病"向"治未病"转变，是把握平安态势，打造"平安苏州"的重要价值理念。苏州将信访工作与基层社会治理深度融合，集聚各方资源多方力量，创新机制方法，及时发现苗头性、倾向性问题，对社会矛盾从源头上疏通疏导，有效防范化解管控各种风险，确保社会长期健康发展的稳定环境。

一是党政同责顶层谋划，集聚力量齐抓共管。各级党政领导干部带头接访下访、带头包案化解、带头督查督办，从矛盾纾解到思想疏导，"一竿子插到底"。在重复信访治理专项工作中，市委常委会、市政府专题会议审定工作方案，市（县、区）成立专项工作领导小组，市县（区）集中优质资源和力量组建实体化工作专班，全市各级职能部门积极排查化解本系统本领域信访积案，其中有些部门专门出台规范性文件，推动突出问题及时有效化解。

二是创新源头治理工作机制，在全省率先推进"信访代理"工作方法。探索信访矛盾纠纷的多元化解方式，注重信访与基层治理深度融合，实现关口前移。一方面充分利用"大数据＋网格化＋铁脚板"工作

法，进行拉网式、滚动式摸排，精准掌握重点领域、重点对象动态，把发现的隐患苗头控制在本地、化解在本地，确保不外溢不扩散。通过常态化摸排，综合反映信访信息，分析研判信访形势，为党委和政府提供决策参考。另一方面探索形成"信访代理"工作制度。专门设立信访代理工作站接待窗口，从人民调解员中挑选骨干力量担任信访代理员，负责参与信访矛盾案件防范化解，就近代理群众与信访专门机构对接反映诉求，重点防范、提前介入群体性纠纷稳控纾解和思想疏导，积极提供法律咨询、法律援助服务对接，实现矛盾纠纷就地化解、重点人群就地吸附的良好局面。信访代理人利用自身对社区居民熟悉的情感优势和调解安抚的专业优势，成为有信访需求的居民与党委政府的"缓冲带"，有效减少了群体访、重复访、越级访，有力维护了社会安全稳定。

二、紧盯治安关键要素，科技赋能，创新构筑"防护网"

2015年5月29日，习近平总书记在十八届中央政治局第二十三次集体学习上强调："要创新社会治安防控体系，加强对学校、医院、人流密集场所等重点区域的防控，提高在基层一线防范化解矛盾和快速处置风险能力。"2022年10月16日，习近平在中国共产党第二十次全国代表大会上所作的报告中指出："强化社会治安整体防控，推进扫黑除恶常态化，依法严惩群众反映强烈的各类违法犯罪活动。发展壮大群防群治力量，营造见义勇为社会氛围，建设人人有责、人人尽责、人人享有的社会治理共同体。"苏州市公安机关坚持问题导向，紧盯治安关键要素，科技赋能，以项目任务为抓手，创新工作机制，构建了智慧立体的社会治安防控体系，为社会主义现代化强市建设强力护航。

一是以"制"的创新保证治理常态有效，实现"制"防风险。以完成各项试点项目和上级各项部署任务为切入点，针对性调整完善打防管控措施，改革创新工作机制，逐步升级现代警务体系。在突出犯罪专项打击任务中，推进打击治理电信网络诈骗止损控案专项行动，深化"三防一打"组合策略，全面开启反诈防骗长效常治新篇章。在争创全国社会治安防控体系建设示范城市过程中，全面提优圈层查控、单元防控、要素管控、防控支点和防控机制建设，进一步提升社会治安质态。促进全市警务网格与综治网格全面对接，推进"双网融合"提档升级。落实专业化职业改革和"在社区"警务战略，做强现代警务体系的"双轮驱动"。

二是以"技"的支撑提升防控能力治理水平，实现"智"优治安。坚持科技创新引领，将智慧应用深度赋能现代警务体系。整合各方资源，打破信息壁垒，通过新型处理方式，让大数据发挥精准防控、辅助科学决策的重要支撑作用。在硬件上，全域升级机动化应急作战装备，将无人机等警用高科技设备纳入作战单元，不断提升社会治安防控能力和社会治理现代化水平。在智慧应用软件建设方面，加快推进城市运行"一网统管"，创新完善"沪苏同城化""交通大整治"等社会治理主题模块，努力实现市域治理"可感、可视、可控、可治"。扎实推进新一代雪亮技防工程。"六星科技·纵横警务"星链赋能体系不断迭代升级。2020年疫情防控期间，基于星链赋能体系的前期积累，苏州及时推出来苏预约二维码、车辆快速核验App等五大战"疫"系统，形成科技防控闭环；在全省率先推出"苏城码"App，累计发码2040万，访问量超30亿次，精准滴灌全市1.2万个网格小组。2021年"星链"赋能架构正式发布，全面提升了公安机关的核心战斗力。除此以外，苏州还在小程序应用上积极开发创新。常熟针对出租房管理开发了"数字门牌"管理系统；昆山市针对道路开展"一站式"交通微雕模式；相城区研发"群警通"微信小程序等。

三是以"人"的参与构建多元共建共治工作格局，实现"职"保安全。苏州公安系统注重整合各方资源，以多种方式吸纳市民、保安人员、社会志愿者、社会组织等多方力量，投入共建共治治安防控和社会治理工作格局中。姑苏区观前派出所招募来自本辖区商家企业、网格社区、热心群众等共计4709人的志愿力量，组成蓝盾志愿者队伍。观前派出所党支部与辖区15个大型商场市场、3所重要学校、1家大型医院党支部结对共建，成立"观前行动支部"。联合街道、文旅集团、敬文小学等 10 余家单位党支部成立"观前党建联盟"。与蓝天救援队进行结对合作，推动形成多元共建共治的"双网融合"格局。

三、创新安全监管，推进依法治理，铸造全方位公共安全坚盾

2014 年 1 月 7 日，习近平总书记在中央政法工作会议上指出："公共安全事故一头连着经济社会发展，一头连着千家万户，要警钟长鸣、常抓不懈，要预防和减少事故发生，坚决遏制重大重特大公共安全事故。"苏州牢记公共安全是最基本的民生的道理，把维护公共安全放在推进社会治理现代化发展大局中来认识，在公共安全监管方面积极探索，铸造全方位公共安全坚盾。

一是科技赋能，公共安全监管更智慧。公共安全监管形成了"1 个平台管理安全监管质态""N 个领域加快智慧监管覆盖"的"1＋N"智慧监管应用架构，不断提升安全风险预测预警预防能力。[1] 在交通管理领域，开发应用轨道公交公安"情指勤舆"一体化作战平台，数据赋能新生态和智慧应用新场景持续涌现。属地党委政府对较大道路安全隐患实行两级挂牌督办，构建"重货运行科学管控""危险行为实时干预""安全隐患综合治理""三位一体"防控体系[2]。"全市轨道交通、公交车、长途客运、出租车行业的视频监控、车载定位、乘客票务、安检信息等运营数据已经实时接入公安机关，全面支撑公安智慧防控工作"[3]。在危化品管理领域，在全省首创智慧危管系统，实现前端预警预防、中期实时监管，并且后台数据汇聚，为智能监管提供决策支持。目前，苏州市 3200 多家生产使用剧毒、易制爆危险化学品单位已全覆盖应用智慧危化品管理系统，并对上述企业完成首次等级评定。

二是依法治理，公共安全屏障更牢固。苏州推出完善行政执法和刑

---

[1] 参见《苏州公安打造安全监管新体系》，《江苏法治报》2021 年 8 月 31 日。
[2] 《苏州公安打造安全监管新体系》，《江苏法治报》2021 年 8 月 31 日。
[3] 《苏州：打造公共交通治安防控新高地》，《苏州日报》2022 年 3 月 29 日。

事司法"两法"衔接的十项工作机制，编印《公共安全专项整治执法指引》和《危害生产安全刑事案件侦办指南》，助力一线规范执法。2020年，苏州公安机关管辖危害生产安全犯罪执法查处数和执法质量均为全省第一。在出租房领域，在全省率先出台出租房屋管理领域的地方法规，探索根据安全等级不同分色管理工作方法，从信息采集、隐患巡查、整改处置、信息反馈工作流程中的源头防范隐患出租房进入市场。

四、坚持问题导向，强化重点攻坚，扎实开展"专项行动"

2014年1月7日，习近平总书记在中央政法工作会议上的讲话中指出："对突出问题要及时开展专项斗争，如对黄赌毒现象，黑社会性质犯罪等露头就要打，不能让他们形成气候，对危害食品药品安全、环境污染等重点问题，对严重精神障碍，患者扬言报复社会人员等重点人群，对枪支弹药、易燃易爆等重点物品要强化治理和管理。"开展专项行动是坚持问题导向，抓住事物主要矛盾、解决当前突出问题的有效手段和方法。苏州依托苏州公共安全监管质态检测平台，紧盯基层消防、道路交通、危险物品等重点领域，高标准推进"331"专项治理、道路交通秩序大整治大提升、危险物品安全整治等多个专项行动，解决人民关切问题，提升公众安全感。

一是扎实开展扫黑除恶专项斗争。在专项斗争中，苏州市检察机关构建了"一二三"工作模式，推动专项斗争取得阶段性胜利。截止到2022年1月，共审查逮捕黑恶案件224件585人；审查起诉黑恶案件123件699人，其中5起案例入选全国、全省典型案例。苏州市检察院扫黑办被评为全国检察机关扫黑除恶专项斗争先进集体，市中级人民法院成为全省唯一的全国法院扫黑除恶专项斗争先进集体。苏州各级法院从各业务部门的案件中深挖涉黑线索，组织开展了涉虚假诉讼和"套路贷"案件专项排查，对民间借贷案件进行"回头看"，并围绕涉企经济犯罪中涉黑恶线索和"保护伞"线索进行重点排查，以《苏州法院涉黑恶案件司法建议工作指引》为依据，充分利用司法建议净化涉黑案件滋生的环境。

二是扎实开展苏州"331"专项行动。"331"专项行动自 2018 年 5 月 5 日开始以来，形成了一整套标准体系、"三张清单"及安全整治通用标准。"331"成为苏州公共安全领域治理的重要品牌，形成的"苏州经验"被列入国务院江苏安全生产专项督导重大典型清单予以推广。2021 年，"331"开始由专项行动向长效治理迈进，同年 12 月正式提出在全市构筑"三大目标牵引、三条路径推进、一套责任闭环"的新"331"治理机制。

三是扎实开展道路交通秩序大整治大提升行动。2020 年 11 月开始的道路交通秩序大整治大提升行动锚定 5 个目标[1]、明确 10 个专项任务[2]，按照快速治标、系统提质、长效治理 3 个阶段科学有序推进。采取"警格+铁骑"勤务模式，加强路面交管警力；"一点一策"优化信号，增设"倒计时"功能；对违法行为实行"抓拍+曝光"查处方式，加大警示效应。持续推进"大整治大提升行动"2.0 版，畅通城市"交通经络"，助力高质量发展。

五、坚持人民至上、生命至上，科学精准高效抓好疫情防控，多维度全方位保障民生

2022 年 3 月 17 日，习近平总书记在中共中央政治局常务委员会会议上强调，"要始终坚持人民至上、生命至上，坚持科学精准、动态清零，尽快遏制疫情扩散蔓延势头。"2022 年以来，面对多个方向疫情冲击的巨大压力，苏州市委始终牢记习近平总书记的指示要求，带领全市 40 多万党员干部、80 多万社会志愿者连续奋战，压实"四方责任"，落

---

[1] 通过大整治大提升行动，努力实现交通科技应用水平、交通执法服务水平、交通精细管理水平、交通应急处置水平、交通参与者文明交通意识的显著提升。
[2] 即全面优化主次干道通行秩序、交通信号智能控制、交通标志标线系统设置、施工区域交通管理、停车资源整合利用、高速出入口交通环境、重点部位交通组织、执勤执法运行模式、机动应急勤务机制、文明交通宣传策略。

实"五早"要求，牢牢守住了阵地，为全省疫情防控赢得了主动，全市经济加速恢复态势逐渐向好，社会大局平安稳定，疫情防控取得重大成果。苏州的将心比心，多维度保障民生，有章有法、有力度有温度，最大限度保护了人民生命安全和身体健康，统筹疫情防控和经济社会发展取得重大积极成果。

一是既保障确诊人员得到专业及时治疗，也保障其他群众就诊需求。对于"一点两区"（隔离点、封控区、管控区）居民及"黄码"人员和全市群众疫情期间看病需求，按照"管控区域人员"和"非管控区域人员"进行分类，由相应医疗机构提供就医服务。前者至"黄码"定点医疗机构就诊。对于"非管控区域人员"，如果是急危重症，可以拨打"120"，经评估确认后，无论是否有核酸检测报告，均送至就近医疗机构抢救。值得一提的是，苏州主动排摸、对接滞留上海的苏州人，制定"一人一策"闭环管理服务方案，对于返乡就医人员需继续治疗的，参照"黄码"人员就诊程序操作。

二是既保障人民群众的物质生活需要，也保障精神生活和心理健康需求。出台《关于进一步做好物流保畅工作的通知》，对生活物资车辆和保供人员发放通行证，优化交通查验措施，提高货运查验通行效率。增加生活物资储备量，全市"菜篮子"不间断敞开供应。组建心理服务团队，帮助被隔离人员保持心理健康。对隔离点的重点群体进行排摸并重点关注，做到"一人一档"。作为人类情感陪伴的宠物在疫情期间也得到妥善安置。"苏州温度"让身在苏州的市民倍感安全与幸福。

三是既保障苏州市民，也保障在苏外籍人士。作为开放型城市，苏州有外资企业约1.7万家，常住外籍人士近3万人。2020年1月30日，苏州就已开通了涉外疫情防控服务热线，在政策宣介、协调解决实际困难等方面发挥了积极的作用。先后用多语种发布政府公告，并以中、英、法、日、韩、德等6种语言发布《致在苏外籍友人的一封公开信》，引导在苏州的外籍人士科学防疫，团结战疫。建立外语志愿者队伍，为疫情防控工作提供语言帮助。

四是对抗疫中的正能量矩阵式报道，既保障人民群众的知情权，又凝聚起团结抗疫的磅礴力量。针对网民反映抗疫中出现的疑惑，以新闻发布会形式及时回应。在关键时间节点发文，将聚光灯推向抗疫中的平凡人物。在抗疫最"吃劲"的时候，推出《致你们》《致我们》等宣传美文，一时刷爆朋友圈。2022年3月28日的疫情防控新闻发布会呼吁："请相关部门和企业给货车司乘人员更多的关心关爱，哪怕是一个微笑、一壶热水、一段尽可能挤出来的休息时间。"一系列凝聚正能量的宣传"组合拳"，让为苏州而战的"你们"和"我们"融为一体，让"非常之难""非常之苦"变成战胜疫情的非常毅力、非常合力。

五是既守护本土安全，又主动请缨，驰援周边。上海2022年的疫情始于2月底，确诊病例数呈几何级增长，至4月24日累计已超过50万例。在本土仍有疫情的情况下，苏州毫不迟疑地从各个方面支援上海。医疗方面，3月28日，选派490余名采样人员前往浦东，4月3日，选派308名医务人员支援临港方舱医院，4月4日，苏州开始承接转运隔离的上海密接、次密接等人员。援建方面，苏州建筑施工企业选派了518人前往支援上海方舱医院建设。物资设施方面，苏州提供了大量的防疫物资、方舱医院建设物资，并且在昆山建设了支援上海蔬菜应急保供中转站，面积达20亩。自4月3日启用到4月11日，通过"无接触"方式累计转运各省市发往上海蔬菜1940吨。为了守住江苏，守住东大门，4月5日，昆山开启静默期，4月9日，张家港部分区域静态管理，4月10日，太仓全域静态管理。但苏州坚持全国一盘棋，没有封城，主动担当，继续支援周边城市抗疫工作。苏州默默承担，只干不说，全市一心，收获了"你永远可以相信苏州"的一致好评。

【典型案例】

从被动应对向主动预防转变

——苏州网格化联动机制助力源头防范化解风险

引　言

"明者防祸于未萌，智者图患于将来。"源头防范化解风险能力是治理能力现代化的重要内容之一，也是重要标志之一。苏州创新社会治理体制，经过六年探索形成了社会综合治理网格联动机制，其中要素融通、多元共治的特征，使得网格"风险感知第一触角""化解矛盾前沿阵地"的地位更加彰显，主动预测预警预防作用的发挥更加充分。

背　景

党的十八届三中全会明确提出要创新社会治理体制，以网格化管理、社会化服务为方向。十九届四中全会进一步提出，推行网格化管理和服务，发挥群团组织、社会组织作用，发挥行业协会商会自律功能，实现政府治理和社会调节、居民自治良性互动，夯实基层社会治理基础。江苏省第十四次党代会提出，更好统筹发展和安全，要以社会安全为保障。健全落实风险防控"四项机制"，坚持和发展新时代"枫桥经验"，完善"大数数＋网格化＋铁脚板"治理机制，健全城乡基层治理体系，推进市域社会治理现代化，促进社会和谐稳定。

主要做法

苏州社会综合治理网格化联动机制从2016年开始探索建设，如今日渐系统成熟。其中，"天堂经纬"金字招牌，先后被中央、省媒体报刊报道，形成的"大数据＋网格化＋铁脚板"苏州模式有效破解了诸多治理难题，尤其是在源头防范化解社会风险矛盾方面，网格化联动机制助力多角度排查各类风险隐患，多维度防范化解矛盾纠纷，变被动应对为主动预防，2021年全市网格排查矛盾纠纷2.3万件、治安隐患4.2万件，90%以上矛盾、隐患在网格内发现化解。2019年和2021年的苏州网格化考核成绩排名全省设区市第一。

一是网格化联动机制助力重点人员管理服务。苏州市秉持"个人极端可防可控"的理念，创新建立社会风险矛盾排查化解"9445"常态机制。发挥"警格＋网格"双网融合优势，聚焦潜在极端风险人员，逐人评估风险隐患，统一建立全息档案，创新智能预警，分级分类落实管控，形成九类重点风险对象风险人员基础台账和比对数据库，做到人员全见底、风险全量清。2021年，全市扬言实施个人极端警情、精神障碍患者肇事肇祸事件、"民转刑"案件同比大幅度下降，没有发生有影响的个人极端案事件。针对外来务工人口多且集中区域，探索出"集中居住、集中服务、集中经营"外来人口管理工作体制机制。在原有社区的四级网格化管理模式的基础上，融合"综治、安全、社保、党建"四张网格整合资源，通过联动机制，对集宿区周边治安、环境等问题摸排检查，联合执法，确保集宿区周边社会环境安全整洁。

二是网格化联动机制助力重点领域巡查。2018年5月，苏州针对"三合一"场所、出租房（群租房）和电动自行车引发的三类突出火灾隐患，开展"331"整治火灾隐患专项行动。网格员在巡查过程中，及时发现并上报火灾隐患，助力"331"显性隐患攻坚"飓风"行动，整治显性隐患16.1万余处。主动参与全省集中开展的违法违规"小化工"百日专项行动。网络员发挥铁脚板精神，与排查小组一道，紧盯城乡接合部、偏远乡村、闲置厂房、废弃养殖场、矿山宕口等重点区域，全方位"滤网清格"。在全市打击治理电信网络新型违法犯罪专项行动中，社区网格是预警落地核查的最小单元，积极配合公安机关开展易受骗人员劝阻宣防工作。2021年，完成宣讲覆盖群众550万人次，紧急劝阻损失2457万元。

三是网格化联动机制助力矛盾纠纷化解消除。推进人民调解进网格，制定出台《关于人民调解融入全市社会综合治理网格化联动机制建设的指导意见》。调解小组和综合网格"组网"融合，网格巡查员及时发现、实时掌握矛盾纠纷，履行"简单纠纷调处"职责或者主动配合专职调解人员化解，将矛盾化解在网格。2021年，全市网格内共排查风险隐患75.4万处，成功调解矛盾纠纷6.5万件。凝聚基层优势，苏州信访着力构建集源头防范、隐患排查、超前介入于一体的事前预防工作体系。将信访工作嵌入基层网格，在前端治理过程中发现影响稳定的苗头性问题，定期上门排查，建立矛盾直诉"快车道"，充分发挥民间多元力量，加强事中化解，努力将矛盾纠纷化解在萌芽状态。

启　示

要素融通、"多格合一"是源头防范风险隐患科学途径。习近平总书记在十九届五中全会提出"十四五"时期经济社会发展主要目标时指出：社会治理特别是基层治理水平明显提高，防范化解重大风险体制机制不断健全。基层治理是国家治理的最末端，也是感知风险隐患的最前沿。推动资源向基层下沉，推进党建、人民调解、信访工作、卫生健康综合监管等要素嵌入网格，能有效破解源头信息采集难、安全隐患发现难、部门力量资源融合难、服务群众精准精细难的长期治理难题。以"网格＋警格"示范带动"多格合一"，将传统的单打独斗转为触发联动，被动的应付应对转为主动预测预警，涉稳因素及早发现，治安隐患事先预防，基层网格成为防范风险隐患的第一道关口屏障。

齐聚力量、"格群共治"是就地化解矛盾纠纷的最佳选择。习近平总书记在十九届四中全会中指出：完善群众参与基层社会治理的制度化渠道。推行网格化管理和服务，发挥群团组织社会组织作用，实现政府治理和社会调节、居民自治良性互动，夯实基层社会治理基础。网格队伍的组成是基层治理的关键要素，苏州以"1＋3＋N"模式配备[①]。其中兼职网格员"聚是一团火，散是满天星"，以各自的专业知识和情感优势把矛盾纠纷化解在萌芽状态。人民的力量是无穷的。苏州将网格共治群与群众自治群相融合，解决基层治理最后100米的问题。坚持社会协同多元共治，拓展市场主体、社会力量广泛参与治理的途径，创新广大居民群众参与治理的形式，这种"大联动"格局汇聚多方力量、整合各方资源，将新时代党的群众路线贯穿于基层社会治理全生命周期，有利于彰显网格化社会治理本源，打造共建共治共享的社会治理格局，提升社会治理现代化水平。

中共苏州市委党校（苏州市行政学院）　刘铭

[①] "1"即网格长，"3"即专职网格员、网格督导员、网格警务员，"N"即兼职网格员。专职网格员的来源有三类，一是原有条线协辅力量转隶，二是社会面招聘，三是社工专任。网格督导员是由各镇（街道）机关干部兼任。兼职网格员是党员干部、热心公共事务的村（居）民群众、业委会成员、物业人员、社会组织成员担任。

防风险　守底线——统筹发展和安全的苏州实践

以良法促进市域善治

——苏州科学丰富市域法治供给

引　言

习近平总书记指出,"要坚持在法治轨道上推进国家治理体系和治理能力现代化"。[①]"提高城市治理整体能力,要强化依法治理,善于运用法治思维和法治方式解决城市治理顽疾难题。"[②] 近年来,苏州坚持推动多层次多领域依法治理,从构建系统完备、科学规范、集约高效的法律规范体系入手,将社会治理法治化水平提升到新的高度。"政社互动""社区协商"等多项工作获中国法治政府奖。2022 年 3 月 20 日,行政立法全过程质量监控体系获评第六届"法治政府奖"。

背　景

党的十八大以来,以习近平同志为核心的党中央高度重视市域社会治理工作,对相关工作提出明确要求、作出战略部署。党的十九届四中全会提出"加快推进市域社会治理现代化",党的十九届五中全会进一步提出"加强和创新市域社会治理,推进市域社会治理现代化"。

法律是治国之重器。2020 年 5 月 29 日,苏州被中央政法委确定为全国首轮市域社会治理现代化试点城市。苏州市委、市政府高度重视,从良法是善治的前提着手,紧扣苏州经济社会发展实际,围绕市域治理水平提升,找准切口,科学立法,以绣花的功夫构建系统完备的市域治理良善之法。

[①]《习近平在中央全面依法治国工作会议上的重要讲话》,人民网,2020 年 11 月 17 日。
[②]《习近平参加他所在的十二届全国人大五次会议上海代表团审议的讲话》,人民网,2017 年 3 月 5 日。

主要做法

一是谋划市域治理的法治化蓝图。从增强法治建设系统性、整体性和协调性着眼,苏州加快落实中央法治建设"一规划两纲要",认真制定并实施《法治苏州建设规划(2021—2025年)》《苏州市法治社会建设实施方案(2021—2025年)》《苏州市法治政府建设实施方案(2021—2025年)》,形成了市级完整的"一规划两方案",成为苏州"十四五"法治建设总蓝图、路线图、施工图。"一规划两方案"完整地从法律规范体系、法治实施体系、法治监督体系、法治保障体系等方面,强化市域社会治理法治化顶层设计。文化自信是最基本、最深沉、最持久的力量。社会主义法治文化也是法治国家、法治政府、法治社会建设的重要支撑。苏州市委办公室、市政府办公室印发《关于推动社会主义法治文化建设高质量发展的实施意见》,探索开辟与法治苏州、法治政府、法治社会"一体建设"相适应的社会主义法治文化建设新路径。

二是围绕市域治理水平提升丰富法治供给。市委办、市府办印发《苏州市市域社会治理现代化"十四五"规划》,纳入苏州市"十四五"总体规划,将市域社会治理工作与经济社会工作同规划、同部署。为推进社会治理制度化、规范化、程序化,提升市域社会治理法治化水平,苏州市出台《关于推进市域社会治理法治化的意见》(以下简称《意见》),不断探索市域社会治理法治化的苏州路径。《意见》提出构建市域社会治理"五大体系"[①],推动实施"15项举措"。针对开展社会治理领域综合性立法、运用科技手段提供优质高效法律服务、加强和推进基层法治建设等方面作出探索性规定。与之相应的,《苏州市市域社会治理现代化试点工作方案》《苏州市市域社会治理现代化"八心工程"40+项目实施意见》《苏州市争创市域社会治理现代化示范城市三年行动计划》等配套文件陆续出台,其中既有规定动作要求,也有创新空间预留。即将发布的"苏州市争创市域社会治理现代化示范城市主要评估指

---

① "五大体系"包括市域法律规范、法治实施、法律服务、秩序修复、法律信仰水平。

标",使得市域社会治理工作有章可循,可追溯、可量化、可评估。同时,坚持系统整体思维,探索开展社会治理领域综合性立法,数字治理列入2021年立法项目。坚持依法决策,带头维护法治权威。2022年3月20日,苏州市行政立法全过程质量监控体系获评第六届"法治政府奖",逐步形成以《苏州市人民政府制定规章规定》为统领,以立法前评估、立法中协商、立法后评估三大制度为支柱和以行政立法审查委员会、立法基层联系点、"谁立法谁普法"机制为配套的行政立法制度体系,苏州行政立法法质量实现全流程规范管理和监控。

三是紧扣经济社会发展实际丰富法治供给。根据苏州率先实现农业农村现代化的目标,出台《关于加强法治乡村建设的实施意见》,推动全市法治乡村建设制度化、规范化、常态化。起草《关于加强基层"三治"融合发展的实施意见》,进一步健全党组织领导的自治、法治、德治相结合的城乡基层治理体系。注重结合苏州实际,对社会治理领域立法项目和内容探索创制,出台实施《苏州市出租房屋居住安全管理条例》《苏州市道路交通安全条例》《苏州市河道管理条例》《苏州国家历史文化名城保护条例》《苏州市养犬管理条例》等地方性法律规范。积极推动行之有效、群众认同的自治规则、公序良俗等上升为地方性法规规章,加强社会治理领域法规规章的立、改、废、释。

启 示

法治化是市域治理现代化的重要特征。市域治理是国家治理体系的重要一环,具有承上启下的枢纽作用。市域具有政策制定的自主空间和地方立法的自主权,能够调配整合的资源基础丰富,但同时所面临的治理问题、治理需求也多样多元,如何实现市域治理的"丝质顺滑",有章有法,有韧性有智慧?法治方式是不二选择。法治具有固根本、稳预期、利长远的重要作用,是社会治理的基本方式,看似冷冰冰没有人情味的法律条文,已然饱含着中华传统优秀法律文化、社会主义法治精神,市域治理法治化充分彰显着以人民为中心的最高理念,是全体人民的意志体现,是在中国特色社会主义道路上推进市域社会治理现代化的必由之路。

良法是市域善治的先行条件。提高城市治理整体能力，要强化依法治理。推进市域社会治理方式现代化，要坚持法律规范先行，不仅要"有法可依"，更要有良善之法可依、科学之法可依。良法是善治的前提。从法学理论层面讲，"良法"是所立之法要遵守《中华人民共和国立法法》，地方所立之法不得与上位法相抵触，不得与《中华人民共和国宪法》相抵触，切实维护法治统一。要符合中国特色社会主义法治精神，体现社会主义核心价值观，彰显社会主义法治文化内涵。从全力服务市域发展大局层面来讲，科学之法要结合地方实际、聚焦本地需求、找准立法切口，突出关键内容，确保科学立法、务实立法、有效立法，切实解决当地市域社会治理中面临的特殊要求、特定问题，以不断满足人民群众美好生活需求为导向丰富法治供给，为市域社会治理现代化提供支撑。

中共苏州市委党校（苏州市行政学院）　刘铭

打造"两网一线"社会治理新模式

——网格化社会治理机制创新的"吴中模式"

引 言

党的十九届五中全会提出"构建网格化管理、精细化服务、信息化支撑、开放共享的基层管理服务平台",推进市域社会治理现代化。作为江苏省创新网格化社会治理机制工作首批试点地区,苏州市吴中区因地制宜地探索出了一套"党建引领、社会参与,乡村联动、多元共治,全科网格、责任到人,源头管事、就地了事"的全区"两网一线"社会综合治理新模式。不断探索共建共治共享社会治理新路径,让"吴中模式"为省内乃至全国提供可复制可推广的成熟经验和示范样本。

背 景

为解决大量频繁出现的民生实事"小事",为群众提供优质高效的政务服务,吴中区推出"两网一线"网格化社会治理模式,以"地网"(区社会治理网格化联动中心)为中心,以"天网"("天穹计划")、"一线"(人民调解进网格)为骨干,在区、镇(街道)、村(社区)对应划分三级网格,依托网格将全区人、地、事等要素由条块化加以系统化、机制化,打造各类治理资源有效联动、综合发力的多兵种合成化的社会治理格局。实现"小事"不出网格,"大事"网格联动解决的社会治理新模式。

主要做法

1. 坚持"党委领导、政府负责",构建党委领导和政府负责体制,统筹"两网一线"规范化建设、实体化运转和精细化操作

一是统筹组建覆盖全区的网络架构。吴中区将发挥党总揽全局、协

调各方的政治优势同政府的资源整合优势放在首位。出台吴中区《关于深入推进社会治理"一张网"建设的指导意见》，在区镇两级建立网格化实体化运作联动中心，在村（社区）建立网格化联动工作站。在区级层面，撤销吴中城市管理监督指挥中心，整合原吴中城市管理监督指挥中心、吴中区便民服务中心等相关职能，成立吴中区社会综合治理联动中心，负责全区网格化社会综合治理联动机制建设。在街镇层面，通过增设科室或撤销调剂等方式，成立街镇联动分中心，受区联动中心业务指导，负责各辖区范围内网格化社会综合治理联动机制建设。在村（社区），按照"六个一"标准建立网格化联动工作站，最终形成区、镇、村、网格四级社会治理架构。二是统筹全区平台人员配备及使用。人员数量和素质决定平台的工作效率。区、镇（街）两级成立社会综合治理联动领导小组。吴中区联动中心下设网格管理科、受理协调科、督查考核科等科室。区联动中心通过多种方式建立两支直属队伍，一支是103人的坐席员队伍，一支是325人的巡查员队伍。在区巡查员基础上，按照"1+N"模式建立14支综合巡查队伍。在村（社区）等基层平台中，按照"一长四员"标准配备基础网格工作人员利用一切有效力量，实现群防群治。

2. 坚持"社会协同、公众参与、民主协商"，构建群团组织助推、社会组织协同和人民群众参与体制，统筹推进多种力量参与社会多元共治建设

一是培育和引导社会组织参与网格公共服务。当前，社会治理模式已从单向管理转向双向互动，从线下转向线上线下融合，从单纯的政府监管向更加注重社会协同治理转变。对此，一方面，着力发挥政府职能部门作用。突破现有行政区划格局，将区政府职能部门纳入区社会综合治理联动机制，解决过去遇到问题各个部门分头跑的问题。另一方面，着力推动社会专业力量提供网格服务。科技化、专业化、精细化、人性化、法治化、社会化是当前及未来社会治理的必然趋势，专业化的社会服务成为社会治理领域的生力军，培育、引导和壮大社会专业组织力量，提高和扩展其参与社会治理的比重和范围。二是引导和拓宽公众参

与社会治理的渠道。社会治理取得实效根本在于坚持群众观点和群众路线，广泛发动和重点动员相结合。随着通信手段的发展、公民权利意识的增强，引导和拓宽群众参与社会治理成为当前及今后社会治理的重要课题。依托区联动中心平台建成了融12345热线、微信公众号等为一体的用户端口，将所有反映信息均适时、集中、分类汇聚到区联动中心数据库，平台第一时间派单到相关部门或单位，当前全区绝大部分问题通过此种方式获得解决。

3. 坚持"法治保障、科技支撑"，构建"法治＋智治"保障体制，统筹推进法治化建设和智能化开发应用

一是坚持法治保障机制配套建设。社会综合治理是全要素的区域性治理新机制，法治是运转的根本保障。吴中区将法治保障作为全区社会综合治理的配套机制，同时规划、实施并完善。对此，一方面，出台框架性制度规范，搭建吴中模式的"四梁八柱"。2017年以来，相继出台《关于深入推进社会治理"一张网"建设的指导意见》等规章制度，强化法治保障。另一方面，坚持"动态立法"理念，及时出台细分领域、具体流程的工作规范或办法。出台《吴中区社会综合治理联动中心编外工作人员绩效考核和评优评先办法》等系统性规章制度。二是突出科技支撑强度，向先进技术要战斗力。推进全区社会治理体系架构、运行机制、工作流程智能化改造。(1) 引智引技、紧盯实战、自主开发、模块化设置。基于市场上安防设备既有产品的延展性、衍生性、柔性化差等局限，以及价格高、后期运维成本高、人机适配矛盾等不足，负责牵头落实的吴中公安分局创新性地联合华为、中国航天等十几家企业，依据全区社会综合治理的现实需求及未来需要进行专门性研发，模块化、有针对性地研制专用设备，编写专门程序。(2) 政社一体、联通组网、全面覆盖、按需共享。"天穹计划"投资大、涉及面广、后续运维成本高，靠政府单方投入财政压力大且难以为继。而当前所有企业、学校、商超等都不同程度地安装了监控、门禁等安防设备。吴中区大力推动实施政府建网、社会入网、联通组网、全面覆盖、按需共享的建设计划。分步骤将遍布城乡各个角落的安防设备调试组网，数据直接分享汇入区"天穹计划"数据库，织就了密布全区城乡的"天穹网络"。

启 示

"两网一线"网格化社会治理模式是社会治理领域的有益探索，已经显示出明显的优势和作用，其有力的实践给下一步继续做好社会治理工作提供了宝贵的经验启示。

一是强化和完善社会治理，必须要高效有力地发挥各级党委的"中流砥柱"作用。东西南北中，党政军民学，党是领导一切的。近几年来的实践中，凡是党委重视并切实采取有效措施的领域，群众反映的问题就能得到快速妥善的处理，本地区本部门各条线的社会治理力量就能扭成一根绳，避免单打独斗、各自为战的传统方式，发挥合成作战的最大效能。实践证明，党委领导力强，则社会治理效果则好，人民满意程度高。

二是强化和完善社会治理，必须要高效有力地发挥人民群众"星星之火"的作用。相信群众，依靠群众，坚定不移走群众路线。该模式实施以来，全区广大群众通过电话、网络、上门求助等方式方法反映身边问题和各类公共问题，环境保护、道路养护、小区治理等各类长期存在的、影响群众获得感的问题不断反馈出来，随着此类沉疴旧疾的不断解决，群众主动参与社会治理的积极性主动性愈发高涨，生活在吴中的幸福感越来越高。

中共苏州市吴中区委党校（苏州市吴中区行政学校） 李清锋

践行安全发展理念　守护人民群众安全

——苏州深入推进"331"领域专项治理

引　言

2019年11月29日,习近平总书记在中央政治局第十九次集体学习时强调,要健全风险防范化解机制,坚持从源头上防范化解重大安全风险,真正把问题解决在萌芽之时、成灾之前。2020年4月10日,习近平总书记对安全生产作出重要指示强调,生命重于泰山。各级党委和政府务必把安全生产摆到重要位置,树牢安全发展理念,绝不能只重发展不顾安全,更不能将其视作无关痛痒的事,搞形式主义、官僚主义。要针对安全生产事故主要特点和突出问题,层层压实责任,狠抓整改落实,强化风险防控,从根本上消除事故隐患,有效遏制重特大事故发生。

背　景

2018年,苏州常熟、姑苏、虎丘、吴中等地因火灾事故造成多人伤亡,引发了群体恐慌和治理难题。苏州市委、市政府认真贯彻落实习近平总书记关于安全生产的一系列批示指示精神,深刻汲取较大火灾事故教训,成立"331"专项行动工作专班,明确任务清单、履职清单和追责清单"三张清单",部署开展全市"331"整治火灾隐患百日专项行动。此后,苏州市委、市政府持续深入推进"331"领域专项治理,推动各地、各部门持续开展自查自纠、集中巡察、巩固提升三大行动,持续巩固"331"整治火灾隐患百日专项行动实践成果和体制机制,推动形成经济建设与安全生产齐抓共管、齐头并进的强大合力。

主要做法

坚持以人民为中心的发展思想,树牢安全发展理念,以"发展决不能以牺牲安全为代价"为根本原则,严格落实"党政同责、一岗双责、尽职免责、失职追责"措施,组织开展"331"专项行动,持续推进"331"领域专项治理,以高标准安全推动高质量发展。

一是加强组织领导,认真研究部署"331"专项行动。为在全市范围内高质量推进火灾隐患排查整治工作,2018年5月3日,苏州市政府召开电视电话会议,全面动员部署"331"整治火灾隐患百日专项行动。苏州市委、市政府决定在2018年5月5日至2018年8月12日,重点围绕"三合一"场所整治"八个一律"、出租房(群租房)整治"七个严禁"、电动自行车整治"六个绝不允许"的硬目标、硬任务,在全面摸清各类火灾隐患底数的基础上,通过个体纠违、单位自查、联合执法、交叉互查等多种方式,开展全面彻底的集中排查整治,确保全市不发生较大以上火灾事故,确保全市火灾隐患显著降低,确保全市火灾形势根本好转。在此基础上,苏州市政府成立"331"专项行动工作专班,工作专班下设综合协调组、综合宣传组和综合法制组、"三合一"整治工作组、出租房(群租房)整治工作组和电动自行车整治工作组,并统设五个督查组,抽调精干力量集中办公、协调联动、综合管理。

二是坚决贯彻落实,积极主动开展"331"专项行动。各地根据"属地主责、条块联动、齐抓共管"的原则,按照任务清单、履职清单、追责清单要求,统筹推进"331"专项行动。各有关部门立足职能定位,落实本条线本领域"331"专项行动任务,切实履行火灾隐患整治工作监管责任。行动期间,严格执行《地方党政领导干部安全生产责任制规定》《消防安全责任制实施办法》等规定,积极开展系列宣传活动、系列举报活动、系列教育活动,严肃考核问责、加大宣传力度,在全社会营造人人共同参与防风险、保安全、促发展的浓厚氛围。截至2018年8月10日,"331"专项行动群众支持率达96%,全市累计停产停业"三合一"场所1.4万余家,责令停用或查封各类群租房3.3万余家,拆除隔离隔断、铁栅栏、违章建筑等823万平方米,在册隐患整改率89.4%。为进一步防控火灾、消除隐患,苏州市政府将原定于8月12日结束的"331"专项行动延长至2018年底,分阶段推进各地自查自纠、市级集中巡察、全面巩固提升三项工作，力求以更高标准、更严要求、更大力度推进"331"领域专项治理走深走实。

三是持续巩固提升，常态长效推进"331"专项行动。为进一步巩固整治成果、深化长效治理，2019年，苏州市委、市政府决定将"331"专项行动增容扩面，将整治范围延伸到"九小场所"及小微企业。要求自2019年4月1日起，根据《全市整治"九小场所"及小微企业火灾隐患专项行动方案》要求，以镇（街道、开发区）为基本单元，以行政村（社区）为网格，突出小餐馆、小歌舞厅、小美容等三类场所，按照"全面覆盖、不留盲区、不漏死角"的要求，对"9＋1"场所消防安全隐患实行拉网式摸排、地毯式筛查，切实掌握隐患底数和真实情况。在此基础上，印发《苏州市消防安全"331"治理机制系列规则、标准汇编》，开发"苏州市租赁房屋信息监管服务平台"，进一步明确要求、加强防控、疏堵结合，最大程度从源头上减少火灾隐患事故发生，确保全市火灾形势持续向好转变。此外，苏州"331"专项行动还联动疫情防控工作、"233"专项行动和"2＋N"集宿房疏导安置工作、"平安街巷"专项行动等，扎实推进城市常态长效治理、切实守护人民群众生命财产安全。

启　示

苏州市委、市政府认真贯彻落实习近平总书记关于安全生产的重要指示精神，坚定不移贯彻新发展理念，牢牢守住安全生产底线，以推动高质量发展为主题，以维护人民群众生命财产安全为主线，统筹好当前与长远之间的关系、统筹好发展与安全之间的关系，形成了可学习、可借鉴、可推广的苏州"331"领域专项治理经验，打通了促发展与防风险之间的壁垒，努力走出一条经济发展、生产安全的可持续发展之路。

一是坚持安全护航，促进经济健康发展。习近平总书记深刻指出："安全是发展的前提，发展是安全的保障"，"安全和发展是一体之两翼、驱动之双轮"。对于地方政府而言，在推动经济发展的同时，必须要正确处理好发展与安全的关系，必须要严格防控好各类风险挑战，特别是危害人民群众生命财产安全的消防隐患,这样才能从根本上保障经济平稳健康发展。

二是坚持系统谋划,推动社会长治久安。苏州自2018年开展"331"整治火灾隐患百日专项行动以来,坚持常态长效,持续巩固深化"331"领域专项治理成果。近几年来,苏州市火灾事故下降明显,消防安全形势不断向好,人民群众获得感幸福感安全感不断提升。从苏州开展"331"领域专项治理行动的思路和举措也可以看出,此项工作是在苏州市委、市政府统筹规划并联合多方力量的基础上开展的,而且在百日整治专项行动结束后,各地各部门并不止步于此,而是立足当前、谋划长远,持续推进"331"领域专项治理,进而形成了条块联合、资源联用、工作联动、目标联达的良好态势。

三是坚持内外兼治,形成共建共享格局。苏州自开展"331"领域专项治理以来,经过不懈努力最终达到预期效果。这一成绩的取得绝不是仅仅依靠苏州市委、市政府以及职能单位、属地政府的力量,还有来自广大人民群众和所属企业的支持、理解、配合和参与。一方面,明确各属地政府和职能单位具体责任,在"331"专项行动中转作风、优服务、提效能、稳民心,探索建立统筹兼顾、科学有效的安全生产监管机制。另一方面,深入百姓和企业中去,做好宣传引导工作,引导社会公众增强风险意识,树立底线思维,加强自身整改,推动"331"专项行动从严从快开展落实,着力打造共建共治共享平安社会的有力格局。

中共常熟市委党校(常熟市行政学校)　胡敏玉

推进安全生产风险专项整治，加强重点行业、重点领域安全监管。提高防灾减灾救灾和急难险重突发公共事件处置保障能力，加强国家区域应急力量建设。

——2022年10月16日，习近平在中国共产党第二十次全国代表大会上的报告

树立安全发展理念，弘扬生命至上、安全第一的思想，健全公共安全体系，完善安全生产责任制，坚决遏制重特大安全事故，提升防灾减灾救灾能力。

——2017年10月18日，习近平在中国共产党第十九次全国代表大会上的报告

第九章　打好安全生产主动战，切实维护人民群众生命财产安全

习近平总书记强调指出："安全生产是民生大事，一丝一毫不能放松，要以对人民极端负责的精神抓好安全生产工作。"① 安全生产是指在生产经营活动中，为避免造成人员伤害和财产损失的事故而采取相应的事故预防和控制措施，使生产过程在符合规定的条件下进行，以保证从业人员的人身安全与健康，设备和设施免受损坏，环境免遭破坏，保证生产经营活动得以顺利进行的相关活动。安全直接关系人民群众的生命财产安全，是人民安全的首要前提。苏州各级地方党委和政府部门牢记习近平总书记嘱托，切实扛起责任担当，坚守"零事故"理念，不断深化精准执法、持续深入推进专项整治及安全生产大检查、有效提升本质安全，安全生产形势连年保持稳定趋好的态势。

一、构建全方位安全生产责任体系，树牢安全底线红线

安全生产，人人有责。如何才能真正做到内化于心、外化于行？习近平总书记指出："坚持最严格的安全生产制度，什么是最严格？就是要落实责任。要把安全责任落实到岗位、落实到人头。坚持管行业必须管安全、管业务必须管安全，加强督促检查、严格考核奖惩，全面推进安全生产工作。"② 在习近平总书记重要论述指引下，苏州始终坚持

---

① 《习近平在中央政治局常委会会议上对加强安全生产和汛期安全防范工作作出重要指示》，中央人民政府门户网站，2016 年 7 月 20 日。
② 《习近平在考察"11·22"中石化东黄输油管道泄漏爆炸特别重大事故抢险工作时的讲话》，共产党员网，2013 年 11 月 24 日。

最严格的安全生产制度，构建全方位安全生产责任体系，强化安全生产责任落实，坚决防范遏制重特大事故。

（一）强化党政领导责任

苏州市委、市政府出台了《苏州市安全生产"党政同责、一岗双责"实施细则》和《苏州市党政领导干部安全生产责任制规定实施办法》，对党政同责、一岗双责、齐抓共管，明确了具体要求。一是落实清单制度。每年制定市委、市政府领导年度安全生产重点工作清单，既有宏观的把关定向，又有具体的检查指导，起到引领和示范作用。二是完善报告制度。各级党委常委会向全会报告、各级政府向人代会报告、市县党委书记向上级党委年度述职时报告、党政领导干部个人年度述职时报告安全生产工作情况。三是责任考核制度。市委、市政府按"共性"＋"个性"的原则，对县级市（区）党委政府进行安全生产工作责任考核评价，将考核结果按总分5分折算计入高质量发展综合绩效得分；对市级部门履职情况分三类（负有监督管理职责的部门和单位，在职责范围内提供支撑保障的部门，重点国有企业）进行差异化考核，考核结果按4分折算计入服务高质量发展考核得分。四是督导巡查制度。从2020年开始，市、县两级坚持督导力度不减、机制不变，开展带有巡查性质的联动督导，围绕重点难点，差异化制订督导工作计划，每月调度工作情况，督促提醒做好安全生产各项工作。

（二）强化部门监管责任

一是进一步明晰职责。2020年，苏州市安委办会同市委编办印发《苏州市安委会成员单位安全生产工作职责任务清单》，明确了50个安委会成员单位和其他有关部门和单位的职责清单，27个部门增设内部安全生产监管机构，实现了"每件事都有部门管""专业事专业部门管"。二是进一步强化联动。针对监管领域重叠、职责交叉以及新业态、新模式不断出现的情况，建立了部门联动机制，推动相关部门共同"向前走一步"，消除监管盲区、堵塞漏洞。三是进一步发挥安委办、专委会作用。加大安委办实体化运行力度，按照"理直气壮、标本兼治、从严从实、责任到人、守住底线、小心翼翼"的要求，敢于主动出击，敢于较真碰硬，敢于一抓到底，通过综合协调、监督检查、督导考核，有力推动部门监管责任的落实。全面推动各行业领域安全生产专委会履职尽责，牵头抓好各领域安全生产各项工作。根据新《安全生产法》规定，对新兴行业领域的安全生产监管职责不明确的，由县级以上人民政府按照业务相近原则，确定监管部门，解决监管缺失问题。

（三）压实企业主体责任

大力推动落实第一责任人制度。一是清单化明确重点事项。进一步细化落实企业落实主体责任重点事项清单20条，明确落实第一责任人责任、全员责任制等。二是体系化管控安全风险。2021年苏州在8.06万家工业企业完成风险报告基础上（其中规上11577家，规下69045家），三级联动对7.39万家企业风险报告开展审计，同时推动1.86万家企业包保管控较大以上风险4.17万处，并创新思路将风险报告延伸到18个部门、43个重点领域。三是法治化督促责任落实。以法规、标准为框架，以强有力监管和服务，督促企业将主体责任落实到位。加大新《安全生产法》宣贯力度，加大岗位员工安全培训力度，营造企业安全文化氛围。

二、强化风险隐患防治，提升安全防控能力

（一）强化安全风险源头管控

备预不虞，为国常道。苏州十分注重合理规划产业安全发展布局并严格安全许可条件，强调按序时进度推进化工园区（集中区）"十有两禁"整治提升；结合不同行业领域、不同安全风险特点和事故教训，研究制定行业准入标准，严格项目安全准入门槛，严守"三个一律不批"，从严审查"两重点一重大"项目，推进危化品企业本质安全提升，推动关停危化企业，持续推进智能化改造、数字化转型。

（二）强化事故隐患排查

苏州坚持定期开展安全生产大检查，严格落实《关于深化提升安全生产专项整治三年行动的实施意见》，突出抓好危险化学品、燃气两个集中整治，推动40项重点任务、150项清单有效落实，严格按规定挂牌督办重大隐患。开展重点行业领域企业单位安全生产风险报告工作，全面落实较大以上安全风险包保管控规定，严格查处人员密集场所封闭安全出口、封闭疏散通道等违法行为。针对重点行业领域组织开展"打非治违"专项活动，依法依规从重惩处顶风作案、屡禁不改以及监管不到位等问题。

（三）探索降低安全生产事故发生率

交通领域加强对区域内货车监管，完成高速高架独柱墩加固改造；建筑领域持续加强既有建筑动态监管，强化施工作业安全审批；城镇燃气领域推进"瓶改管""气改电"，推进居民、餐饮用户加装燃气报警装置；消防和"331"领域加强高层建筑、大型商业综合体、群租房、电动自行车等安全整治。另外，从2019年开始，根据危险化学品企业风险程度、产业规模等现状，苏州在全省首创制订了全市危险化学品企业安全生产责任保险制度实施方案，构建"保险＋服务"新型保险模式，建立聚合化工企业、保险机构、安全生产专业技术队伍、监管部门四方参与的共防共管共保新机制。根据企业类型、风险程度、产业规模、从业人员等6类因素，对危化企业实行差别化基准费率，根据企业标准化等级、近三年生产安全事故情况、受到行政处罚情况等3类因素实行浮动费率调整，激励危化品企业改善安全生产条件。

三、创新安全监管模式，提升安监执法效能

（一）创新安全监管执法方式

首创实施嵌入式监管执法，强化规范公安派出所消防监督工作。首

先在公安机关"三定"方案明确消防工作内容。同时,持续落实派出所消防工作检查通报制度,结合公安派出所消防工作质态,每季度在市公安局网上通报考评情况,并将派出所消防监管工作纳入市公安局绩效考核范围,建立健全公安和消防的联合考评机制,强化考核研判运用。另外,督促指导各地派出所接入政务网专线,解决网络切割问题,完成"消防监督管理系统"平台对接,更好开展消防监督执法工作,推动派出所消防工作质态有效提升。

(二)规范安全监管执法行为

围绕"精准化、标准化、规范化",持续提升执法效能。一是对象精准。依托风险报告,评定企业风险等级,坚决落实三级计划执法,提前公告执法企业名单。二是内容精准。对照危化品(20条)、钢铁(8条)、铝加工(7条)、粉尘涉爆(6条)、有限空间(4条)等15个重点领域、109条重点事项,完善重点执法清单。三是方式精准。推行1个执法对象对应1个执法主体,健全联合执法机制,全面推行"三位一体"执法,推广可视化执法,实施执法全过程可追溯。四是处罚精准。加大"一案双罚"力度,确保重大隐患100%立案,以"零容忍"态度和决心,打击违法行为。

(三)提升安全监管执法能力

一是明确机构与职责。县级市(区)整合组建应急管理综合行政执法队伍,因地制宜设立专业执法中队。镇(街道)和功能区成立应急管理局,负责应急管理、安全生产、防灾减灾以及工业企业消防管理,承担镇(街道)安委办日常工作。开发区、高新区、旅游度假区安全和环保局更名为应急管理和环保局。二是落实人员力量。镇(街道)和功能区现有机构加挂应急管理局牌子的,由其主要负责人兼任局长和安委办主任,并单独核增副局长职数1名,兼任安委办副主任。每个镇(街道)配备不少于6名在编执法人员(专业人员不少于2名),每80家企业至少配备1名专职安全管理员,每个村(社区)明确1名兼职应急信息员。三是依法实行委托执法。县级市（区）按法定程序委托各镇（街道）和功能区行使执法权，确保有效承接。四是依托苏州市应急管理培训中心、苏州应急管理技术学院等专业院校，培养更多应用型执法专业人才。依托各级党校（行政学院）加大党政干部安全监管能力培训力度，组织实施应急管理队伍业务素质提升计划，开展安全生产监管人员全员轮训、入职培训和定期轮训。常态化开展执法人员培训，做好"双随机"执法工作。开展执法队伍能力建设考核和执法比武竞赛，持续提升基层执法能力和执法人员素质。五是强化案卷质量，开展典型案例上报和规范案例评选，加强案卷巡查。开展事故情况分析和事故整改"回头看"，落实防范措施。六是充分发挥专家队伍、专业机构、行业协会和商会等第三方在安全生产监管中的作用，扶持、培育、发展一批专业性强的行业协会，成立安全联盟，助力企业提升安全生产管理水平。

四、推进安全科技创新，提高安全生产本质化水平

习近平总书记指示："在煤矿、危化品、道路运输等方面抓紧规划实施一批生命防护工程，积极研发应用一批先进安防技术，切实提高安全发展水平。"[①] 苏州一方面坚持用科技为安全加码，实现产品迭代升级，聚力护航安全生产，另一方面，利用科技发展成果，改革传统监管模式，加强安全生产风险全过程管理、全链条感知和全方位监管，切实把危险源管起来，把安全生产责任落实到位，最终实现防范和化解安全生产风险隐患、维护社会和谐稳定的目标。

（一）实施安全生产协同创新

围绕安全生产工作实际和事故防范预警需求，针对重点行业的安全

---

① 《习近平在中央政治局常委会会议上对加强安全生产和汛期安全防范工作作出重要指示》，中央人民政府门户网站，2016年7月20日。

生产科技工作难点和关键性技术难题,公开征集安全生产领域优秀科技成果,鼓励企业与科研机构建立科研队伍攻关破解技术瓶颈,并择优予以资金扶持,提升安全生产保障能力。加快安全科技成果转化,满足安全生产科技需求。积极推进高风险企业开展安全技术改造和公益设备更新,深入实施"机械化换人、自动化减人、智能化无人"工程,持续推动科技兴安。鼓励企业利用安全服务、科技信息等产业的相对优势,强化科技赋能,在企业中推广"保险+科技+服务"的安全生产新场景模式,全方位提升企业本质安全水平。深化与科技企业合作,以城市应急管理综合平台为载体,通过加快打通数据孤岛,加强部门信息共享,实现监管平台集成统一,推进企业安全风险评估和危险源的实时动态监控。

(二)加快推动安全生产科技成果转化应用

强化安全生产技术研发,将安全生产科技进步纳入苏州市"十四五"科技发展规划,在市级科技计划中明确对安全生产领域的科技项目予以重点支持,支持企业攻关一批安全生产重大关键技术,形成一批支撑安全生产的应用示范和科技成果。积极推荐安全生产相关领域新产品新技术申报国家、省、市各类科技进步奖项。大力开展科技招商活动,强化高科技项目招引,培育高新技术企业。加快安全生产科技自主创新、集成创新,推进"政产学研用"结合。大力推广运用先进安全技术装备,全面深化建筑施工、矿山等高危行业领域安全技术革新与设备升级改造。

(三)加强安全监管智能化建设

完善"苏安码"平台,推进公交车辆、重载普货车辆主动智能安全防撞防控系统建设,加快"空—天—地"一体化的城市安全风险监测预警技术研究,以信息化推进安全生产现代化、智能化。同时,全面推进安全生产监测预警信息化运用,强化化工企业、重大危险源企业安全生产信息化平台建设,推进物联网、大数据、云计算等信息技术在非煤矿山、危险化学品、烟花爆竹、金属冶炼等高位行业领域的创新运用，提升事故隐患预测预警和安全风险辨识管控能力。进一步完善安全生产、消防安全、道路交通安全等公共领域感知网络，完善安全生产风险监测预警系统功能，全面提升监测预警能力。

五、完善应急救援体系，提升应急救援能力

应急救援是安全生产工作的最后一道屏障，是做好事故善后工作、把事故伤亡和经济损失降到最低的不可或缺的关键一环。习近平总书记指出："要改革安全生产应急救援体制，提高组织协调能力和现场救援实效。"[1] 多年来，苏州坚持不懈在组织研究应急救援规律、提高应急处置能力、强化处突力量建设等方面下功夫、作努力，成效显著。

（一）健全协同联动机制

建立并不断完善统一指挥、专常兼备、反应灵敏、上下联动的生产安全事故应急救援体系。按照"统一领导、分级负责，条块结合、属地为主"的原则，由市应急管理局牵头，各县级市（区）政府（管委会）、市安委会相关成员单位负责，不断优化市、县级市（区）两级生产安全事故应急联动工作机制，健全部门联动和社会协同工作机制，尤其是全面提升防灾减灾救灾基础管理能力，健全森防办、减灾办工作机制，落实分析预判、应急前置救援、灾情统计评估、应急物资调用、基层防灾减灾救灾与应急等五项机制；完善重大事故应对机制，健全预警信息发布、会商研判、应急响应、应急处置等工作流程，加强长三角区域合作与应急协同，构建高效快速应急响应机制，提高应急救援效率。

（二）强化应急资源储备

落实应急物资储备管理办法，加大应急物资投资建设力度，提高物

---

[1]《习近平在中央政治局常委会会议上对加强安全生产和汛期安全防范工作作出重要指示》，中央人民政府门户网站，2016年7月20日。

资储备基础设施建设水平。优化应急物资品种和储备布局,科学、精准、合理确定储备规模,全面提升应对灾害能力水平。探索引入市场化、社会化物资储备,投建多渠道、多层次、多点位的应急物资储备体系。做好灾害救助充足准备,紧扣雨雪冰冻、汛期旱期、台风等灾害天气的时间节点,落实救灾保障相关措施,加强灾害救助备战工作。积极引入市场化手段提升灾害救助体系建设水平、完善自然灾害民生保险制度,发挥保险在灾害救助工作中的风险分担作用,帮助受灾群众提高抗灾能力。

(三) 提升应急处置能力

加强应急管理"三大体系"建设。一是健全应急预警体系。应急、水务、气象、地震、资规等部门,加强会商,及时发送预警,及时灾害提示。二是健全应急指挥体系。加强部门联动,做好信息共享,随时应对处置突发情况。三是健全应急救援体系。强化应急资源统筹调度、集中调派,掌握好辖区的应急抢险队伍、装备情况,随时待命备用。做好应急管理"三项准备",一是应急预案准备。加快专项预案修订,按照加强实操的原则,编制预案简本,开展好实战性的应急演练。二是应急物资储备准备。采取实物与协议相结合方式,储备好应急物资,目前市级储备物资 3.17 万余件。三是应急队伍准备。全市国家消防救援队伍29 支、地方专职消防队 87 支、防汛抢险队 199 支、志愿者队伍 12 支,涉及人员 2 万余人。

防风险　守底线——统筹发展和安全的苏州实践

【典型案例】

以标准化体系建设促进企业安全发展

——苏州全面开展安全生产标准化创建

引　言

近年来，在党中央、国务院的坚强领导下，通过厂矿企业、协会联盟、科研院所等多方的共同努力，我国安全生产形势逐年好转，生产事故起数和亿元 GDP 死亡率逐年下降，整体呈现出良好的发展态势。然而，我国安全事故起数和死亡人数仍远高于美欧等发达国家，主要原因之一是安全生产标准化体系建设尚不能完全满足安全生产的需要。因此必须加快安全生产标准化体系建设，为建设国家安全生产治理体系和推进国家安全生产治理能力现代化奠定标准基础。

背　景

2021 年 10 月，中共中央、国务院颁布实施了《国家标准化发展纲要》（以下简称《纲要》），是国家层面标准化发展的纲领性文件，明确了我国标准化的发展目标和发展路径。国家市场监管总局等 16 部门联合发布通知，要求贯彻实施，并不断完善《纲要》的相关落实配套政策，同时要求将标准化纳入产业、区域、科技、贸易等各类政策规划，加强与标准化相关要求的协同衔接。这对加快安全生产标准化体系建设具有重要的指导意义，是企业落实安全生产主体责任的重要途径。

主要做法

苏州市应急管理部门统筹发展和安全，以标准化体系建设促进企业规范发展，对标目标、稳步推进，全面推动工矿企业安全标准化建设，服务指导企业提升安全生产管理水平,护航企业安全发展。

根据应急管理部《企业安全生产标准化建设定级办法》及《江苏省企业二级标准化定级实施办法》,先后制定实施了《苏州市"亿元"以上工矿企业二级安全生产标准化创建实施方案》《苏州市企业三级安全生产标准化定级管理办法(试行)》,通过主动对接统计部门核准全市规上企业情况,掌握企业数量和名称,重新梳理标准化有效运行在册企业,对二级标准化企业进行考评验收,评审评定三级标准化企业。

一是树立标杆,积极服务指导企业争创标准化一级。苏州市应急管理部门积极通过"企业创建+政府辅导"的思路,服务指导具备条件的企业开展一级标准化创建工作,树立标杆。2022年3月,昆山奥科宁克铝业有限公司通过一级标准化评审,成为应急管理部《企业安全生产标准化建设定级办法》实施以来全国第一批、苏州市第一家通过一级标准化定级的有色行业企业;此外,中粮东海粮油工业(张家港)有限公司也顺利通过一级标准化复审,标准化体系持续有效运行。同时通过在全市范围奖励一、二级标准化达标企业的方式鼓励企业争先创优。

二是紧盯目标,分批推进"亿元"企业二级标准化创建。积极推动全市年营收"亿元"以上企业创建安全生产二级标准化,印发《苏州市"亿元"以上工矿企业二级安全生产标准化创建实施方案》,苏州市2850家具备申报条件的亿元企业,目前已有913家成功创建二级标准化,另有649家等待专家现场评审。2022年全市计划再申报400家,力争三年完成年营收"亿元"以上企业二级标准化创建全覆盖。相城经开区、黄埭镇和渭塘镇是苏州市安全生产标准化示范区,目前已建立了一批二级达标示范企业。在苏州市奖励一、二级标准化达标企业的基础上,相城区区级层面制定了对初次创建达标的一、二级标准化企业配套奖励政策,分别奖励10万元和5万元。同时,鼓励各地健全和完善企业安全生产标准化激励机制,制定推进相关奖励政策和措施。目前,相城经开区、漕湖街道、度假区(阳澄湖镇)、黄埭镇、太平街道等地已制定出台相关奖励政策,对一级达标企业最高奖励30万元,对二级达标企业最高奖励10万元,对三级达标企业最高奖励1万元,有效提高了企业创建的积极性。

三是提升质量，开展三级标准化企业运行质量核查审计。每年对全市规模以上三级达标企业进行全面审计，对不符合要求、搞形式的达标企业坚决实施摘牌处理，目前已累计摘牌企业1718家；深化金属冶炼、粉尘涉爆、液氨制冷等苏州市重点工矿企业创建工作，积极通过第三方监管、委托专家检查等手段，督促企业"真创、真改、真运行"，不断提升企业安全标准化的"含金量"，切实提升企业风险防控和安全管理水平。

启　示

苏州安全生产标准化创建，是护航企业安全发展的重要举措。一要因地制宜，明确目标。结合国家、省里关于标准化的相关规定，确定苏州的标准化创建三年行动目标并成立领导小组，切实加强组织领导，明确时间节点，落实工作职责，保质保量完成工作任务。二要分类实施，同步提升。通过对企业安全生产标准进行分级分类创建，提升企业的安全生产责任意识，把安全生产标准化创建工作与工业企业安全生产风险报告、使用危化品安全专项治理、重点工矿企业专项整治等年度重点工作协同推进，同步提升标准化建设质量和企业安全管理水平。三要数字赋能，助力安全。紧紧围绕全市数字经济建设大局，发挥安全生产智能化改造、数字化转型对安全生产标准化创建及有效运行的推动作用，打造"工业互联网"助力安全生产的创新示范标杆，为提升苏州经济社会高质量发展筑牢安全之基。

中共苏州市委党校（苏州市行政学院）　徐成华

第九章 打好安全生产主动战，切实维护人民群众生命财产安全

推动全面落实安全生产责任制

——苏州持续深入开展安全生产专项督导

引　言

经济社会高质量发展为城市安全保障提供了有利条件，但同时存量隐患给安全生产工作带来风险，新产业、新业态也给安全生产带来了新挑战。与此同时，人民群众对安全的要求越来越高，开展安全生产督导工作是为确保社会生产稳定有序进行助力加油，为打赢疫情防控阻击战、总体战保驾护航，同时也为全面落实安全生产责任制以及推动治理能力现代化蓄力。

背　景

以深入贯彻落实习近平总书记"务必整出成效""两个不放松"重要指示精神为指针，深化安全生产专项整治行动督导工作。从2020年开始，市、县两级坚持督导力度不减、机制不变，开展带有巡查性质的联动督导，围绕重点难点，差异化制订督导工作计划，每月调度工作情况，督促提醒做好安全生产各项工作。2022年苏州市委办公室下发《关于全面开展安全生产专项整治行动派驻督导工作的通知》和省、市领导有关专项整治督导工作重要指示批示要求，对照《苏州市安全生产专项整治三年行动实施方案》及2022年专项整治重点任务清单等目标任务，对苏州市本级和10个市（区）板块实行调研督导全覆盖。

主要做法

围绕"三个责任"落实情况、重点工作推进情况、重点行业领域问题治理清单推进情况和重点时段安全防范工作落实情况四个方面，突出重点、聚焦热点、紧盯难点开展督导。

在督导内容上，一是"三个责任"落实情况。各督导组从考察党政领导责任、部门监管责任和企业主体责任"三个责任"落实情况入手，对照标准检查各方是否履职尽责，担当作为，能否做到守土有责、守土尽责，以进一步提高思想认识，压紧压实"三个责任"。二是重点工作推进落实情况。安全生产专项整治三年行动、工业企业和重点行业领域安全风险报告、危险化学品使用安全治理、安全发展示范城市创建三大重点任务以及自然灾害风险普查推进落实情况，市领导交办的安全生产重要事项完成情况。三是重点行业领域问题治理清单推进情况。立足14个重点行业领域的风险防范，进一步突出问题整改情况。四是重点时段安全防范工作落实情况。党的二十大、全国两会等重点时段和春节、国庆等重要节庆安全防范措施落实情况。

在督导方式方法上，市级督导按照"10＋1"模式设立10个地区督导组和市属国资企业专项督导组。市级牵头单位处级领导担任督导组组长，联络员由牵头单位具有安全生产管理职责的内设处室人员担任，督导组成员由市级负有监管职责部门的人员组成。各督导组围绕目标导向、问题导向、结果导向开展督导，督导过程邀请行业专家参与，将专业化督导要求贯穿始终。一是联动督导。联动上级督导组的工作安排，按照市专治办的协调指挥，主动对接、联动开展督导。二是集中督导。在党的二十大、全国两会以及年初、国庆等重要时间节点，进驻各地开展集中督导。三是个性督导。按照每季度督导计划，针对不同地区、不同时段、不同领域特点，围绕防范工作要求开展个性督导。

在督导成效上，全市11个督导检查组结合督导所在地具体情况，对工矿商贸、危化企业、经营性自建房、城镇燃气、旅游安全等重点领域加大督导力度，对辖区内重点项目安全生产工作情况进行全覆盖抽查，通过查阅台账，实地走访，对标对表，详细了解施工单位安全管理情况。结合督导任务清单，梳理总结问题隐患，发布督查问题，并列入季度督导清单进行集中通报，跟踪隐患闭环，抓好前期发现问题整改"回头看"，促进相关专委会、专项工作组强化工作举措，全力压降全区生产安全事故，坚决保障全区安全生产形势稳定。大检查开展以来，全市累计派出检查组 5727 个，检查企业 4.54 万家次，发现问题隐患 21.7 万个，已整改 19.7 万个，其中排查突出问题 3 项、重大隐患 21 项（19 项已完成）。

启 示

一是强化思想认识，形成工作合力。经过一系列全覆盖、多轮次的不间断督导，提升了各级各部门的思想认识，推动了问题整改，压实了安全生产责任，推动牢固树立"零事故"理念，强化风险意识和底线思维，牢牢守住安全发展关，构建起了"以上带下、以下看上"和"纵到底、横到边"的督导格局，形成全市一盘棋的强大执行力和工作合力。

二是导出问题方案，督促闭环整改。各督导组紧盯隐患问题整改不放松，坚决做到查一项、改一项、清一项，对发现的所有问题隐患，制定整改时间表和路线图，同时实行闭环；紧盯专项整治中的事故多发领域不放松，通过科学管理，实现安全生产能力的全面提升；紧盯督导中的"导"字，提出对策解决问题，并针对每个区域的不同特点和实际情况，细致深入地分析问题，找出问题隐患的关键所在，提出务实的整改意见。力求深挖问题根源，从源头上完善防范举措、堵塞工作漏洞。确保督导整改工作迅速开展起来，整改措施立即实施起来，真正做到即知即改、立行立改、真改实改、全面整改，确保整改工作推进有序、落实有力。

三是强化沟通协调，提升督导实效。各级督导组齐心协力，进一步发挥联动督导的作用，有效压降事故，切实推动苏州市安全生产形势实现根本好转；与此同时，不断总结提炼典型经验和亮点工作，探索苏州安全生产治理能力和治理体系现代化路径。

中共苏州市委党校（苏州市行政学院） 徐成华

"促一方发展、保一方平安"

——昆山人民路沿街门面倒塌处置启示

引 言

党的十八大以来，以习近平同志为核心的党中央高度重视安全生产工作，强调各级党委和政府要牢固树立安全发展理念，坚持人民利益至上，始终把安全生产放在首要位置，切实维护人民群众生命财产安全。昆山认真学习贯彻习近平总书记关于安全生产重要指示精神，高度重视既有建筑安全管理和危房治理工作，把"住有安居"作为重要的民生工程，对于出现的房屋安全问题深刻反思反省、真抓实改、坚决扛起责任，全面排查风险隐患，严守安全底线，切实维护好人民群众生命财产安全。

背 景

2017年4月27日21时41分许，昆山市人民南路141号沿街四间店铺及楼房发生倒塌事件。据查，该楼房共四层，面积约为1000平方米，房屋底层共有四间店面，自1995年起出租给"流行磁场"等四家商户。19时许，"流行磁场"店面员工发现墙面有裂缝，店主在维护过程中，墙壁开裂加剧，施工人员立即撤离现场，随后楼房倒塌。事件发生后，昆山市委、市政府高度重视，立即启动应急救援处置预案，组织现场勘察和处置工作近11个小时，到28日8时20分，现场清理完毕，无人员伤亡，10时许，周边交通全面畅通，社会生活秩序恢复。

主要做法

一是系统谋划、迅速响应。安全生产事关人民福祉，事关经济社会发展大局。事件发生后，昆山市委、市政府切实担负起"促一方发展、保一方平安"的政治责任，严格落实责任制。一方面，以对人民群众极端负责的精神对倒塌事件进行紧急分析研判、第一时间启动应急救援处置预案，要求市委宣传部、应急办、重点办、住建局、规划局、公安局等相关部门，相关管委会，相关办事处主要领导、分管领导和有关业务科室人员立即赶赴现场，做好现场勘察和处置工作。另一方面，市有关部门办公室第一时间将事件有关情况分别向苏州市有关部门、有关领导报告，分阶段持续报告事件处置进展情况。

二是周密部署、协调联动。人命关天，人民群众生命安全重于泰山。市委、市政府、市人大、市政协、市纪委、市120急救中心、市卫计委、市公安局110指挥中心、市公安消防大队119指挥中心、市住建局等各部门紧急联动，全面部署，全力救援。在事发现场开设救援处置指挥部，全面部署、全程指挥救援处置工作；5辆救护车、180名医护人员全程待命、在医院开辟绿色通道；"零时差"启动巡特警近400人、快速启动重大警情处置预案及社会应急联动处置机制、紧急疏散周边居民群众、火速控制相关承租人并调查；迅速调集9个消防中队、4个特勤中队共18辆消防车、153名消防官兵前往现场增援，利用生命探测仪、使用抢险救援器材在事故现场进行探测、清障、救援，及时向苏州支队报告并得到苏州支队特勤一中队、二中队的增援；迅速调集46辆运输车、12台挖掘机、6辆洒水清扫车、5辆供电抢修车、1辆应急物资工程车等大量工程抢险车辆赴现场开展应急救险工作，同时征调市政、建筑、园林、路灯等单位组织方施工队伍、抢险设备、物资赶赴现场开展应急处置工作，市应急办还调集民间公益救援组织52名队员携带2条搜救犬参与救援，市供电公司统一调度、配合开展事故救援，为黑夜中的事故救援工作照亮道路。

三是研判舆情、高效引导。加强舆情跟踪研判、主动发声、正面引导、多层次、高密度发布权威信息，正视存在的问题，回应群众的关切，增强及时性、针对性、专业性，对借机造谣滋事的，要依法打击处理。从4月27日21时41分许倒塌事件发生到当晚23时43分昆山市政府新闻办公室官方微博"@昆山发布"通告事件情况，距离事发用时仅 2 小时 2 分，这与传统舆情处置"黄金 24 小时"、新媒体环境下的"黄金 4 小时"相比，在时间上掌握了主动权；在事件发生后 11 时 46 分，"@昆山发布"针对事件发布了清理完毕、无人员伤亡的消息，给社会各界和人民群众吃下了定心丸。市委宣传部网络中心会同公安局网监大队针对网络涉谣类舆情展开排查，市公安机关对发布该事件 5 名谣言散布者给予依法拘留、教育的处罚，官微线上推送相关处置谣言散布者微博，及时回应人民群众关切质疑，及时引正舆情导向。

启 示

此事件发生后，昆山市领导高度重视、靠前指挥，确保了整个应急处置行动的整体性和高效性；各部门有效联动、紧密配合，快速高效并圆满完成救援处置作战任务；舆情有力管控、引导正确，为事故处置工作创造了有利的舆论环境，维护了社会稳定。与此同时，此次事件的发生也带来了很多思考和启示。

一是要加强老旧房屋安全排查力度。老旧房屋安全隐患大，必须全面排查整治，切实消除风险。一要明确治理责任，健全工作机制。成立专项领导小组，明确牵头单位，制定责任清单，理顺责任体系，实现老旧建筑房屋排查、鉴定、解危治理和巡查、动态监测工作制度化。二要明确治理方式，规范治理流程，科学高效完成安全隐患排查工作。三要运用信息技术，提升治理效能。开发应用房屋安全管理信息系统，建立房屋安全档案，切实规范、提升巡查治理效能。

二是要完善商贸领域生产经营单位应急预案。涉事建筑物产权所有单位、管理单位相关应急预案的完善程度，直接关系着生产经营单位与政府及相关部门间的有效衔接，必须完善生产经营单位应急预案，切实提升相关单位安全管理水平。其一要做好生产经营单位应急预案制订、管理、演练，防范遏制事故发生。其二要做好与政府及相关部门的预案之间相互衔接，快速实现现场真实情况的有效对接，提升救援处置效率。

三是要提升社会公众安全法制和应急防范意识。安全法制和应急防范意识在安全防范中起着举足轻重的作用。要督促危房治理牵头单位加强宣传引导,为老百姓普及房屋使用安全知识,提高房屋产权人、使用人的房屋安全主体责任意识和公共安全意识。依靠属地街道、社区的资源,加强对危房产权人、居住人宣传危房治理政策,为居民解读危房治理相关政策和文件精神,不断提高广大市民对危房治理工作的知晓率、满意率和支持率,取得群众的理解和支持。

中共昆山市委党校(昆山市行政学校) 杨丽君 范怡雯

防风险　守底线——统筹发展和安全的苏州实践

"确保人民生产财产安全"

——苏州持续开展危化品企业集中治理

引　言

苏州是化工大市，有张家港、常熟、昆山3个化工重点县5个化工园（集中）区，有危化品企业548家（区内275家，区外273家），其中267家企业涉及重点监管危化品，116家企业涉及14种重点监管危险化工工艺（聚合、氟化、过氧化、裂解裂化、磺化等5种高危工艺占全省比例超20％），有106家重大危险源企业330个重大危险源。全市除姑苏区外，其余9个地区均有危化品企业分布。化工重点县数量、化工园（集中）区数量、危化品企业总数、"两重点一重大"比重均为全省第一，总体呈现规模体量大、固有风险高、监管把控难的特点，系统性安全风险治理任重道远。

背　景

习近平总书记强调，要采取有力措施清除各类风险隐患，坚决遏制重特大事故，确保人民生产财产安全。省委书记、省长对危化品安全风险集中治理制定作了指示批示。市长再三强调危化品领域一点事都不能出，再多的会议、再多的文件、再多的检查都不为过，宁可管重，也不能漏管。因为从全国的安全形势来看，受经济波动、自然灾害等因素影响，危化品生产安全事故反弹势头明显，全国化工事故和死亡人数同比均有所增加，必须引起高度警觉。

主要做法

围绕危化品安全风险集中治理与"三年大灶"、危化使用安全专项治理、安全大检查及"百日攻坚行动"等任务，重点抓了5个方面工作：

（一）全领域推进集中治理，确保工作任务按时完成。市安委会印发《苏州市危险化学品安全风险集中治理实施方案》，将6方面27项举措进一步细化分解为61项工作清单，部署推动各地各部门全面开展集中治理工作。一是推动53家列入高危细分领域底数清单企业全部完成企业自查和属地督查，发现整改隐患582项。二是推动3家大型油气基地开展"一库一策"治理和"四个系统"建设，延伸组织5家中小型油气储存基地对标开展"一库一策"安全评估。三是推动全市化工园（集中）区全部建立封闭化三级管控体系，建成10座特勤消防站、8个专用停车场。四是推动纳入老旧装置安全风险评估范围的10家企业22套装置全部完成自评。五是按照"先易后难、试点先行、分批推进"的工作路径，推动全市116家重大危险源企业完成双重预防机制数字化建设。六是全面完成全市危化品生产、进口企业和化工、医药企业信息填报和审核工作。七是会同市人社局对全市504名重大危险源企业包保责任人、1200名危化品重点企业"三类人员"开展培训。八是会同发改委、市场监管等部门开展634千米管道本体隐患排查治理，加强67处高风险区域安全风险管控。

（二）全链条管控安全风险，确保各个环节严密规范。围绕危化品领域"生产、使用、储存、经营、运输、危废处置"等重点环节，精准发力，强化全生命周期安全监管。一抓生产环节，推动116家涉及重点监管化工工艺的危化品生产企业全覆盖开展原料处理、反应工序、精馏精制、产品包装、危化品储运的全流程自动化改造。二抓危化品使用环节，依托"1+20+N"指南手册体系，对3.23万家危化品使用单位开展风险分级分类管控。三抓储存环节，持续推动储存场所合规化改造，改造中间库1117处、储存专用柜1371个。四抓经营环节，加强无储存经营企业发证现场核查，对经营企业违规储存危化品、实际经营地址与注册地址不一致、专职安全员挂靠等情况一律依法处置。五抓运输环节，与交通部门建立定期调度会商机制，持续加大对危货码头及仓储企业、内河码头企业监管力度，深入开展危险货物道路运输路径和停车区优化研究。六抓处置环节，与生态环境部门建立联合检查机制，定期开展危废和环保设施联合检查。

（三）全覆盖深入排险除患，确保安全监管不留漏洞。坚持"消除一处隐患，就能避免一次事故"工作思路，连续4年对全市危险化学品企业开展全覆盖深度检查，重大隐患存量从2019年全年的326项，2020年的36项，2021年的29项压降为2022年1—7月份的5项。企均重大隐患数、企均一般隐患数呈逐年下降趋势。线上每日巡查巡检，严格落实应急管理部"五项制度"，依托危化品安全生产风险监测预警系统，对全市106家重大危险源企业安全生产情况每日开展巡查抽查，建立健全线上巡查与线下检查、系统应用与责任落实、实时运维与动态巡检"三个结合"机制，督促企业完善温度、压力、液位等基础信息，落实特殊作业"统、培、考、查、罚"5项工作，确保在不干扰企业正常生产秩序情况下，安全监管不降频、不松劲。线下统筹排险除患，市、县、乡镇（化工园区）三级统一编制危化品企业年度检查计划表，市本级对待换证企业、区内企业、拟认定重点监测点、医药企业、烟花爆竹批发企业等"五类企业"开展全覆盖隐患排查治理，对涉及否决项及重大隐患的区外企业安全风险评估"回头看"，对全市零售店开展销售旺季安全检查。针对不同类型监管对象实现"靶向式""订单式"治理。精准开展执法检查，结合"三位一体"、"一带一帽"、安全生产培训"走过场"、安全生产风险管控精准执法工作，对检查发现的重大安全隐患提级挂牌督办，对违法违规行为严格实施行政处罚、停产停业整顿、暂扣或吊销安全许可证等硬性措施，已责令停产企业4家、行政处罚219.9万元，营造高压整治氛围。

（四）全方位提升本质安全，确保固有风险持续压降。一是推动"智改数转"。鼓励企业积极推广微通道、微反应器等新技术，实施智能化改造和数字化转型，打造一批化工行业智能车间、智能工厂。常熟瑞博（苏州）制药有限公司投入3300万元进行微通道反应技术运用试点。二是推动"关闭退出"。每年初明确"关停并转搬"年度计划，有序推动拟关停企业完成"两断三清"。全市危化品企业总数由2019年的

666家压降到目前的548家，降幅17.7%。三是推动"四个压减"。依据《苏州市推进危险化学品企业和燃煤电厂本质安全水平提升改造奖励意见》，利用三年时间，通过政府1950万元奖励引导，推动全市连续三年实现"三个压降"，其中，涉及重点监管危险化工工艺企业数由2019年的152家压降到目前的116家，降幅23.7%；涉及重大危险源企业数由2019年的125家356个危险源压降到目前的106家330个危险源，降幅分别为15.2%和7.3%。固有风险存量进一步降低。

（五）全过程严把准入关口，确保风险源头管控到位。一是厘清属地初审职责。根据部省行政审批最新要求，进一步厘清属地初审把关职责边界，完善行政许可工作指南，指导属地提高初审质量。二是加强项目风险管控。强化对申报项目风险程度进行总体技术审查，严格具有爆炸危险性建设项目总平面布置适用规范审核，推动新建化工企业实现全流程自动化控制，督促企业严格落实"三查四定"（查设计漏项、查施工质量、查未完工项目，定流程、定方案措施、定操作人员、定时间），不赶进度、不冒险开车。三是加强工作协调联动。根据市安委办统一要求，对危化品安全生产专家库进行调整补充，提高审查专业性和公信度。定期向局规划科技处移交安全评价机构履职情况，向设计单位主管部门通报设计院存在问题，推动中介机构诚信管理。四是提升窗口服务质量。制定《关于进一步优化窗口服务质量的实施方案》，按照"两零一无"的目标要求，推动路径创新，优化审批流程，规范审查制度，提升服务标准，当好局机关面向社会的"前沿窗口"，守好安全生产"首道防线"。

启 示

（一）要坚持标本兼治，坚持不懈地提高企业安全管理能力。从隐患排查情况看，企业自查企均隐患数远小于市本级专项核查企均隐患数，南通交叉检查有9条重大隐患，在自查阶段均未发现，这反映出企业过于依赖监管部门及第三方核查，自主系统开展隐患排查的意识能力还需加强。从整改闭环情况看，部分隐患整改进度迟缓，"百日攻坚行动"企业自查全市隐患整改率仅为 13.2%。部分企业整改质量不高，没能举一反三，导致同类隐患反复出现。

（二）要坚持结果导向，持之以恒推进"三年大灶"等专项整治。一是化工园区"十有两禁"尚未达标，江苏扬子江国际化学工业园未建成实训基地；江苏常熟新材料产业园危化品车辆停车场尚未建成，太仓港经开区化工园区特勤消防站暂未完成建设，昆山精细材料产业园未建成实训基地及公共管廊。二是双重预防平台建运质量不高。全市 106 家重大危险源企业虽然已经完成建设，但从每日调度情况来看，部分企业重视程度不足，安全风险辨识和隐患排查治理的精准度有待提高。三是张家港境内的省天然气公司无锡—张家港段 1 条管道占压类外部隐患和太仓境内的西气东输甪直—宝钢段 1 条本体隐患尚未闭环。

（三）要坚持源头治理，矢志不渝推进企业本质安全水平。自 2019 年以来，我们推进危化品企业智能化改造数字化转型，制订奖补方案，鼓励企业开展自动化减人、机械化换人、独栋厂房限人、二道门防人活动，全市连续三年实现"三个压降"，其中全市危化品企业总数由 666 家压降到 548 家，降幅 17.7%；涉及重点监管危险化工工艺企业数由 152 家压降到 116 家，降幅 23.7%；涉及重大危险源企业数由 125 家 356 个危险源压降到 108 家 332 个危险源，降幅分别为 13.6%和 6.7%。但全市危化品企业安全风险仍然很大，116 家重点化工企业全流程自动化改造复核验收刚刚推开，提高生产工艺周转率、降低储存量和"用量低量化"等技术推广任务任重道远。

苏州市应急管理局

高强度　高标准　高质量

——苏州坚持不懈深化粉尘防爆专项整治

引　言

苏州市始终牢牢将粉尘涉爆企业集中整治工作摆在安全生产突出位置上，将粉尘涉爆专项整治作为工贸行业安全监管的重中之重，作为防范遏制重特大事故的重要领域。近几年，全市上下以"铁的担当尽责、铁的手腕治患、铁的措施治本"，多措并举、多点发力、多层推进，坚持不懈开展对粉尘涉爆企业高强度、高标准、高质量的集中整治。

背　景

粉尘爆炸是可燃性粉尘在爆炸极限范围内，遇到热源（明火或高温），火焰瞬间传播于整个混合粉尘空间，化学反应速度极快，同时释放大量的热，形成很高的温度和很大的压力，具有很强的破坏力，严重威胁工业生产安全。

粉尘涉爆企业涉及工贸行业多个细分行业领域，而苏州地区企业数量庞大，工业企业门类齐全，涉及粉尘的工艺设备复杂，粉尘防爆专项整治任务较重。全市经历多轮淘汰整治，现有粉尘涉爆企业429家。

主要做法

一是提升管理能力，积极推动粉尘企业规范达标升级。苏州市坚持精准提升、精细指导，在《苏州市工业企业安全生产标准化创建三年行动实施方案》中明确要求，规上粉尘涉爆企业必须开展二级标准化创建，规下粉尘涉爆企业必须开展三级标准化创建，全面提升全市粉尘涉爆企业的安全生产管理水平。同时，结合工业企业安全生产风险报告，指导粉尘企业规范开展风险的辨识和报告，并实行较大以上安全生产风险包保管控，明确专人落实管控措施。此外，要求所有粉尘涉爆企业在按规定完成清扫工作的基础上，将清扫情况以图片文字的形式及时上传系统平台，并定期查看企业上报情况，针对长期未报、清扫不到位、照片不规范的企业，组织开展现场执法检查，有效督促企业做好粉尘清扫工作。

二是改造退出并行，全面提升粉尘企业本质安全水平。为建立健全较大以上安全生产风险辨识管控常态化工作机制，实现"从根本消除事故隐患"、"从根本上解决问题"，苏州市专门印发了《苏州市深化非煤矿山、冶金等工矿行业安全生产专项治理实施方案》，力求全面提升企业本质安全水平。一方面关闭退出淘汰落后的粉尘企业，压减粉尘涉爆风险总量。对存在重大安全生产隐患无法整改或使用淘汰技术、工艺、设备的，要求企业取缔关停。同时鼓励粉尘企业通过外购、改进工艺等方式，取消粉尘涉爆工艺。2022年苏州市共计划关闭退出粉尘企业54家；另一方面升级改造，提高工艺设备安全水平。鼓励企业采用单机除尘替代大型化集中除尘降低安全风险，推广机械手臂、机器人等设备，实现打磨、抛光等工艺机械化、自动化，压降涉粉作业人数，2022年计划升级改造74家。此外，推动铝镁金属粉尘涉爆企业采取湿式除尘，2022年计划推动6家采用干式除尘的金属粉尘企业进行改造，提升其本质安全度。

三是创新监管方式，做好粉尘企业监测预警联网试点工作。苏州市被应急管理部确定为粉尘涉爆企业安全风险监测预警系统试点地区，按照以点带面、先试点后推广的原则，2021年在安全生产智能化、数字化监管基础比较好的苏州工业园区和昆山市开展试点工作，2022年在全市所有区县开展试点工作。在试点企业涉粉设备上采集感知数据并上传政府平台，建立风险监测预警模型，研发配套的软件系统，接入粉尘涉爆企业数据，实现联网监测预警，探索风险监测预警和网络巡查执法工作模式，实现了粉尘企业安全生产监管提质增效。

四是强化宣传教育，大力提高全社会粉尘防爆安全意识。全市上下开展多途径、多类型的宣教活动，通过媒体宣传、板报橱窗、警示标识、微信公众平台、发放资料等方式,对全社会和粉尘企业员工广泛开展粉尘安全知识的普及宣传;全市各级安全监管部门多阶段、多轮次邀请国家级粉尘防爆技术专家对全市安全监管人员、粉尘涉爆企业安全负责人进行粉尘安全专业知识培训,通过一系列自上而下全覆盖的教育培训,全面提高全社会粉尘防爆能力;开展"百团进百万企业千万员工"粉尘企业专场培训,对重大事故隐患、重点执法项目进行解读,分析隐患成因,提出对策措施。同时组织同类型企业开展现场观摩学习,借鉴同类企业安全管理的先进经验和有效措施。

五是坚持问题导向,针对"粉六条"开展安全隐患攻坚。在完成好省厅交叉核查重点粉尘企业专项执法检查的基础上,对照粉尘企业6项重点执法事项,在执法系统中完成对全市重点粉尘企业的专项执法检查全覆盖,三年内共开展粉尘企业专项检查749家次,发现隐患1425条,事前立案25件,涉及处罚金额55.4万,并积极开展粉尘问题和隐患整改"回头看"检查。此外,每年都积极部署粉尘涉爆企业第三方核查,在2021年核查的基础上,2022年再次选择110家重点粉尘企业开展第三方核查,前期已召集安全技术服务单位完成了部署,核查工作正在有序推进,同时注重做好核查问题和隐患的整改闭环工作。

启 示

苏州市粉尘涉爆企业专项整治工作在全市各级、各部门的真抓实干、共同努力下,企业数量大幅减少,企业主体责任有效落实,各级监管能力明显提升,整治工作取得阶段性成效,全市粉尘涉爆企业安全形势保持持续稳定、好转的态势。通过对前期粉尘专项整治工作进行梳理分析,我们也总结出一些启示与思考。

一是粉尘整治必须作为一项长期坚持的工作。粉尘整治工作是一项艰巨而长期的工作,必须坚持长期抓、反复抓、深入抓、彻底抓,要破除松懈麻痹的情绪,树立久久为功的意识,需要我们从更高层次和水平上将专项整治工作不断引向深入,确保全市粉尘企业生产安全始终处于牢牢受控状态,不断提升全市涉爆粉尘企业本质安全度,为全市工矿企业高质量发展保驾护航。

二是始终将粉尘整治纳入防范遏制重特大事故重要工作内容。进一步强化粉尘涉爆企业的主体责任，将粉尘涉爆企业作为预防重特大事故的龙头和牛鼻子，对粉尘涉爆企业全面开展"三位一体"执法检查，强力推动粉尘涉爆企业事故防范措施落实，有效防范粉尘爆炸事故，坚决杜绝重特大事故发生。

三是探索完善智能化、信息化监管模式。在粉尘企业监测预警联网试点工作的基础上，充分利用互联网技术，构建智慧应急系统，计划将全区粉尘涉爆场所监控、除尘设施运行参数连接至智慧应急系统，做到监管人员可以随时随地了解粉尘企业状况，实现网上动态监管和企业实地核查的"线上线下"双向监管模式，有效提高监管效率和质量。在粉尘清扫记录和在线监测预警的基础上，积累大量数据后，尝试进行大数据分析，寻找其中的规律，进一步管控粉尘燃爆风险。

苏州市应急管理局

尊重自然、顺应自然、保护自然，是全面建设社会主义现代化国家的内在要求。必须牢固树立和践行绿水青山就是金山银山的理念，站在人与自然和谐共生的高度谋划发展。

——2022年10月16日，习近平在中国共产党第二十次全国代表大会上的报告

生态环境安全是国家安全的重要组成部分，是经济社会持续健康发展的重要保障。"图之于未萌，虑之于未有"。要始终保持高度警觉，防止各类生态环境风险积聚扩散，做好应对任何形式生态环境风险挑战的准备。

——2018年5月18日，习近平在全国生态环境保护大会上的讲话

第十章　打好生态安全主动战，努力建设人与自然和谐共生的现代化

生态安全是指一个国家具有较为稳定的、完整的、不受或少受威胁的、能够支撑国家生存发展的生态系统，以及应对周边区域性和全球性生态问题维护这一系统的能力。"生态环境安全是国家安全的重要组成部分，是经济社会持续健康发展的重要保障。"[①] 党的十八大以来，以习近平同志为核心的党中央以前所未有的力度推进生态文明建设，全面推动生态文明理论创新、实践创新、制度创新，形成了习近平生态文明思想，习近平生态文明思想把生态与发展统一起来，"在发展中保护、在保护中发展"，以时代发展的眼光对生态价值进行更为全面、科学的再认识、再评价。习近平总书记指出，我们要守住发展和生态两条底线。这就要求我们要同时重视发展和生态问题，不仅要两手抓，而且两手都要硬。

苏州市委、市政府始终坚持以习近平生态文明思想和习近平总书记重要讲话和指示批示精神为指引，举全市之力坚决扛起生态保护重大政治责任，不折不扣把总书记的重要指示落到实处，确保中央各项决策部署在苏州落地生根、开花结果。党的十八大以来，苏州立足建市以来生态文明建设的丰硕成果，率先回应"五位一体"总体布局，自觉践行"绿水青山就是金山银山"的理念，坚持生态优先、绿色发展，牢牢守住发展和生态两条底线，把生态环境"高颜值"和经济发展"高质量"当作一幅发展"双面绣"来精细化操作，探索增长与发展、经济与环境的协调和统一，高水平推动生态文明建设向纵深发展，不断打通生态保

[①] 《习近平在全国生态环境保护大会上的讲话》，人民网，2018年5月18日。

护的"痛点",倾心守护好诗意栖居的"鱼米之乡",开展了一系列生态文明建设改革创新的研究与实践工作,走出了一条社会经济发展与生态文明建设相辅相成的新路,在绿色发展的浩瀚长卷上,写下了先行先试的美丽答卷。"经济强"和"环境美"的高度和谐统一,是习近平生态文明思想在苏州的生动实践。

一、坚定绿色理念,严守生态安全底线

习近平总书记指出:"坚定不移地走生态优先、绿色发展之路。"[1] 我们深刻认识到,践行绿色发展观关乎国内国外两个可持续发展大局。经济发展要保持一定速度,但绝不能以生态赤字为代价换取经济的发展。时代变革的激流下,苏州从资源小市一跃发展为经济大市。面对资源环境的瓶颈限制,苏州率先从"成长的阵痛"中觉醒,把生态文明建设放在事关全局的重要位置。从"国家环保模范城"到"全国生态示范区""国家生态市",再到"国家生态文明建设示范市",苏州积蓄起的不仅仅是厚重的生态底蕴,还有人与自然的和谐共生。

始终坚持生态优先。坚定不移地走以生态优先、绿色发展为导向的高质量发展道路,严格落实"党政同责、一岗双责",切实抓好生态环境工作。统筹好经济发展和生态环境保护建设之间的关系,扎实推动创新发展、绿色发展、可持续发展,努力让天更蓝、山更绿、水更清、环境更优美,人与自然更和谐。优化发展路径。始终把绿色发展理念贯穿经济社会发展各方面,在规划上,以资源环境综合承载能力和国土空间开发适宜性评价为前提;在发展上,着力增加经济社会发展的绿色含量;在治理上,抓好各项问题整改,不断提升生态环境治理水平。严守生态安全底线。生态保护的红线实质是生态环境安全的底线,苏州全市生态空间保护区域总面积(扣除重叠)3257.97平方千米(其中,国家级生态保护红线1936.70平方千米,生态空间管控区域1737.63平方千

---

[1] 《习近平在参加首都义务植树活动时的讲话》,人民网,2021年4月2日。

米），占总面积37.63%，全省最高。将优质水稻、高效园艺、特色水产、生态林地"四个百万亩"作为优化生态环境的重要资源、彰显"鱼米之乡"特色的重要载体，保有量持续稳定在410万亩左右。加快推进以人为本的"绿色城镇化"，创新推动生态涵养发展实验区建设，全市陆地森林覆盖率达30%，全市自然湿地保护率预计达到64.5%、列全省第二，获国家"生态中国湿地保护示范奖"，成为全国仅有的9个城市之一。

二、高标准打赢污染防治攻坚战，筑牢生态安全屏障

习近平总书记曾在多个场合指出要坚决打好污染防治攻坚战，强调要坚持精准治污、科学治污、依法治污，保持力度、延伸深度、拓宽广度，持续打好蓝天、碧水、净土保卫战。我们深刻认识到，保障人民群众呼吸上新鲜的空气、喝上干净的水、吃上放心的食物，是环境安全底线，是我们必须担负起的政治责任。党的十八大以来，苏州以着力改善生态环境质量为核心，扎实开展污染防治攻坚战，深入推进蓝天、碧水、净土三大保卫战，全力彻底抓好生态环境突出问题整治。通过不懈努力，苏州以占全国0.09%的国土面积创造出了全国2.1%的经济总量，而生态环境质量依然保持稳中向好、持续改善。2016年，苏州市区空气质量优良天数比例为69%，2021年达到了85.5%，五年时间里提高了16.5个百分点；2016年，苏州地表水达到或好于Ⅲ类水体比例64%，2021年这一比例提升到了92.5%，上升了28.5个百分点；2021年，苏州PM 2.5浓度为28微克/立方米，空气质量排名全省第一；太湖连续14年安全度夏；全市生态文明建设群众满意率再创新高，达到92%；在全省打好污染防治攻坚战综合考核中实现"四连冠"。

一轮轮环境整治和生态建设行动接续推进，不仅对环境污染和生态破坏猛踩"急刹车"，更让苏州的环保能力建设实现了从弱到强的飞跃。一是坚决打赢蓝天保卫战。全面实施PM 2.5和臭氧"双控双减"，围

绕 PM 2.5 和空气质量优良率"双达标",实施工业深度治理、移动源污染整治、扬尘整治提升、科学精准治气四方面专项行动,全力守护苏州蓝。二是着力打好碧水保卫战。大力推行河湖长制,全面加强自然生态保护和修复,构建陆海统筹、水岸同治的水环境治理体系,实施"水十条"重点工程项目 971 个,推动流域协同治理。把修复长江生态环境摆在压倒性位置,严格落实长江流域重点水域"十年禁渔"重大任务,打造长江最亮丽的一段风景。加强入江排污口及入江支流,以及太湖、阳澄湖等重点河流湖泊综合整治,推进断面稳定达标、持续向好。三是扎实推进净土保卫战。苏州溶剂厂北区地块修复工作成为全国土壤污染防治经验典型,受污染耕地安全利用率达到 91% 以上,污染地块安全利用率保持在 90% 左右。全面加强土壤污染防治,严格落实土壤环境保护制度,构建危险废物全过程监管体系,提升危废处置能力。到 2025 年,全市危废处置能力达到 40 万吨/年。四是构建绿色生态屏障。坚持林地、绿地、湿地同建,加强生物多样性保护,着力构建江河湖联动的网络化生态空间格局。深入开展国土绿化行动,实施重点流域防护林建设工程,形成健康稳定的森林、湿地系统。五是发力环境治理能力现代化。在规划编制、基础设施建设中,提前布局、全面统筹。建立健全环境污染问题发现和风险预警机制,加快生态环境治理数字化转型,构筑起生态环境监管的天罗地网,提高发现和惩治环境问题的快速性、精准性、科学性和常态性。如今的苏州,人与自然更加和谐,呈现出一幅海晏河清、碧草连天、生机勃勃的大美画卷。

三、立足绿色转型,厚植生态安全根基

习近平总书记指出:"保护生态环境、提高生态文明水平,是转方式、调结构、上台阶的重要内容。"[1] 我们深刻认识到,绿色转型发展是提升治理能力、重构经济绩效的迫切要求。党的十八大以来,苏州完

---

[1] 《习近平关于社会主义生态文明建设论述摘编》,中央文献出版社 2017 年版,第 26 页。

第十章　打好生态安全主动战，努力建设人与自然和谐共生的现代化

整准确全面贯彻新发展理念，坚持以供给侧结构性改革为主线，着力推动高质量发展，苏州经济社会向绿色发展稳步转型，资源集约节约利用水平不断提升，生态环境质量有效改善。坚持标本兼治，破立并举，深入推进"腾笼换鸟"，坚决淘汰落后产能；深入推进产业转型升级，着力推动绿色产业发展，大力发展低碳循环经济，推进能源资源节约，推动经济高质量发展和生态环境高水平保护协同并进。一座座循环经济产业园，一条条循环产业链，构筑起绿色发展的强大阵线。

通过开展工业企业资源集约利用综合评价，不断引导和倒逼企业转型发展。2016年，苏州率先在全国建立工业企业资源集约利用大数据平台与工业企业综合评价体系，对企业进行分类施策，即优先发展A类企业、支持发展B类企业、提升发展C类企业、限制发展D类企业，资源要素优先向创新能力强、质量效益好的企业倾斜，至今已完成对3万多家规上工业企业和占地3亩以上的规下工业企业的综合评价。苏州人未雨绸缪拿出的这套系统，也为"263"专项行动、沿江化工整治、节能减排、淘汰落后产能、低效用地再开发等重点工作等提供了大量的基础性、原始性数据，提高了专项活动的工作效率和施策精准度。

产业结构加快调整，促进工业提质增效。深入推进"散乱污"企业（作坊）专项整治，累计整治"散乱污"企业（作坊）5.35万家（整治提升2.01万家、依法关停3.34万家），腾出发展空间7.8万亩，其中复耕复绿面积1.16万亩。强化环保、安全和技术等标准约束，推动钢铁、化工、印染等重点传统行业清洁生产常态化。聚焦新一代信息技术、生物医药、高端装备、节能环保、新能源新材料等新兴领域，推动产业结构绿色化转型，争创一批国家级绿色产业示范基地。

四、完善生态制度，构建生态安全防线

习近平总书记指出："只有实行最严格的制度、最严密的法治，才

能为生态文明建设提供可靠保障。"① 我们深刻认识到，制度是纲，纲举目张，抓好制度建设，就是抓住了"纲"。党的十八大以来，为筑牢生态文明制度的"四梁八柱"，苏州推陈出新，坚持常长并举，不仅重常态化整治，更重长效机制建设。以改革开路、用制度保障，深化生态文明体制机制创新，完善生态环境损害赔偿制度和责任终身追究制度、企业排污许可制度等，构建起全链条的生态环境管理制度，发挥制度的刚性约束作用，用制度规划为绿色发展蓄力，形成了生态环境制度日臻完善、成效日益显著的生态文明制度建设的"苏州样本"。

数十年来，苏州先后出台20多部地方性法规，涉及太湖湿地保护、垃圾分类管理、采石宕口整治复绿、扬尘治理等，确立了"生态立市"的基本"规矩"。2014年，《苏州市生态补偿条例》颁布实施，成为全国首个生态补偿地方性法规。苏州还先后实施《生态文明建设三年行动计划（2014—2016年）》《苏州市生态文明建设考核办法》等，对各地区生态文明建设工作进行年度考核，并向全市公布考核结果。2018年3月，《苏州市生态环境提升三年行动计划（2018—2020年）》发布实施，提出落实绿色发展、水环境治理、大气环境治理、土壤环境保护、生态修复和保护、环境基础设施建设、环境风险防范能力提升等七大行动。紧接着，《苏州市乡村振兴三年行动计划》发布，明确绿色生态是乡村振兴的重要支撑点。《苏州市城乡生活污水治理三年行动计划（2018—2020年）的实施意见》正式发布，一系列密集动作打响新时代环保攻坚战。

习近平总书记指出，对那些不顾生态环境盲目决策、造成严重后果的人，必须追究其责任，而且应该终身追究。真抓就要这样抓，否则就会流于形式。② 我们深刻认识到，制度的生命力在于执行。苏州把生态文明建设作为"一把手"工程，纳入党委、政府的重要工作议程；深化考核制度创新，建立生态环境损害责任终身追究制，把考核重点向生态

---

① 《习近平关于社会主义生态文明建设论述摘编》，中央文献出版社2017年版，第99页。
② 参见《习近平关于全面深化改革论述摘编》，中央文献出版社2014年版，第105页。

领域延伸，以生态考核引导优化干部政绩导向。生态环境监管执法持续保持高压态势，对破坏生态环境的违法行为"零容忍"，露头就打、绝不手软，一查到底，形成震慑，在苏州已是常态。在加强执法监管层面，有新环保法、两高司法解释保驾护航，环境执法与司法联动，促使企业严格履行污染治理主体责任，有效破解了"守法成本高，违法成本低"的难题。面对环境治理中的"硬骨头"，苏州专项专攻，连续开展各类环境执法专项行动，查破违法案件，排查环境隐患。

五、聚焦共享共治，擦亮生态安全底色

习近平总书记强调："生态环境是关系党的使命宗旨的重大政治问题，也是关系民生的重大社会问题。"[①] 我们深刻认识到，良好生态环境是最公平的公共产品，是最普惠的民生福祉。获得感，来自更优的生态、更好的环境，需要共建共治共享。党的十八大以来，苏州以群众对美好环境需求为导向，坚持开展广泛的生态环境主题宣传活动，构建完善出一套新型环境共同治理体系，于无声处将生态文明理念入心入脑，引导全社会共建美好生活环境，把绿色打造为苏州高质量发展鲜明底色，还老百姓一个蓝天白云、繁星闪烁、清水绿岸、鱼翔浅底的美丽家园。

苏州综合运用经济、法律、技术等手段，形成政、企、社共治合力，以生态文明建设的实际成果造福于民、取信于民。在经济学人"宜居城市"评选中，连续6年位居中国内地城市第一名。坚持全民共治、源头防治，打造美丽苏州升级版。积极推进绿色家庭、绿色学校、绿色企业等"绿色细胞"创建，形成一大批国家和省级绿色细胞，让环保理念遍地开花。畅通群众参与渠道。搭建议事监督平台，积极构建政府为主导、企业为主体、社会组织和公众共同参与的环境治理体系。鼓励企业绿色发展。高度重视企业在生态文明建设中的主体作用，引导企业强

[①] 《习近平在全国生态环境保护大会上的讲话》，人民网，2018年5月18日。

化思想自觉,积极主动承担起保护环境的法律责任和社会责任。倡导绿色生活方式,创新绿色积分试点,强化生活垃圾分类指导,引导全社会养成绿色低碳、文明健康的生活方式和行为习惯。此外,为进一步调动和凝聚全社会力量,苏州组织、培养了一大批高校和民间的环保组织,涌现出一批省内外知名度较高的环保志愿者。以这些平台为载体,苏州人生态环境意识愈加强烈,绿色行动愈加自觉。

第十章 打好生态安全主动战，努力建设人与自然和谐共生的现代化

【典型案例】

争创全国首个国家生态园林城市群

——高质量推进城市发展的苏州样本

引　言

国家生态园林城市是国家园林城市的"升级版"，也是我国城市园林绿化工作的最高荣誉。党的十八大以来，苏州市委、市政府高度重视经济、社会和生态环境的协调发展，以创新思维，在大区域范围规划城市生态文明建设，以区域联动为突破口，以创建国家生态园林城市群为抓手，在改善城市人居环境、提升城市品质品位、增强城市综合竞争力上合力攻坚、率先发展。苏州及下辖4县市全部获国家生态园林城市称号，全国19个"国家生态园林城市"中，苏州占据5席，实现了"国家生态园林城市"全覆盖，建成全国首个"国家生态园林城市群"。

背　景

高质量推进城市发展，就要担子两头挑，一头是"绿水青山"，一头是"金山银山"。作为全国经济最活跃的城市之一，近几年，"天堂苏州"面临人口、资源、环境等多重压力，如何保证"绿水青山"常在，"金山银山"不倒，苏州交出了一张满分答卷。国家生态园林城市的评选，更注重考察城市生态功能的提升和自然资源的可持续发展，它涉及城市生活的方方面面。通过创建"国家生态园林城市群"，苏州的城市品质得到了全面提升，生态效益日益凸显，文化特色不断彰显。

主要做法

一是实施"绿色图章"制度，严把绿化建设标准。坚守"绿色图

章"制度是提高生态园林城市创建质量的关键。苏州市相关部门联合制定了《苏州市城市建设项目配套绿地指标踏勘审查规程》，明确要求建设项目配套绿化的测量标准、操作规程、成果管理等规划设计方案，必须经城市绿化管理部门审批，严格管控城市绿线，确保城市各类绿地用地指标，城市绿地建设成果得到科学、系统的保护和监管，从源头保障生态园林城市建设项目的数量和质量。截至"十三五"末，苏州市区建成区绿化覆盖率达43.28%，绿地率达39.34%，人均公共绿地面积达到13.3平方米。

二是凸显区域特色，重视历史文化传承。注重城市人文历史、城市街景格局特色，是生态园林城市群建设中凸显城市个性、避免"千城一面"非常重要的方面。在创建中，苏州市中心城区及各县级市（区）都能按照自身区域特色，尊重历史，延续文脉，保持风貌，将传统造园元素与现代艺术表现手法相融合，突出精、细、秀、美的中心城区特色。通过古典园林、名胜古迹的保护和修复，不断挖掘历史文化内涵，确保优秀传统文化得到永续传承。环古城河风貌带、城市"三大出入口""四角山水"、古城区"三横三纵"主干道等300多项景观绿化工程完成建设和改造，形成了"一带、三环、五契、七轴、十园"的城市生态格局。

三是建立健全法治体系，强化绿化执法监管。先后制定了《苏州市禁止开山采石条例》《苏州园林保护和管理条例》《苏州市城市绿化条例》《苏州市风景名胜区条例》《苏州市湿地保护条例》《阳澄湖水源水质保护条例》《苏州市古村落保护条例》等20多部与生态环境保护密切相关的地方性法规，并建立了以地理信息为载体的城市绿地信息管理GIS系统信息化服务平台，积极引导、规范和约束各类开发、利用、保护生态资源的行为，实现了城市绿化管护动态监管，有力维护了建设成果。以城市执法体制改革为契机，专门成立苏州市园林和绿化监察所，并建立健全城管执法部门衔接配合机制，全面负责对城市绿化成果执法监管，有效地保护了绿化资源。

第十章　打好生态安全主动战，努力建设人与自然和谐共生的现代化

启　示

一是坚持生态优先发展战略，统筹生态园林城市群创建工作。园林是苏州文化的图腾，也是苏州最鲜明的城市名片，打造生态园林城市必须紧紧围绕园林的生态属性、文化属性、社会属性来展开。苏州历届市委、市政府坚持生态优先发展战略，建立了党政齐抓共管、部门通力合作、上下协调联动的工作机制。结合世界环境日、全民植树节等纪念日进行宣传，深入街道、社区开展绿化系列讲座和宣传咨询活动等，全市形成涵盖山、水、声、气、固废、绿化、湿地、园林、景区、社区等各个领域共创生态环境的全域体系，形成全社会共建"绿色苏州"的良好局面。

二是坚持民生优先指导思想，推进生态园林城市群创建达标。园林是属于全体市民的宝贵财富，必须把创建生态园林城市作为一件民生大事抓紧抓实。坚持把每年新增350万至500万平方米绿地作为政府实事工程加以推进，均衡绿地布局，通过"百园工程"与"三小"绿地建设，先后建成桐泾公园、沙湖生态园等近百个大型绿地，精心建设了一大批小、多、匀、精的公园绿地，市区及各市（县）均实现了市民出行350米能够步入绿色空间的目标。作为市政府重点工程的"环古城风貌带"建设和"环古城健身步道"建设是其中一大亮点，也是苏州最"得宠"的民心工程，被誉为"健走的天堂"。

三是坚持传承文化建设理念，彰显生态园林城市群创建特色。"人工山水城中园、自然山水园中城"是苏州最大的城市特色，"城中园"与"园中城"和谐统一，初步形成"青山绿水新天堂"大山水生态园林城市群。苏州正是在创建生态园林城市中传承城市文化，才塑造出了园林城市的整体风貌。各板块也各有特点，张家港注重营造"城水相映，水城一体"的江南水乡景观特色，常熟注重建设山水城融为一体的城市格局，太仓注重打造"城在田中、园在城市"的现代田园城市，昆山坚持水绿共融的江南水乡景观风貌，全力推进宜居宜业的生态园林城市建设。

中共苏州市委党校（苏州市行政学院）　李静会

"张家港湾：来自中国的生态修复实践"

——沿江经济带高质量发展的现实样板

引 言

近年来，张家港始终坚持以习近平生态文明思想为指导，深入践行"绿水青山就是金山银山"理念，以建设"张家港湾"作为落实"共抓大保护、不搞大开发"的具体行动，整体推进沿江生态环境修复、沿江经济带转型发展，着力打造沿江经济带高质量发展的现实样板。

2021年，"张家港湾：来自中国的生态修复实践"成功入选联合国可持续发展优秀实践案例，为江苏省唯一入选案例。

背 景

张家港湾上起老沙码头，下至段山港，全长约12千米，是长江入海前的最后一个海湾，也是海河交汇的第一个海湾。过去几十年，张家港市依托长江岸线和天然良港，推动临港产业繁荣发展。最兴盛时，1.53千米岸线上，建有8处建材码头、7万平方米堆场。除了码头林立外，此前张家港湾沿岸还建有一个大型船厂，分布着160多户畜禽养殖户和与养殖相关的违建房屋。在经济快速崛起的同时，砂石遍地、生态失衡、岸线过度开发问题凸显，给长江生态环境造成了破坏和创伤，沿江居民"临江难见江，近水难亲水"。张家港地处"江尾海头"，因长江而兴，受长江滋养，保护好"母亲河"、守护好"生态带"，张家港市义不容辞、责无旁贷。

主要做法

党的十八大以来，习近平总书记高度重视、亲自推动长江经济带发展，作出了一系列重要指示，确立了"共抓大保护、不搞大开发"的战

第十章　打好生态安全主动战，努力建设人与自然和谐共生的现代化

略导向，长江保护修复攻坚战全面打响。张家港认真学习贯彻习近平总书记重要指示精神，制定出台了《沿江经济带转型发展三年行动计划》等系列文件，并于2019年9月正式启动"张家港湾"生态提升工程，以百年江堤提升、水产养殖清理、生产岸线腾退、生态环境修复、交通道路优化"五大工程"为抓手，构筑140万平方米滨江亲水景观带，真正做到"还江于民"，并以此为基础打造最美江滩、最美江堤、最美江村、最美江湾，总规划面积约10平方千米，总投资37.6亿元。

一是突出生态优先，打造绿色浸润的"最美江滩"。以"平林大江、湿地慢滩"为主题，将9千米的生产岸线全面调整为生态岸线，拆除沿江企业10余家，拆除违建10万平方米，清理畜禽养殖161户，保留少量工业遗址，恢复长江自然芦苇滩涂湿地30公顷，种植乔木15000多棵，营建湿地与森林共生的生态防护林带，勾勒富有"港城记忆"的最美江滩。

二是坚持规划先行，打造颜值亮丽的"最美江堤"。结合百年一遇江堤建设，对江堤内、外侧以及周边配套观景亭、塔、轩及驿站等设施进行整体规划提升，将原来堤顶路面宽6.5米、黄海高程6.8米，改造提升为宽9米、黄海高程7.66米，打造融防汛通道、健步、休闲、观光于一体的亲江步道，塑造开阔大气的城市滨江前沿空间，将原海事灯塔改造成为"鱼跃龙门"观景台，成为张家港"网红打卡地"。

三是聚焦富民利民，打造乡愁可溯的"最美江村"。通过农户环保拆迁808户、保留农户3200户，生态治理河道14条。沿江的5个村庄，提档升级民宿休闲、传统种植、江滩芦苇观光三大产业，因地制宜推进特色田园乡村建设，打造以江畔风光为特色、红色文化为内涵的生态景观村落。位于永兴村的2宗商业用途的集体建设用地已于2022年1月18日成交发证，将用于精品民宿开发，是苏州市首批上市的农村集体经营性建设用地地块之一。

四是倡导绿色发展，打造独具内涵的"最美江湾"。综合运用生态湿地、海绵城市、立体园林等生态技术，构建以滨江景观带、江滩观光园、百亩漫花园、湿地体验园为特色的"一带三园"景观结构。特别是依托国土空间生态修复试点，因地制宜推进"堤坡覆绿、还滩于江、植

树造林"三大工程，新增中山杉、香樟等各类乔木1.1万棵，着力修复生态基底，恢复成原有、原生的自然长江滩涂湿地，新增生态用地440亩。主动呼应双山、香山两大生态地标，推动形成"山的形状、岛的韵味、江的风情"滨江特色，构建张家港沿江旅游观光的新品牌。

目前，绵延12千米岸线的张家港湾芳容初绽，水清鱼跃、岸绿景美，被称为"鸟中大熊猫"的震旦鸦雀频频现身，生态效益逐步显现，港城人民群众对水生态环境的获得感更充实了、幸福感更真实了、安全感更踏实了。

启 示

一是顶层设计发力，规划"一盘棋"。面对"共抓大保护、不搞大开发"的国家战略要求，张家港上下统一思想、凝聚共识，深入贯彻习近平总书记关于安全生产和推动长江经济带发展系列重要指示精神，全面落实中央、江苏省、苏州市各项部署要求，把加快产业转型升级作为长江大保护的核心关键，大力发展绿色低碳循环经济，以实际行动践行新发展理念、推动高质量发展。

二是组织领导有力，部署"一张网"。在张家港市委、市政府的统筹协调下，结合"四个最美"目标任务建设的内容，交通局、水务局、住建局、海事局、自然资源和规划局等部门和保税区（金港镇），结合自己的工作内容和张家港湾规划设计要求，加强组织领导，强化责任落实，进一步增强了工作的整体合力，确保张家港湾生态修复项目高质量完成。

三是落实持续用力，布局"谋长远"。张家港湾建设，只是张家港落实长江大保护工作中的一个缩影。近年来，张家港市结合环保督查、长江经济带审计等工作要求，相继启动长江大环境集中整治、河湖"清四乱"治理等行动，创新开展"清洁家河"行动，着力改善农村河道面貌，助力农村人居环境提升，确保一泓清水送长江。"天蓝、水清、岸绿"的沿江生态新征程已开启，张家港正在大步向前。

中共张家港市委党校（张家港市行政学校） 秦锁英 陈赛楠

第十章 打好生态安全主动战，努力建设人与自然和谐共生的现代化

全域推进海绵城市建设

——全国海绵示范城市建设的昆山答卷

引 言

在城镇化进程中，水是一个城市发展重要的制约因素，缺水喊渴和暴雨内涝并存，如何解决城市水难题困扰着世界各国。在2013年底召开的中央城镇化工作会议上，习近平总书记提出，在提升城市排水系统时要优先考虑把有限的雨水留下来，优先考虑更多利用自然力量排水，建设自然积存、自然渗透、自然净化的"海绵城市"。"海绵城市"是中国共产党人在践行"美丽中国"建设中的重要创新举措，是新一代城市雨洪管理概念，是城市在适应环境变化和应对雨水带来的自然灾害等方面具有良好"弹性"的体现，也可称之为"水弹性城市"。"海绵城市"精准探索着创新、协调、绿色、开放、共享五大发展理念。

背 景

2009年，昆山开始探索应用雨水源头管控理念，逐步明晰了海绵城市建设"十步走"策略，所有新改建项目都严格落实海绵城市建设试点城市要求；2016年，昆山入选江苏省海绵城市建设试点城市，积极探索全域推进海绵城市建设之路。从"试点"到"示范"，昆山坚持试点先行、系统推进，突出海绵城市示范区建设，并着力完善工作机制和技术规范标准，逐步将海绵城市建设推广至全市域，各项工作取得阶段性成效。昆山也在海绵城市建设中追寻着人与自然的和谐共生，追寻"水韵江南"的江南水乡风貌。经财政部、住房城乡建设部、水利部联合组织的专家书面评审、线上陈述答辩，昆山成功入选2022年全国系统化全域推进海绵城市建设示范城市，昆山将获得中央财政补助资金7亿元。

主要做法

一是机制创新、科学规划，统筹推进海绵城市建设。1. 强化组织领导，建立协调机制。2015 年，昆山成立了以市长为组长、分管市长为副组长，宣传部、财政、住建、规划、水利、交运、气象局等主要领导为成员的海绵城市建设工作领导小组，主要负责海绵城市建设工作中部门协调、文件起草、宣传推广、专项方案及施工图核查、现场施工指导等环节。同时，建立了以分管副市长为召集人的海绵城市建设成员单位联席会议制度，从试点城市申报、实施方案论证、专项规划编制、政策制度制定、重点工程推进等各个方面召开专题会议 50 余次。2. 科学编制规划，绘制建设蓝图。高起点编制了《昆山市海绵城市专项规划》，将海绵城市建设要求纳入城市规划蓝图，科学划定蓝线和绿线，设定规划管控指标，力求充分发挥昆山湖泊水系的海绵滞蓄功能，形成"蓝、绿、灰"三网统筹的海绵城市建设体系。2018 年 3 月，《专项规划》获住建部推荐为全国三个推广示范的规划样本之一。同时，完成了《昆山市城市防洪规划》《昆山市水系规划》《绿地系统规划》等 11 个规划的修编以及《昆山市暴雨强度公式和设计暴雨雨型》的编制工作，进一步完善顶层设计。3. 完善配套政策，强化建设管理。发布各类政策文件、管理办法 40 余项，将海绵城市建设要求纳入建设项目"两证一书"环节，在全省率先实现海绵项目从土地出让、规划审批、图纸审查、施工监管、工程验收、绩效评估的全过程管理模式。同时制定《昆山市海绵城市建设专项资金管理办法》，强化资金使用管理，重点用于专项规划、本土化能力提升、技术体系研究等方面。同时开展了昆山市海绵城市建设达标项目奖补资金申报工作，通过绩效评估，对 8 个建设效果较好的项目实施了奖补，以点带面鼓励全社会参与建设。

二是示范引领、全域推进，完善海绵城市建设格局。1. 示范先行，形成一体两翼建设格局。"昆山杜克大学""中环高架海绵型道路""江南理想—康居公园"3 个案例入选全国海绵城市建设典型案例（全国共 21 个）。2019 年，昆山市总结海绵城市建设经验，开展了海绵城市典型

第十章 打好生态安全主动战，努力建设人与自然和谐共生的现代化

案例征集评选工作，形成了《系统推进海绵城市建设的昆山实践》，该书已由中国建筑工业出版社出版。2021年，江苏省唯一海绵城市示范基地一期在昆山市建成。2016年，昆山市划定城西22.9平方千米省级试点区域，2017年，在昆山开发区又划定15.6平方千米的市级海绵城市建设示范区，东、西两个38.5平方千米示范区，形成昆山一体两翼系统全域海绵城市建设格局。截至目前，已建成海绵城市项目约500个，海绵城市建设面积达30余平方千米。2.系统推进，推动海绵城市一盘棋建设。设立6大类36项海绵城市专项重点实事工程，涉及公园绿地、公共建筑、居住小区、交通市政等多方面多层次。目前，在全市范围内建成了阳科院核心区景观、大渔湖公园、森林公园提升改造等多个公园绿地类示范项目，公共建筑类海绵项目有杜克大学、司徒街小学及幼儿园、锦溪污水处理厂等，居住小区类典型项目有观湖壹号、江南理想、万科万悦花园等，市政道路类有博士路、凌家路、登云路等。同时加强部门联动，"地毯式"探测排查市政、小区雨污水管网，采用"老城区改造＋海绵"模式，综合整治积水、易涝片区等。示范区内共完成"闲置地覆绿＋海绵"192公顷。在设计审查环节，2017年3月起，昆山对全市新建、改建、扩建项目进行海绵城市建设专项设计方案及施工图核查。核查工作由海绵办牵头，水利、交通等四部门联合审批。其中大型重点项目通过专家论证的方式，常规项目由专人负责，确保审批公正透明，海绵项目设计科学合理。

三是合作交流、本土实践，探索海绵城市技术支撑体系。1.强化技术合作。一方面，突出国际化合作。昆山2014年就与澳大利亚国家水敏性城市技术研究中心（CRC）签署战略合作协议，提出昆山海绵城市建设"十步走"策略，目前已进入最后阶段，开始搭建数据分析及展示软件平台"海绵大脑"。"江苏省—维多利亚州海绵城市创新示范基地"在昆山开工建设，建成后将引进、孵化、应用澳大利亚水敏性城市领域最前沿的治水理念、科研成果和技术产品。2016—2018年，昆山成功连续承办"中澳海绵城市峰会"等国际会议，应邀参加第十届、十一届世界水大会，与国际水领域前沿单位进行交流探讨。另一方面，深

化校企合作。与东南大学开展技术合作，成立江苏省东南海绵设施绩效评估有限公司及海绵城市设施实验室，承担技术吸收、产品研发和验证及项目跟踪监测等工作，依托其研发生产能力，探索运用新设备，其中径流污染削减雨水口产品经试验验证后在老城区158个雨水口改造项目中得到应用；结合各专业单位的不同优势，开展技术研究，编制《典型地块适用海绵技术指引》《典型海绵设施设计施工指南》等20余个技术文件，完成海绵城市建设的全过程指引。2.制定实战化指南。2018年，结合施工管理经验组织编写了《昆山市生物滞留池建设指南》《昆山市建设项目海绵城市建设施工及竣工验收要点》等一系列技术指导文件，与多部门探讨修改后发布实施，实现了海绵城市建设管理上从出具规划目标到验证实施效果的闭环。2019年，在省住建厅专家指导下，昆山编制了省海绵试点城市首个《地块海绵城市建设绩效评估标准》并通过专家评审，为科学评估海绵项目建设成效、合理使用海绵城市专项资金提供技术支撑。3.突出在地化培训。坚持请进来、走出去，加强海绵城市建设从业人员培训和继续教育。邀请CRC多次开展海绵城市规划管理、设计、施工专题培训。开展"生物滞留设施施工指南"暨"海绵城市建设竣工验收要点"的专题授课，建设管理、规划设计、施工监理人员共计1000余人参加培训，初步形成了一批有经验的本土设计和施工团队，海绵建设管理、技术在项目建设全周期中进一步推广、落实。

启　示

一是城市建设更新要求体制机制执行高效。在昆山海绵城市建设过程中，高度重视顶层设计的重要性，通过成立海绵城市建设领导小组，设立海绵办专职推进，制定政策文件、管理办法及技术标准60余项，出具方案审查意见679份，实现海绵项目全过程闭环化管理。

二是城市建设更新需要建立相关产业链条。城市更新工作要有针对性地进行产业化，实现城市与产业的有机联动。昆山海绵城市建设坚持产学研相结合，成立昆山海绵城市实验室，创建省级工程技术研究中心，获得23项海绵城市专利，孵化培育180余家海绵城市相关企业，相关产品在省内外广泛推广应用。海绵城市专项规划成为住建部向全国推介的范本。

三是城市建设更新工作需要贴近群众需要。城市更新工作要从群众的需求端出发,解决群众的急难愁盼问题。昆山海绵城市建设新改建排水管网460千米、排涝泵站112座,整治畅通河道110条,消除城市内涝点150余处。这些都是关乎群众幸福感、满意度的最实际的工作。

中共昆山市委党校(昆山市行政学校)　王佐成

为推进生态治理区域一体化提供先行示范

——吴江开启"联合河长制"跨界联合治水之路

引 言

水是生命之源、文明之基。水，也是吴江最大的自然禀赋，吴江素有"千河之乡、百湖之城"的美誉。这里拥有太湖岸线47千米、各类河道2600多条、大小湖泊300多个，其中56个湖泊（含太湖）列入江苏省湖泊保护名录，占全省总数的40%，水域面积占全区总面积的三分之一。改革开放以来，经济社会的快速发展也给长三角地区的河湖环境带来了巨大压力，这里跨界水体众多，水网密布，共治"一江清水"，是长三角一体化示范区的共同愿望与责任。

背 景

苏州市吴江区地处江苏省最南端，是典型的江南水网地区，与上海、浙江水系交错相通，跨界河湖近50个，其中包括大运河、太浦河、淀山湖、元荡等重点水域。一直以来，跨界河湖由于存在行政区划壁垒导致治理过程中出现各种矛盾，上下游左右岸管理职责不清、执法尺度不统一等问题日益凸显，部分河流交界断面水质波动较大，一些跨界污染纠纷长期未得到妥善解决。

2018年11月，吴江区主动联合嘉兴秀洲区建立联合河长机制，开创跨越省级行政区划联合治水新模式，成功打破行政壁垒，在全国首创"跨界联合河长制"。2019年，随着长三角一体化上升为国家战略，吴江与青浦、嘉善三地全域纳入长三角生态绿色一体化发展示范区，"跨界联合河长制"进一步复制推广，吴江区先后与嘉兴桐乡市、湖州南浔区、上海青浦区、嘉兴嘉善县签署协同治水协议。2020年，又与昆山市、吴中区实现联合河长互聘。

目前，"联合巡河、联合保洁、联合监测、联合执法、联合治理"五大机制常态化运行，315名"联合河长"实现与周边区县所有交界河湖全覆盖，形成了较为完善的区域一体化河湖治理制度体系，开创了多方共赢的区域生态治理局面。全区区级河湖达到或好于Ⅲ类水质的水体数量从2018年的24个提升为目前的101个，连续13年完成太湖"两个确保"目标，即确保饮用水安全、确保不发生大面积湖泛，河湖水生态得到明显改善。

2019年，"联合河长制"工作经验编入中组部"贯彻落实习近平新时代中国特色社会主义思想、在改革发展稳定中攻坚克难案例"；2020年，"跨界联合河长制"推进生态治理区域一体化案例入选国家发改委"中国改革2020年度50典型案例"。

主要做法

一是共建巡河机制，推动巡河制度化。2021年8月，青浦、吴江、嘉善、昆山四地联合印发《示范区跨界河湖联合河长湖长巡河工作制度》，明确联合河长巡河职责、内容、方式、频次等内容，实现了联合巡河的规范化、制度化。联合河长定期开展联合巡河，及时掌握交界河湖水事情况，发现问题现场会商、现场解决，最快速度解决交界河湖问题。近年来共开展联合巡河1000余人次，解决大量涉水矛盾纠纷。

二是共建联合监测机制，推动监测互通化。交界河湖统一整合水质监测点，统一明确监测内容（氨氮、总磷等6项）、统一联合监测时间。协同青浦、嘉善、昆山，推动建设"跨界联合河长制"信息化系统平台，建设基于"空天地水"即卫星遥感＋无人机＋视频监控＋地面监测站的协同监测体系，加强信息共享和协同预警。建立基础信息月报互报制度，实现环境监测数据的互通共享。对涉及跨区域的重大水环境安全信息，做到第一时间通报，提升应急联动能力。

三是共建联合执法机制，推动执法规范化。按照统一指挥调度、统一队伍建设、统一检查程序、统一执法力度和统一自由裁量的"五统一"原则，构建生态环境统一执法模式。实现环境执法跨界现场检查互认常态化，专业执法巡查队伍每季度至少开展一次定期联合执法巡查，对巡查结果、通报事项逐一研讨，明确解决措施，分头落实整改，有效打击涉水违法行为。

四是共建联合保洁机制，推动保洁常态化。建立联合巡查、会商、打捞等一整套河湖联合保洁流程。通过全段委托、上下游分段、轮流养护和经济补偿等多种方式，划分明确交界区域河道、湖泊责任区域。建立专职保洁队伍，将管护责任落实到人，实现河面漂浮物源头互控，打捞设备人员互援，重点区域攻坚互助，上下游、左右岸协调联动。多次开展清溪河、太浦河、元荡等联合水质监测行动，共同促进长三角河湖品质提升。

五是共建联合治理机制，推动治理科学化。跨界河道治理过程中，更多从河湖自然属性角度进行规划，实现治理措施协调同步。示范区在交界河道治理规划编制过程中，全面梳理河湖清单问题，统一治理目标、共同谋划整治内容、整治规模、投资强度、整治时间等事项，对具体问题逐一"立项"，形成治理任务书，实现河湖治理联动化、科学化。2021年，编制完成《示范区跨省河湖治理实施方案》，从河湖清淤疏浚、岸线绿化美化，到岸源污染防治、产业优化升级等全面协同推进跨界河湖综合治理。

启　示

水是流动的，污染物是漂动的，河道不能分段治。长期以来，跨界河面相关各方各自为政，缺乏沟通，在河道保洁、污染治理等方面，左右岸、上下游无法同步推进，单方面治理徒劳无功，交界区域的水生态环境质量也始终没有得到根本改善。"联合河长制"通过构建一体化河湖治理体系，优化常态化水治理机制，破解了跨界河治理的传统难题，各交界河道水质整体明显提升，从曾经矛盾不断的纷争之河一变而为水清岸绿的友谊之河。"联合河长制"有力擦亮了吴江"百湖之城"的生态底色，为推进生态治理区域一体化提供了先行示范。

中共苏州市吴江区委党校（苏州市吴江区行政学校）　肖安元

第十章 打好生态安全主动战,努力建设人与自然和谐共生的现代化

共筑生物安全,守护人民健康

——苏州生物安全风险防控和治理体系建设

引 言

生物安全是国家安全的重要组成部分,其核心是保护人的安全、社会的稳定和环境的和谐,这也是一个国家、一个社会生生不息的关键和基石。新冠疫情,再次凸显了人类面临的全球性生物安全威胁和挑战。习近平总书记强调,生物安全关乎人民生命健康,关乎国家长治久安,关乎中华民族永续发展,是国家总体安全的重要组成部分,也是影响乃至重塑世界格局的重要力量。[①] 以习近平同志为核心的党中央高度重视生物安全工作,对国家生物安全战略、政策和生物安全立法作出了一系列重大部署。

背 景

党的十八大以来,党中央把加强生物安全建设摆上更加突出的位置,纳入国家安全战略,健全国家生物安全工作组织领导体制机制,积极应对生物安全重大风险,维护生物安全基础不断巩固,生物安全建设取得历史性成就。苏州深入贯彻习近平总书记关于生物安全的重要指示精神,坚持总体国家安全观,从统筹发展和安全的战略高度,全面有效实施《生物安全法》,不断增加生物安全防范意识和防护能力,提高生物安全风险防控和治理体系现代化水平,牢牢掌握生物安全主动权。

主要做法

一是构建适应生物经济发展的生物安全风险防控和治理体系。近年

---

① 参见《习近平在主持中共中央政治局就加强我国生物安全建设进行第三十三次集体学习时的讲话》,人民网,2021年9月29日。

来，苏州生物医药产业发展迅猛，2021年，产业规模突破2000亿元，力争到2023年突破3300亿元，到2025年突破4000亿元。生物医药产业规模爆发增长的同时，也必将承担更大的生物安全保障的责任。为提高生物安全治理能力，苏州着力健全公共卫生安全制度规范，充分调动各方力量，明确各方责任，构建严密的生物安全体系。1. 建立行之有效的生物安全管理体制和机制。在《生物安全法》的框架下，对风险评估、监测预警、联防联控、名录清单管理、生物及其制品进出口的安全风险防范与控制、遗传资源的惠益共享等内容进行细化，建立定期沟通机制、信息共享机制和协同执法机制等保障性配套措施，增加生物安全法律的可行性和可操作性。2. 建立生物安全信息网络系统。对全市医疗机构、科研院所、企业进行全面摸底调查，形成动态台账，实施实时共享。同时，加快建设重要目标区域信息网点和基础数据库，以及应急处置与救援人员、可调用物资装备等资源数据库。依法对生物安全实验室开展备案管理工作，累计备案336个实验室。3. 完善全市范围的监测与预警系统。配置硬件设施设备和专业技术人员，做好日常生物安全风险评估、隐患排查和长期动态监测；实现人工智能大数据等技术在监测预警、病毒溯源、防控救治等方面的拓展应用，增强风险感知能力；增强企业、学校、社区应急能力建设，开展经常演练、疏散和集体培训学习；推动交通、物流、物资供应等行业的应急响应能力，开展全面预案建设、重大情景构建、经常性演练。

　　二是加强生物多样性保护，守护重要地方种质资源。生物多样性是大自然赋予人类最宝贵的财富，更是人类赖以生存和发展的基石。苏州对生物多样性保护工作高度重视，特别是近五年来，苏州通过摸清"家底"、健全监测体系、严守生态空间等方式，不断提升生物多样性保护水平。开展生物多样性本底调查，全面摸清生物物种资源状况，重点关注珍稀濒危物种、优势种与建群种等重要物种的分布特征与生态健康状况。在全省率先实施市级农业种质资源保护工作，重点对苏州名、特、优、新农产品和珍稀濒危农业生物物种资源开展保护，对太湖银鱼、秀丽白虾、中华绒螯蟹、湖羊、太湖鹅、碧螺春等农作物、畜禽、水产各

第十章　打好生态安全主动战，努力建设人与自然和谐共生的现代化

类种质资源实施全面保护，设立专项保护资金，支持农业种质资源保护项目建设。构建外来生物入侵预警和防控系统，全面掌握苏州市农业外来物种入侵状况和发生趋势，在全市范围内开展农业外来入侵物种普查工作，加强进口检验检疫，全力防控易造成灾难性影响的美国白蛾、松材线虫等重点治理对象。

三是加强陆生野生动物防疫，严厉打击破坏野生动物资源违法犯罪。把陆生野生动物监管和疫源疫病监测作为新冠肺炎疫情防控的重要环节，切实做好陆生野生动物疫源疫病监测和应急处置工作，制订发布《苏州市突发重大动物疫情应急预案》，成立苏州市突发陆生野生动物疫情处置专家库，确保及时有效预防、控制、处置陆生野生动物突发异常情况。开展严厉打击破坏野生动物资源违法犯罪专项行动。全市公安机关按照疫情防控的总体要求和"追源头、捣窝点、打团伙、摧网络"的工作思路，向破坏野生动物资源违法犯罪发起凌厉攻势，用最严格制度、最严密法治推动全面禁止非法野生动物交易、革除滥食野生动物陋习工作，从源头上防范重大公共卫生风险，保障人民群众生命健康安全。

启　示

一是科学精准高效织密防控网络，绣好统筹疫情防控和经济社会发展"双面绣"。疫情要防住、经济要稳住、发展要安全，这是党中央的明确要求，也是我们一直以来努力在做、坚持在做、必须做好的事。面对疫情，苏州按照上级部署，迅速行动、精准施策，以绣花功夫绣好统筹疫情防控和经济社会发展"双面绣"。一方面，把疫情防控各项工作抓实抓细抓到位，坚决守住不出现疫情规模性反弹的底线；另一方面，积极帮助群众和市场主体排忧解难，确保企业正常生产运营，确保产业链供应链安全稳定，最大限度减少疫情对经济社会发展的影响，坚定企业的投资信心。

二是建立多元主体参与共治组织，形成统一高效的生物安全管理格局。按照"市级领导牵头、专业部门统筹、职能部门参与"的原则，设

立生物安全常规性指挥机构，实施统一领导、协调和指挥，遵照信息公开，监管透明，多部门联合处置，多方参与的思路开展工作。促进政府和非政府部门共同开展多领域密切合作，成立专家库，动员社会组织和群众参与，通过自觉、高效、有序的协作，实现对突发危机事件的常规化管理。

三是持续推进湿地保护修复，构筑生物多样性保护屏障。湿地孕育着丰富的种质资源，是重要的遗传基因库，对维持生物多样性具有重要意义。苏州湿地资源丰富，拥有重要湿地103个，自然湿地总面积达403万亩，内陆城市湿地面积占比全国第一，是当之无愧的"湿地之城"。近年来，苏州大力保护、修复湿地生态系统，推进以太湖、阳澄湖和长江大保护为核心，湿地保护小区为主体，湿地公园为亮点的健康湿地城市建设。自然湿地保护率提升至70.4%，跃居全省第一。全市打造的市级以上湿地公园、湿地保护小区、自然湿地保护率等主要指标在全国遥遥领先，国际湿地城市创建工作有序推进。

中共苏州市委党校（苏州市行政学院） 李静会

坚持党中央对国家安全工作的集中统一领导，完善高效权威的国家安全领导体制。强化国家安全工作协调机制，完善国家安全法治体系、战略体系、政策体系、风险监测预警体系、国家应急管理体系，完善重点领域安全保障体系和重要专项协调指挥体系，强化经济、重大基础设施、金融、网络、数据、生物、资源、核、太空、海洋等安全保障体系建设。健全反制裁、反干涉、反"长臂管辖"机制。完善国家安全力量布局，构建全域联动、立体高效的国家安全防护体系。

——2022年10月16日，习近平在中国共产党第二十次全国代表大会上的报告

防范化解重大风险，是各级党委、政府和领导干部的政治职责，大家要坚持守土有责、守土尽责，把防范化解重大风险工作做实做细做好。要强化风险意识，常观大势、常思大局，科学预见形势发展走势和隐藏其中的风险挑战，做到未雨绸缪。要提高风险化解能力，透过复杂现象把握本质，抓住要害、找准原因，果断决策，善于引导群众、组织群众，善于整合各方力量、科学排兵布阵，有效予以处理。

——2019年1月21日，习近平在省部级主要领导干部坚持底线思维着力防范化解重大风险专题研讨班开班式上的讲话

第十一章　增强统筹发展和安全本领，推进安全发展体系和能力现代化

国家安全体系是一个由国家安全问题相关因素构成的具有特定功能的有机整体。国家安全体系和能力现代化是国家安全制度及其执行能力的集中体现。党的十八大以来，习近平总书记审时度势，牢牢把握百年未有之大变局和中华民族伟大复兴的战略全局，多次强调适应新时代维护国家安全的需要，要坚持党对国家安全工作的绝对领导，实施更为有力的统领和协调。党的二十大报告强调，推进国家安全体系和能力现代化，坚决维护国家安全和社会稳定。在习近平总书记的坚强领导下，党中央着力推进国家安全体系和能力建设，设立中央国家安全委员会，完善集中统一、高效权威的国家安全领导体制，完善国家安全法治体系、战略体系和政策体系，建立国家安全工作协调机制和应急管理机制，国家安全工作全面加强。

苏州始终牢记习近平总书记殷殷嘱托，坚定不移贯彻总体国家安全观，切实把党的领导贯穿到全市国家安全工作各方面、全过程，压紧压实党委（党组）国家安全责任制，着力构建组织领导、工作推进、风险监测预警、宣传教育和综合保障体系，持续推进国家安全体系和能力现代化建设，以"时时放心不下"的责任感坚决扛起维护国家安全的政治责任。

一、坚持党的领导，坚决贯彻落实国家安全责任制

党对国家安全工作的绝对领导，是中国特色社会主义制度的必然政治要求，是新时代国家安全工作的根本政治原则。落实好国家安全工作

责任制，是加强党对国家安全工作领导的重要机制保障。[①] 苏州各级党委、政府和领导干部坚定担当政治职责，按照习近平总书记"要把防范化解重大风险工作做实做细做好"[②] 的重要讲话精神和党中央决策部署，坚持把维护国家安全作为增强"四个意识"、坚定"四个自信"、做到"两个维护"的具体行动和现实检验，坚持守土有责、守土尽责，明责任、加压力，确保国家安全各项工作任务在苏州大地上有力有效落实落地。

（一）扛稳守牢主体责任

各级党委（党组）是维护国家安全的责任主体。近几年来，苏州各级党委（党组）强化政治引领，认真贯彻《中国共产党领导国家安全工作条例》和省委《实施意见》，细化出台条例《实施细则》，强化国安委统筹协调职能，建立健全层层负责、分工明确的国家安全工作组织体系，拧紧上下贯通的责任链条。市委、市政府主要领导把责任扛在肩上、抓在手上、落实在行动上，带头履职担责，将国家安全工作纳入重要议事日程，定期进行分析研究和谋划推进。市委办公室、市政府办公室联合印发通知进一步严格落实全市风险研判工作机制，组织开展日报告、周研判、月评估、季度分析、专项研判和年度综合评估，由同级党委常委牵头召开月度研判会，研判国家安全形势，查摆各领域突出风险隐患，研究提出防范化解工作措施。各个部委办局均建立了风险研判工作制度，每个月常态化开展风险研判工作。对于跨地区、跨领域的风险，在防范化解的过程中，部门之间、地区之间、条块之间主动配合、联合作战，确保反应快速、处置快速。

（二）织密建强组织体系

构建集中统一、高效权威、运转顺畅、协调有力的国家安全组织体

[①] 《总体国家安全观学习纲要》，学习出版社、人民出版社2022年版，第24页。
[②] 《习近平：提高防控能力着力防范化解重大风险　保持经济持续健康发展社会大局稳定》，《人民日报》2019年1月22日。

系，推动全市党委国家安全工作一体化推进、一盘棋运转。构建市级层面国家安全重点领域协调机制，由市委常委、副市长分工负责，主要职能部门牵头，建立会商研判、情况通报、宣传教育、危机管控和审查监管等制度。各级党委（党组）承担抓好本地区、本部门、本系统国家安全工作落地落实的主体责任，各县级市（区）分别成立党委国安委和国安办，重点领域协调机制成员单位全面组建国家安全工作领导小组，优化完善"横向到边、纵向到底"的党委国家安全工作网络，形成"主要领导亲自抓、分管领导具体抓、办公室牵头抓、责任部门一起抓"的工作格局。

（三）抓严抓实督查考核

苏州市委、市政府连续三年将落实党委（党组）国家安全责任制纳入重点督查计划，市委国安办牵头开展年度督查，逐一反馈问题意见，督促抓好整改落实，形成工作闭环。在全省率先探索制定《党委（党组）国家安全责任制工作综合评价办法》，明确量化赋分规则，全覆盖、全体系、全智能、全流程建立党委国家安全工作三级评价指标体系。依托江苏省设区市首个风险防控智能化平台，运用信息化手段完成党委国家安全工作核心业务数据分析统计。积极推动将党委（党组）国家安全工作纳入领导班子和领导干部年度考核，充分发挥考评考核指挥棒、风向标和助推器作用。自2022年下半年起，苏州市纪委监委机关、市委国安办试行将"落实党委（党组）国家安全责任制、防范化解重大风险"纳入纪检监察机关派驻机构日常监督事项，探索将国家安全工作纳入市委巡察重点关注范围，牢牢树立"看不到风险就是失职，不及时有效处置就是渎职，出了重大安全事故就坚决否决"的鲜明风险责任导向。

二、提升党员干部能力水平，增强维护国家安全的自觉自省

面对波诡云谲的国际形势，复杂敏感的周边环境，艰巨繁重的改革

发展稳定任务，打造坚不可摧的国家安全干部队伍，培养一批批强能力、有水平、高自觉的干部队伍至关重要。苏州坚持以习近平新时代中国特色社会主义思想武装头脑、指导实践、推动工作，坚持以习近平总书记关于发展与安全的重要指示精神为根本遵循，着力提升党员干部能力水平，不断增强维护国家安全的自觉自醒。

（一）深入推进总体国家安全观理论武装

认真抓好习近平总书记关于国家安全重要论述的学习贯彻，运用总体国家安全观最新成果武装头脑、指导实践、推动工作。以《总体国家安全观学习纲要》（以下简称《纲要》）出版发行为契机，在全市掀起学习贯彻热潮。苏州市委坚持将学习总体国家安全观列入"市委理论学习中心组"系列学习计划，市委常委会专题学习习近平总书记在中央政治局第二十六次集体学习会上的讲话精神，市委宣传部、市委国安办联合发文在全市广泛开展《纲要》专题学习活动，市委市级机关工委将国家安全相关内容列入市级机关政治理论学习材料，开展市级机关国家安全主题党日活动。全市各级、各部门、各单位"防风险守底线"专题工作小组常态化深入学习习近平总书记关于维护国家安全和防范化解重大风险的系列重要论述，积极主动全面贯彻落实总体国家安全观"十个坚持"工作要求，以钉钉子的精神，一招不让把习近平总书记关于发展与安全的指示精神落实在苏州大地上，不断提高化解矛盾、破解难题、应对风险的能力和本领。

（二）锻造坚强队伍提升维护国家安全能力

通过整合资源、阵地提升、力量下沉、形式创新等途径，针对不同受众分类施教，细化国家安全宣传教育分层、分级手段方法和目标任务。市委组织部、市委国安办、市委党校联合开展县处级领导干部国家安全工作专题培训，规划对各重点领域牵头和参加单位班子成员的五年轮训，全面提升领导干部观大势谋大局抓大事能力。将"防风险、守底线——总体国家安全观的若干理论与苏州实践"课程纳入苏州市委党校

(苏州市行政学院)主体班、专题班以及行政能力培训班等各类型培训班次,围绕数据安全等新工作新任务,研究开展专项培训,全面强化法律政策运用、防控风险、群众工作、科技应用和舆论引导等维护国家安全能力,以更实举措、更强手段、更硬作风做好防风险、保安全、护稳定、促发展各项工作。

三、增强全民意识,切实巩固维护国家安全民心基础

国家安全一切为了人民,一切依靠人民。强化人民群众的国家安全意识,是国家安全的固本之策和长久之计。苏州创新宣传载体,延伸宣传触角,多点发力在全社会营造"维护国家安全人人有责"的浓厚氛围。把国家安全教育纳入国民教育和精神文明建设体系,推动国家安全教育进企业、进农村、进社区、进学校、进家庭,加强国家安全公益宣传,积极引导社会舆论,动员全党全社会共同努力,汇聚起维护国家安全的强大力量,夯实国家安全的社会基础。[1]

(一)整体联动构建宣传教育综合体系

制定出台加强全市国家安全宣传教育工作的意见,加快推动形成多形式、分层次、全覆盖的国家安全宣传教育综合体系,将学习宣传总体国家安全观作为一项长期而重要的政治任务,坚持经常性宣传教育,常抓不懈,久久为功。紧扣"4·15"全民国家安全教育日、反间谍安全防范宣传周、国家网络安全宣传周等重要时间节点,开展主题鲜明、内涵丰富、形式多样的60余项集中性专项宣传教育活动。不断提高线下宣传教育水平,建设改造符合总体国家安全观要求的综合性和专题性宣传教育实践基地,创新讲座、展览、影视、书籍、沉浸体验等多种宣传形式载体。

---

[1] 《总体国家安全观学习纲要》,学习出版社、人民出版社2022年版,第26—27页。

（二）分类施策扩大宣传教育覆盖受众

正确处理好宣传对象"关键少数"与"绝大多数"的关系。以党政机关为重点，筑牢党员干部思想防线。组织编印、向各机关单位发放《总体国家安全观、防风险守底线学习材料汇编》等学习资料，在"苏州市干部在线学习平台"开设"总体国家安全观专题学习"专栏频道。强化广大群众国家安全观念，在全市学校安全教育平台推出国家安全教育专题课程，每年"4·15"全民国家安全教育日期间组织全市 3 万多个班级、150 多万师生在线学习；大规模投放国安部《我们都是守护人》和苏州原创制作的宣传视频；向市民发送国家安全公益宣传短信，受众达 1750 万人次。建成全省首家面向社会公众开放的总体国家安全教育基地，系统展现总体国家安全观的发展脉络以及苏州市在维护总体国家安全方面的工作成效。

（三）多元立体活化宣传教育创新载体

创新建立"多元传播、立体宣教、全面覆盖"宣教矩阵，推出全省设区市首个国家安全宣传教育新媒体平台——引力播 App"厚植安全"频道，推动国家安全宣教工作向数字化、即时化转型，全面引导全市党政干部及广大人民群众切实提高防范化解风险隐患意识，共守城市发展与安全。开发"国安风"系列文创产品片，在城区干线公交车身涂装国家安全宣传元素，打造国家安全移动展示馆。在主要道路、地标建筑、大型商超、地铁站台、学校医院、金融机构、物业小区以及各级政府机关大院的公共大屏播放国家安全主题海报、宣传标语和公益视频。以《无声的功勋》名家书画展、"安全防线、密码护航"特展等展览增强宣传教育吸引力和感染性，为维护国家安全构筑起坚固的人民防线。

后 记

统筹发展和安全是苏州谱写社会主义现代化强市建设新篇章的重要遵循。为积极推进苏州深入学习习近平总书记"统筹发展和安全"重要论述，切实贯彻落实总体国家安全观，展现"以新安全格局保障新发展格局"的苏州新作为，我校决定组织全市党校系统科研骨干编写《防风险　守底线——统筹发展和安全的苏州实践》一书。

杨军同志负责本书的编写出版工作，方伟、周国平同志负责本书的总体框架设计、统稿和修改。参加书稿写作的有：周国平（第一章）、张丽霞（第二章）、王永灿（第三章）、全洛平（第四、五章）、朱琳（第六章）、田坤（第七章）、刘铭（第八章）、徐成华（第九章）、李静会（第十章）、季丽（第十一章），中共张家港市委党校（张家港市行政学校）、中共常熟市委党校（常熟市行政学校）、中共太仓市委党校（太仓市行政学校）、中共昆山市委党校（昆山市行政学校）、中共吴江区委党校（吴江区行政学校）、中共吴中区委党校（吴中区行政学校）、中共相城区委党校（相城区行政学校）、中共姑苏区委党校（姑苏区行政学校）、中共苏州高新区工委（虎丘区委）党校［苏州高新区（虎丘区）培训中心］、工业园区培训管理中心等负责了部分案例编写，刘小红、季丽同志全程参与了本书撰写过程中相关会议等事务性工作。

本书在编写过程中，苏州市委办（市委国安办）、苏州市委网信办、苏州市委政法委、苏州市粮食和物资储备局、苏州市发改委、苏州市地方金融局、苏州市应急管理局等在案例编写和调研上给予了大力支持，在此一并致谢。

由于水平和时间有限，书中不当之处，敬请读者批评指正。

编　者

2023 年 1 月